旅游文物鉴赏

刘咏梅 盛玫 —— 编著

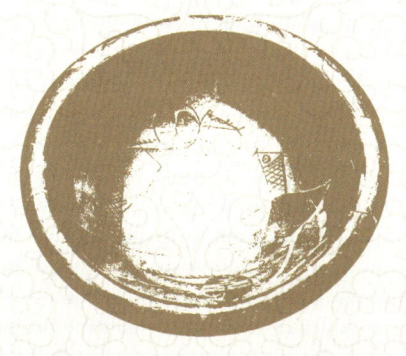

北京·旅游教育出版社

图书在版编目（CIP）数据

旅游文物鉴赏 / 刘咏梅，盛玫编著. -- 北京：旅游教育出版社，2024.5
ISBN 978-7-5637-4520-3

Ⅰ．①旅… Ⅱ．①刘… ②盛… Ⅲ．①文物－鉴赏－中国 Ⅳ．①K87

中国国家版本馆CIP数据核字（2023）第005612号

旅游文物鉴赏

刘咏梅　盛玫　编著

策　　划	丁海秀　黄明秋
责任编辑	施云峰
出版单位	旅游教育出版社
地　　址	北京市朝阳区定福庄南里1号
邮　　编	100024
发行电话	（010）65778403　65728372　65767462（传真）
本社网址	www.tepcb.com
E-mail	tepfx@163.com
排版单位	北京旅教文化传播有限公司
印刷单位	北京柏力行彩印有限公司
经销单位	新华书店
开　　本	710毫米×1000毫米　1/16
印　　张	14
字　　数	233千字
版　　次	2024年5月第1版
印　　次	2024年5月第1次印刷
定　　价	68.00元

（图书如有装订差错请与发行部联系）

前言

FOREWORD

"物华天宝，人杰地灵"，中华文化源远流长，文物遗产灿若繁星。文物是人类文明的历史见证，是绵延文化的重要载体，是今人与古人对话的桥梁。习近平总书记曾指出，"文物承载灿烂文明，传承历史文化，维系民族精神，是老祖宗留给我们的宝贵遗产，是加强社会主义精神文明建设的深厚滋养"。文物诠释和展示了中华民族开拓创新、与时俱进、自强不息的进取精神，是蕴含着丰富知识、智慧、艺术的无尽宝藏，是中华民族和中国人民坚定文化自信的重要源泉，是人类文明进步和世界文明进程中不可或缺的重要组成部分。

文物也是高品质的旅游资源。近年来，随着文旅融合的不断加深及研学旅行行业的蓬勃发展，文博旅游已成为文化旅游新的增长点。逛博物馆已然成为一种生活方式，文博场馆也成了人民群众文化消费中的重要打卡地。"文博热"的急剧升温，对文博讲解从业人员的讲解水平、文化素养提出了更高的要求。作为文博知识的推广者、教育者和文化传承者，文博讲解从业者急需进一步丰富文博知识，创新讲解模式，让游客在吸纳文博知识的同时有体验感、参与感和收获感，满足游客对文化旅游活动的需求。

为进一步提高文博讲解人员的文化素质，丰富讲解人员的专业知识，更好地讲好文物故事，传承中华优秀传统文化，坚定文化自信，我们觉得有必要也有责任编写一本较为系统地介绍文物鉴赏知识的图书——《旅游文物鉴赏》，以满足文博讲解人员和文博爱好者的渴求。

本书立足于实践，结合作者多年的文博教育和博物馆文物讲解的经验进行编写，具有很强的实用性。全书以古玉器、陶瓷、青铜器、漆器、金银器、珐琅器、书画、织绣、雕塑、古代钱币、古代家具为分类方法，较为详尽地介绍了各类文物的相关知识；结合文物讲解者的习惯，将每篇内容分为基本知识、鉴赏要点、文物选介三个模块，并附拓展阅读；同时，在文物选介模块开辟了"知识链接"专栏，增加了一些逸闻趣事来讲述文物背后的故事。此外，以二维码的形式嵌入部分文物器类的拓展选介，极大地丰富了图书内容。本书图文并茂，辅以大量的文物图片，使读者能更加直观地欣赏文物之美，具有较强的趣味性和可读性。

本书编写的目的，一方面是希望从事文博讲解的工作者通过系统学习，了解文物的基本知识，掌握文物鉴赏的基本方法，讲好文物故事，进而提高服务水平；另一方面也可作为文博爱好者的案头之需，让读者更好地感受中华优秀传统文化的魅力。同时，本书亦可作为高校相关专业的教材使用，帮助学生开阔眼界，充实自我。

本书由刘咏梅同志和盛玫同志编著。在编写过程中，我们参考和借鉴了一大批文物界名贤鸿儒的著作和观点，在此谨向这些文献的作者表示衷心的感谢！同时本书的出版也得到了旅游教育出版社的大力支持和帮助，特别是丁海秀副社长无私地提供了大量的文物图片，谨致真诚谢意！

由于编写者水平有限，书中难免有疏漏之处，恳请各位读者批评指正！

编者

2024 年 4 月

目录 CONTENTS

文物基础知识篇———1
    文物的概念———2
    文物的分类———2
    文物的级别———2
    民间收藏文物的相关规定———3
    文物经营的相关规定———3
    文物出境的相关规定———3
    出境文物禁限规定———4
    禁止出国（境）展览的文物———4

古玉器篇———7
    基本知识———8
    鉴赏要点———11
    文物选介———16

陶瓷篇———25
    基本知识———26
    鉴赏要点———28

文物选介————36

青铜器篇————49
　　基本知识————50
　　鉴赏要点————52
　　文物选介————57

漆器篇————73
　　基本知识————74
　　鉴赏要点————75
　　文物选介————80

金银器篇————85
　　基本知识————86
　　鉴赏要点————88
　　文物选介————91

珐琅器篇————103
　　基本知识————104
　　鉴赏要点————105
　　文物选介————109

目 录

书画篇 ——————115
    基本知识 ——————116
    鉴赏要点 ——————121
    文物选介 ——————124

织绣篇 ——————137
    基本知识 ——————138
    鉴赏要点 ——————141
    文物选介 ——————146

雕塑篇 ——————153
    基本知识 ——————154
    鉴赏要点 ——————155
    文物选介 ——————158

古代钱币篇 ——————173
    基本知识 ——————174
    鉴赏要点 ——————175
    文物选介 ——————179

古代家具篇 ——————187
    基本知识 ——————188
    鉴赏要点 ——————189
    文物选介 ——————199

其他文物选介 ——————205
    铭刻 ——————206
    帝王用品 ——————211

参考文献 ——————215

文物基础知识篇

　　人类在漫长的历史长河中，创造和发展了多姿多彩的文明，而文物则承载文明并传承历史。中国是世界四大文明古国之一，有着门类众多、不可胜数的文物。中国文物数量之多、规模之大、品类之丰、技艺之精、价值之高，都为举世所公认。

　　文物作为历史的物质遗存，凝聚着中华民族千百年来的智慧，是我国悠久历史文化的见证和重要载体，是维系中华民族团结统一的精神纽带，是祖先遗留下来的不可再生的宝贵财富。

旅游文物鉴赏

文物的概念

文物是人类社会活动中遗留下来的具有历史、艺术、科学价值的遗物和遗迹。2017年修订的《中华人民共和国文物保护法》规定，下列文物受国家保护：

（1）具有历史、艺术、科学价值的古文化遗址、古墓葬、古建筑、石窟寺和石刻、壁画；

（2）与重大历史事件、革命运动或者著名人物有关的以及具有重要纪念意义、教育意义或者史料价值的近代现代重要史迹、实物、代表性建筑；

（3）历史上各时代珍贵的艺术品、工艺美术品；

（4）历史上各时代重要的文献资料以及具有历史、艺术、科学价值的手稿和图书资料等；

（5）反映历史上各时代、各民族社会制度、社会生产、社会生活的代表性实物；

（6）具有科学价值的古脊椎动物化石和古人类化石。

文物的分类

依存在形态分，文物可分为不可移动文物和可移动文物两大类。

不可移动文物是指不能或不宜整体移动的文物。主要有：古文化遗址、古墓葬、古建筑、石窟寺、石刻、壁画、近代现代重要史迹和代表性建筑等。

可移动文物是指收藏（主要是馆藏）文物和流散文物，可根据收藏、保管、陈列、研究、教学需要随意移动、变换地点。主要有：石器、玉器、陶器、骨器、角器、牙器、蚌器、铜器、铁器、金器、银器、瓷器、漆器、工艺品、艺术品、装饰品、书画、古文献等。

元·景德镇窑青花凤首扁壶　首都博物馆藏

文物的级别

不可移动文物，根据它们的历史、艺术、科学价值，分为全国重点文物保护单位，省级文物保护单位，市、县级文物保护单位。

可移动文物，分为珍贵文物和一般文物；珍贵文物分为一级文物、二级文物和三级文物。

民间收藏文物的相关规定

《中华人民共和国文物保护法》第五十条规定，文物收藏单位以外的公民、法人和其他组织可以收藏通过下列方式取得的文物：

（1）依法继承或者接受赠与；

（2）从文物商店购买；

（3）从经营文物拍卖的拍卖企业购买；

（4）公民个人合法所有的文物相互交换或者依法转让；

（5）国家规定的其他合法方式。

文物收藏单位以外的公民、法人和其他组织收藏的前款文物可以依法流通。

《中华人民共和国文物保护法》第五十一条规定，公民、法人和其他组织不得买卖下列文物：

（1）国有文物，但是国家允许的除外；

（2）非国有馆藏珍贵文物；

（3）国有不可移动文物中的壁画、雕塑、建筑构件等，但是依法拆除的国有不可移动文物中的壁画、雕塑、建筑构件等不属于本法第二十条第四款规定的应由文物收藏单位收藏的除外；

（4）来源不符合本法第五十条规定的文物。

文物经营的相关规定

根据《中华人民共和国文物保护法》的相关规定，除经批准的文物商店、经营文物拍卖的拍卖企业外，其他单位或者个人不得从事文物的商业经营活动。

文物商店不得销售、拍卖企业不得拍卖本法第五十一条规定的文物。拍卖企业拍卖的文物，在拍卖前应当经省、自治区、直辖市人民政府文物行政部门审核，并报国务院文物行政部门备案。

西周·鸟尊　山西博物院藏

文物出境的相关规定

依照《中华人民共和国文物保护法》，文物出境进境必须遵守以下规定。

国有文物、非国有文物中的珍贵文物和国家规定禁止出境的其他文物，不得出境；但是依照本法规定出境展览或者因特殊需要经国务院批准出境的除外。

文物出境，应当经国务院文物行政部门指定的文物进出境审核机构审核。经审核允许出境的文物，由国务院文物行政部门发给文物出境许可证，从国务院文物行政部门指定的口岸出境。

任何单位或者个人运送、邮寄、携带文物出境，应当向海关申报；海关凭文物出境许可证放行。

出境文物禁限规定

根据国家文物局2007年发布的《文物出境审核标准》，对出境文物禁限规定如下。

（1）以1949年为主要标准线。凡在1949年以前（含1949年）生产、制作的具有一定历史、艺术、科学价值的文物，原则上禁止出境。其中，1911年以前（含1911年）生产、制作的文物一律禁止出境。

（2）少数民族文物以1966年为主要标准线。凡在1966年以前（含1966年）生产、制作的有代表性的少数民族文物禁止出境。

（3）凡有损国家、民族利益，或者有可能引起不良社会影响的文物，不论年限，一律禁止出境。

（4）其他文物如经文物进出境机构审核确实具有重大历史、艺术、科学价值的文物，应禁止出境。

禁止出国（境）展览的文物

近年来，随着对外文化交流的扩大，文物出境展览日益增多，一定程度上加大了文物遭受损害的可能性，对文物安全构成了潜在威胁。为切实保障珍贵文物，尤其是一级文物中的孤品和易损品的安全，国家文物局于2002年、2012年和2013年，先后三次发布了禁止出境展览文物目录，规定各类文物共195件（组）禁止出国（境）展览。这195件（组）禁止出国（境）展览的文物主要收藏于故宫博物院、中国国家博物馆、湖南博物院、陕西历史博物馆、湖北省博物馆、上海博物馆、辽宁省博物馆、山西博物院、河北博物院、三星堆博物馆、南京博物院、宝鸡青铜器博物院、新疆维吾尔自治区博物馆、西安碑林博物馆、河南博物院、法门寺博物馆、天津博物馆、甘肃省博物馆、山东博物馆、南京市博物馆、苏州博物馆、扬州

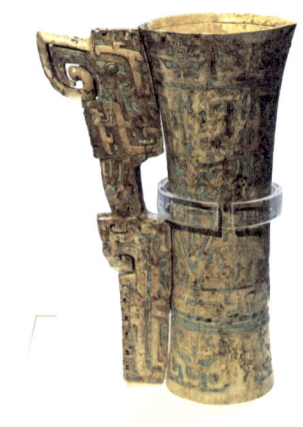

商·嵌绿松石象牙杯　中国考古博物馆藏

博物馆、南越王博物院、定州博物馆、马鞍山市博物馆、中国考古博物馆、山西省艺术博物馆等文博机构。

文物与古董、古玩的区别

近年来，民间收藏可谓如日中天。在收藏市场上，经常会听到"文物""古董""古玩"等字眼，那么它们三者之间有区别吗？

古董是指过时的东西及可鉴赏、研究的古代器物，是对珍贵的古物的泛指。"古董"也称"骨董"，所谓"骨"，取肉腐而骨存之意，意思是保存过去之精华；所谓"董"即知道、了解。清代之前，称"古董"或"骨董"，到了清代乾隆年间，因为乾隆皇帝好古爱把玩，"古玩"这个词迅速流行开来。古董、古玩并不一定都是文物。

文物与古董、古玩的区别主要表现在以下两个方面。

一是法律地位不同。文物是受国家法律保护的，允许私人持有，但是不允许贩卖。古董可以收藏，可以投资，也可以转手。

二是时间界定不同。文物可以是古代的，也可以是现代或当代的，只要是优秀的文化遗产都可以被列入文物范畴。而古董和古玩一般是指1911年之前的遗物，现代和当代的东西不能称为古董和古玩。

清·铜镀金鳌寿字盆红宝石梅花盆景
故宫博物院藏

古玉器篇

　　中国是世界文化史上长盛不衰、大放异彩的"玉器之邦"。中国玉器，作为中国古代文化宝库中的瑰丽遗产，以其精美绝伦、巧夺天工而享誉海内外。

　　中国是世界上用玉最早，且绵延时间最长的国家。早在七八千年前，原始先民们就在辽河、松花江两岸创造出灿烂的玉石文化。经过数千年的继承和发展，中国玉器从史前的古朴、雅拙到秦汉的雄浑豪放，再发展到明清的玲珑剔透、博大精深，给世人留下了难以数计的艺术品。中国玉器，具有鲜明的民族特点，在世界玉器工艺领域中独树一帜。

　　中国玉器不但历史悠久，而且影响深远。玉与中国古代的政治、文化和艺术等都存在着密切联系，影响着中华民族世世代代人们的观念和习俗。中国是世界上唯一将"玉"与"人性"相结合的国家。作为一种精神文化的象征，玉以其"温润而泽""廉而不刿"为历代仁人君子所推崇。玉器是中华文明的载体和基石，是中国传统文化的重要组成部分。

基本知识

1. 玉的概念

狭义：运用地质学理论，将玉分成"软玉"和"硬玉"两类。软玉是由角闪石族矿物中透闪石、阳起石矿物组成的致密块体，其比重接近3，比钻石、石英以外的大多数矿石都坚硬。我国软玉主要有白玉、青玉、碧玉、黄玉和墨玉等品种。硬玉是钠和铝组成的硅酸盐矿物，其比重达3.33，硬度高于软玉，在我国俗称"翡翠"。翡翠一般多为白色，有时在白色质地上出现绿色或苹果绿色，也有出现黄色和浅红，偶尔也有紫色。

广义：中国文化学上的玉，内涵较宽，一般把硬度在4度以上的"美石"都称作玉。汉代许慎在《说文解字》中说："玉，石之美，有五德者。"所谓"五德"，即指玉的五个特性：坚韧的质地，晶润的光泽，绚丽的色彩，致密而透明的组织，舒扬致远的声音。按此标准，古人心目中的玉，不仅包括真玉，还包括蛇纹石、绿松石、孔雀石、玛瑙、水晶、琥珀、红绿宝石等彩石玉。

2. 玉的主要产地

我国古代玉矿藏丰富，产地众多，仅先秦典籍《山海经》中提到的产地就有100多处。主要有新疆的和田玉、河南南阳的独山玉、辽宁的岫岩玉、陕西的蓝田玉等。18世纪，缅甸的硬玉输入中国。

和田玉。因产于新疆和田而得名。属角闪石类，主要成分是二氧化硅、氧化钙、氧化镁等，比重2.9~3.1，摩氏硬度6.0~6.5，结构以纤维状为主要特征，表面经琢磨后呈现强弱不等的光泽；色泽以白为好，质愈纯则色愈白，久享盛誉的羊脂白玉就是和田玉中之精品。因另含不同的微量金属元素，会呈现出黄、绿、青、墨等色调。和田玉是我国古代玉器原料的重要构成部分。

南阳玉。产于河南南阳地区，又称独山玉。其成分以硅酸钙铝为主，比重约3.29，摩氏硬度6.0~6.5。在安阳殷墟出土的玉器中就有以南阳玉为原料的。

岫岩玉。产于辽宁省岫岩县。其成分主要是蛇纹岩，比重2.5~2.8，摩氏硬度2.5~5.5。红山文化的玉器有的就采用岫岩玉。

清·碧玉雕采玉图山子　故宫博物院藏

红山文化·玉玦形龙　故宫博物院藏

蓝田玉。产于陕西省蓝田县。其成分主要是蛇纹岩，比重约2.7，摩氏硬度2~6。蓝田玉质地坚硬，色彩斑斓，有翠玉、墨玉、彩玉、汉白玉、黄玉等。蓝田玉是中国开发利用最早的玉种之一，迄今已有5000多年的历史。

翡翠。又称为翡翠玉、翠玉、缅甸玉，主要产于缅甸，在云南西部与缅甸交界处也有少量出产。其主要由硬玉或硬玉及钠质（钠铬辉石）和钠钙质辉石（绿辉石）组成，比重为3.25~3.45，摩氏硬度为6.5~7.5，是硬度最大的一种玉石，有"玉石之王"之称。翡翠在我国约出现于清乾隆时期。

清·翠雕鹤鹿同春图山子　故宫博物院藏

3. 古代玉器的发展简史

中国最早的玉器出现在新石器时代早期。在距今七八千年前的内蒙古赤峰市敖汉旗兴隆洼文化遗址和辽宁省阜新市查海文化遗址中，出土了20余件玉器，是我国目前已知最早的玉器。在中国多个地区的新石器时期文化遗址中，也都出土了具有各自区域特征的玉礼器和玉饰件。其中尤以辽河流域红山文化的动物形玉饰，太湖流域良渚文化的玉璧、玉琮、玉斧、玉钺和黄河流域龙山文化的玉刀、玉璋等最有特色。

夏商周时期，玉器制作技术随着青铜工具的出现而大为提高。夏代河南偃师二里头文化遗址出土的玉戈、玉刀、玉圭、玉璋、玉瑗、玉柄形器等，制作精良。商代玉雕工艺已达到比较成熟的阶段。在质料上，已开始使用质纯色美的和田软玉；在造型上，出现了大量形象生动的动物玉雕，纹饰细腻精致；在用途上，不仅有表明统治者地位的礼玉，而且还把玉作为完美品格的象征，佩玉成为时尚。西周玉器除了礼玉以外，佩玉出现了较多的新形式和新内容，如神人和神兽复合形玉饰、双龙首玉璜、龙纹璧形佩、长方形薄片佩玉等。

西周·玉组佩　中国考古博物馆藏

春秋战国时期，是我国传统玉器发展史上的一个高峰期。由于铁质工具的广泛使用，改进了制玉工具，促进了琢玉技术的突飞猛进，玉器制作日臻完善。战国以前，玉器多以造型取胜；战国时期则广泛地应用了刻纹、浮雕、镶嵌等多种技法，玉器日趋精美。如湖北随县曾侯乙墓，出土玉器多达300余件，形制典雅，做工精巧，精美绝伦。

战国·龙形玉佩　湖北省博物馆藏

秦汉时期,玉器制作进入了全面发展阶段。琢玉技艺日益精进,玉器品种不断增多,在造型、纹饰及琢制技术等方面,既继承了战国玉器的传统,又有自己的创新。如在玉器制作上,镂空、浮雕等技法普遍应用,典型的"汉八刀",刀法矫健、粗野,锋芒有力。在品种上,除传统的璧、璜、佩饰外,还出现了组乐人、舞人、祭祀人、车马、编钟、玉衣、刚卯、严卯、角杯、心形玉佩等新品种。葬玉是汉代玉器中极富特色的一类。

汉以后玉器制作业走向低潮,三国两晋南北朝时期由于政治上分裂,战争频繁,交通阻塞,西域的玉材来源受到影响,琢玉业处于停滞状态,玉制品甚少。

唐宋辽金玉器别开生面。唐代玉器中,礼器已退出了历史舞台,以生活实用器、配饰等为主体。宋代玉器呈现出世俗化倾向和浓厚的生活气息,如两宋盛行的花鸟玉饰和持花玉童,有着清新的生活气息和显著的时代风尚。辽金玉器既受唐宋影响,又保留了民族特色,形成了特有的艺术风格。

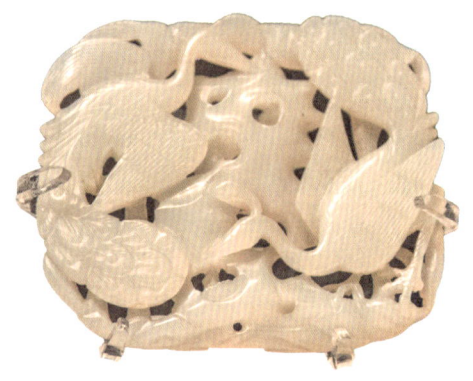

宋·白玉双孔雀嵌饰　首都博物馆藏

元、明、清三代,我国玉器步入鼎盛时期。在当时的苏州、扬州、杭州、南京、北京等地,先后形成了高度发达的制玉行业。明代苏州的陆子冈,琢玉技术精湛,被称为"吴中绝技"。清代,特别是康乾时期,玉器工艺十分发达,品种和产量均居各朝之冠。

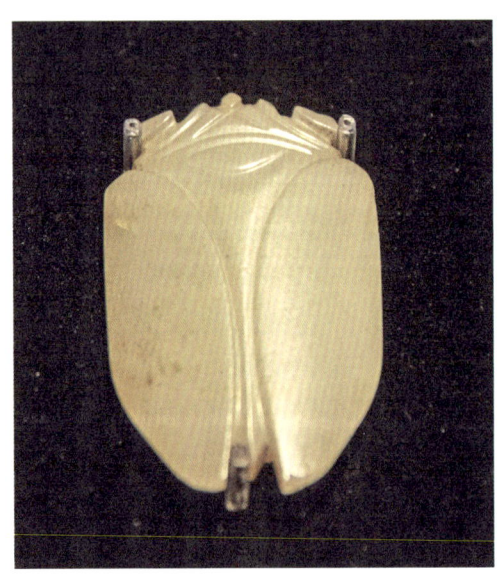

汉·青玉蝉

清·"仙岳献祝"山子　中国国家博物馆藏

4. 古代玉器的种类

玉器按社会功能、用途等来区分，可大致划分为礼器、仪仗器、装饰器、实用器、丧葬器等几类。

礼器，是在宗教祭祀及国家大典中使用的器具。主要有玉璧、玉琮、玉圭、玉璋等。

仪仗器，主要是在重要场合中执以示权，或旁侍以增威仪的器具，用以彰显统治者的尊严。如玉斧、玉戚、玉钺、玉戈、玉刀等，都是象征性的武器。

装饰器，是佩戴于人身，或镶嵌于器物中，或置放于案间几上的各种玉器，形制各异，种类繁多。如耳饰、颈饰、胸饰、腰饰、腕饰、剑饰，以及人物、动物、仿古器皿、山子等。

实用器，指日常生产生活中的用器，包括生产工具、日用品、文房用具等，有的兼具装饰作用。

丧葬器，是专用于随葬的器物，通称葬玉。主要包括玉衣、玉琀、玉握、玉九窍塞等。

鉴赏要点

1. 色泽

丰富的玉色一方面是玉器美感的主要来源，一方面也是鉴赏玉器材质的主要依据。玉有各种呈色，以色纯、色正、鲜艳、漂亮的为优，反之，色浅淡、污暗、无精神的较劣。玉器呈色可划分为六种不同情况：基本色、质变色、沁色、盘色、玉皮作色、人工染色。

不同的玉种由不同含量的矿物质组成，含有呈色不同的色素离子，因而形成了各个玉种的基本色，如白玉、青玉、碧玉、黄玉、墨玉等。

白玉。商周后开始使用，汉代后盛行，主要产于我国新疆和田。以乳白色为主，有的带有灰色或略显浅红色，质地细腻，坚硬致密，具有油脂光泽，略有透明感。羊脂白玉是白玉中的极品，有"软玉之王"之称。

战国·白玉透雕龙凤纹璧　故宫博物院藏

青玉。始用于新石器时代晚期,商周开始盛行,明清玉器中较为多见。产于新疆和田。呈青白色或灰白色,质地细腻、坚韧,半透明状,琢磨后有明亮的蜡状光泽。青玉沿用时间长,在古代玉器中占有较大比重。

清·青玉嵌宝石炉　故宫博物院藏

碧玉。始用于新石器时代晚期,盛行于春秋至明清时期,产于新疆。呈菠菜绿色,质地坚韧,细腻光润,因玉质中多含磁铁矿等矿物,往往夹杂有黑色的小斑点。碧玉的佳品颜色如翡翠,质地纯洁;有小黑点或色淡者次之。

黄玉。始见于新石器时代,明清时期使用较为广泛,产于新疆和田一带。因含杂质而呈现不同的黄色调。质地细密坚硬,有油脂光泽,呈栗子黄色者最为珍贵。

清·碧玉雕司寇匝　故宫博物院藏

清·黄玉雕连环璧　故宫博物院藏

墨玉。因含有较多杂质而呈黑色,在和田玉中常有出现。黑色或为点状,或为云状，纯黑色者较少，因此也较为名贵。

清·墨玉嵌彩石三多纹如意局部
故宫博物院藏

2. 质地

由于玉本身所含的矿物成分不同，其洁净度和颜色也不一样；产地不同，玉的质量也有很大的差异。玉石原料以性柔和、滋润、质细腻者为佳，性暴、发干、质粗糙的较差。闪玉（为钙和镁的硅酸盐）中以羊脂白玉为上品，辉玉（为钠和铝的硅酸盐）中则以翡翠为精品。由于盛产辉玉的缅甸在清代中叶才开始大量开采，所以中国的古玉器以白玉和青玉居多。

3. 形制

由于每个时代都有其特色，也形成了每个时代玉器的特有形制。新石器时代，玉器的造型主要是模仿人和动物或幻想中的事物雕琢而成的，如红山文化玉器大部分为动物造型，有鸟、蝉、猪龙、龟、蚕蛹等。夏、商、周三代，社会重视祭祀，敬天礼地的璧、圭、琮、璋、璜、琥"六器"颇为盛行。春秋时期，动物形佩饰有所减少，柄形饰消失，盛行复合佩饰。战国时期，佩玉之风盛行，玉器的种类更加多样化，有各种玉环、玉龙形佩、玉琥、玉鱼、马蹄形串饰等。汉代人迷信鬼神，发展出各种陪葬玉器和辟邪玉器。隋唐五代时期，受西域影响的造型成为玉器发展的主流，如头饰、手饰、腕饰及成组玉佩等。宋、辽、金、元时期，玉器造型反映生活气息和世俗化的倾向更加明显。宋代玉器的品种主要以装饰品和小型实用器物为主，最为典型的是玉雕童子。辽代玉器造型主要有玉佩、飞天、玉砚、玉水

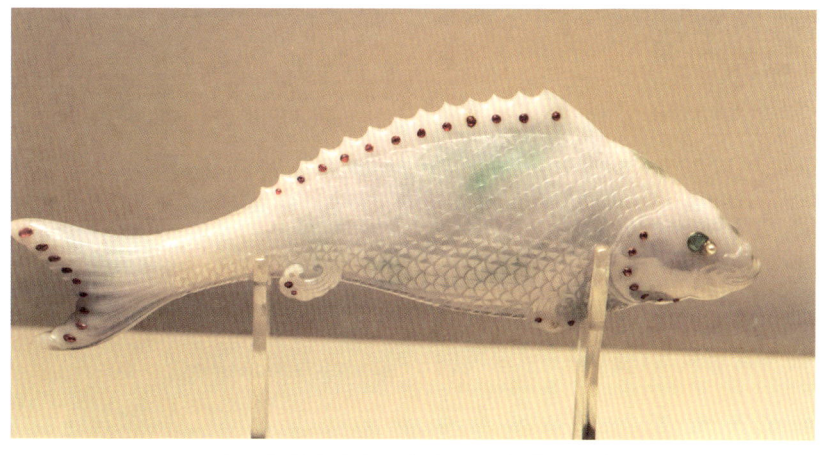

清·翡翠嵌珠宝鱼式盒　故宫博物院藏

盂、圆雕飞禽走兽等。金代玉器造型主要有青玉龟游佩、白玉花鸟饰、玉马、玉飞天和镂雕双鹿牌饰等。元代玉器出现了一些新的品种，如玉尊、海马、海龙等。明代玉器，造型丰富，有花鸟、人物、动物等。一般来说，花鸟多带有宋元遗风；人物多体态肥丰，五官线条简单，两腿交叉较多；而动物造型则蹲式较多，形象不够逼真。清代玉器造型特点主要体现在仿生写意器，包括直接以动植物为造型或者融合自然景致和人物故事。

外还有卧蚕纹、谷纹、蒲纹、蟠螭纹等。

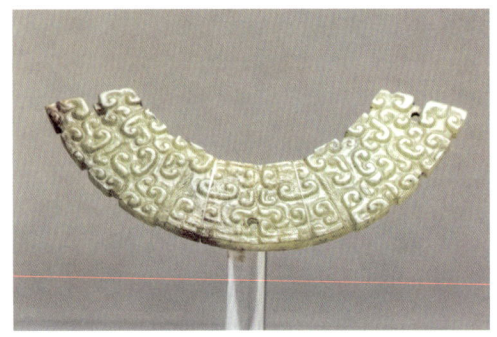

春秋·勾云纹玉璜 山西博物院藏

金·白玉镂雕春水图佩 故宫博物院藏

4. 纹饰

不同的历史时期，纹饰在构图、造型及所表现的主题等方面，常常有很大的差别。纹饰常常被人们作为玉器断代的一个重要标准。

新石器时代，器件均为素面，偶尔出现极简单的阴刻线纹。商周时期，玉器纹饰主要有饕餮纹、龙纹、蟠螭纹，也有少量的云雷纹饰。春秋战国时期，玉器纹饰主要有蒲纹、蚕纹、谷纹、乳钉纹、蟠螭纹等。汉代，玉器纹饰以勾云纹最多，此

汉·谷纹玉璧 山西博物院藏

唐代，玉器纹饰借鉴了当时绘画中的线描手法，开始出现了缠枝花卉、葵花图案、人物飞天及鸟兽纹等，其鸟兽纹雕刻得非常精细。宋元时期，玉器纹饰以龙凤吉祥为多，此外还有仿古蟠螭纹、回纹、乳钉纹、凤凰牡丹等图案。明代，玉器纹饰主要有松梅竹纹、云纹、云头纹、龙纹、缠枝花卉纹、山水人物及刻字等。清代，玉器纹饰除仿古纹饰外，新创的花鸟、虫草等纹饰丰富多彩，此外还出现了御制诗及各种铭文。

清·青玉镂空鱼穿荷花饰　首都博物馆藏

5. 琢工

古人云："玉不琢，不成器。""他山之石，可以攻玉。"道出了琢玉的真谛。古代制玉技法，源于制作石器。切、磋、琢、磨是玉石器所用的工艺程序。切，即解料，解玉要用无齿的锯加解玉砂，将玉料分开；磋是用圆锯蘸砂浆修治；琢，是用钻、锥等工具雕琢花纹、钻孔；磨，是最后一道工序，用精细的木片、葫芦皮、牛皮蘸珍珠砂浆，加以抛光，使玉器发出凝脂状的光泽。所以，用行话来说，制玉不叫雕玉，而称治玉，或是琢玉、碾玉、碾琢玉。

琢玉的基本技法有阴线、减地、镂空、钻孔、拉丝等。阴线，指低于玉器表面的凹线，是较常见的装饰手法之一。减地，指把基础平面减低以突出主题纹饰的表现方式。镂空，指在器物上用雕出孔洞的方法，使玉器造型更丰富、更有立体感和灵动感的特殊工艺。钻孔，分单面钻和双面对钻两种。单面钻孔形垂直；双面对钻时，常常会因两次用钻，钻具取位有差距，其圆心未必在一条直线上，致使由于错位而在孔壁上留下凸起的台痕，管壁上会留下粗细不等的螺旋纹。拉丝，因古时"拉丝"比"打孔"效率高，故镂空多采用拉丝，其痕迹的最大特点是比较凌乱、不平行、深浅不一。

6. 文化内涵

玉器在中国历史上之所以流传如此久远，除因其质坚色美等自然属性以外，最重要的是人们赋予了玉器丰富的文化内涵，这些内涵是中国玉文化的重要组成部分。

宗教内涵。"玉为灵瑞之物"，古人把玉视作神异之物，认为它有通灵之功，因此便用玉祭天地、祀神明、祛邪避凶，祈求赐福降祥，古人对玉的崇拜达到了至高无上的境地。玉在这个时期承载的是"神"，具有丰富的原始宗教的内涵。《周礼》中有"六器礼天地四方"，六器专指玉璜、玉琮、玉璧、玉圭、玉璋、玉琥，六器祭祀天、地、四方之神，在玉种、色彩和器型上，都有着明确和严格的规定。

道德内涵。"玉为道德之尊"，人们把玉的自然属性加以道德观念的比附延伸，赋玉以德的象征。君子的五德集于玉，故"君子比德于玉"。古人特别强调"君子无故，玉不去身"，以表示公正廉洁、清白无瑕。

政治内涵。在古代，玉也是权力和财富的象征。以玉器显示权力、等级的现象，在新乐与河姆渡两处原始文化遗址出土的玉器中已见端倪，而良渚文化遗址出土的玉器则已显现出系列化倾向。周代以后，统治阶级为维护礼制，制作了大量玉制礼器和佩器。据《周礼》载："以玉作六瑞，以等邦国。王执镇圭，公执桓圭，侯执信圭，伯执躬圭，子执谷璧，男执蒲璧。"反映了西周时期的宗法制度。其后，每个朝代对持何种礼器、佩戴何种玉饰都有严格规定，以避免等级的混乱与僭越。

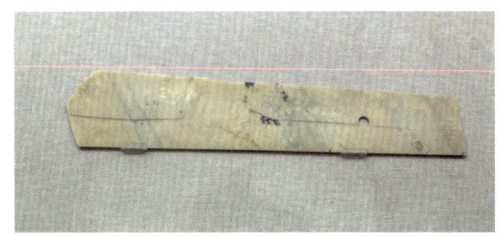

春秋·玉圭 山西博物院藏

文物选介

"中华第一龙"——碧玉C形龙

碧玉C形龙，新石器时代红山文化的代表性玉器，1971年出土于内蒙古自治区赤峰市翁牛特旗赛沁塔拉遗址，现收藏于中国国家博物馆。

红山文化·碧玉C形龙 中国国家博物馆藏

玉龙高26厘米，由墨绿色的岫岩玉雕琢而成，体卷曲，平面形状如字母"C"，形体酷似甲骨文中的"龙"字。龙首较短小，吻前伸，略上撅，嘴紧闭，鼻端前突，上翘起棱，端面截平，有并排的两个鼻孔。龙眼突起呈菱形，前面圆而起棱，眼尾细长上翘。颈背有一长鬃，弯曲上卷，长21厘米，占龙体1/3以上。鬃扁薄，并磨出不显著的浅凹槽，边缘打磨锐利。龙身大部光素无纹，只在额及颚底刻以细密的方格网状纹，网格突起作规整的小菱形。

玉龙以一整块玉料圆雕而成，细部还运用了浮雕、浅浮雕等手法，造型独特，工艺精湛，有"中华第一龙"之美誉。

知识链接

曾被遗忘的玉龙

1971年初秋的一天，内蒙古赤峰市翁牛特旗赛沁塔拉村的村民张凤祥在植树时，意外掘出了一块"锈铁钩"，"铁钩"上的土锈脱落后，露出墨绿色的晶莹质地。后张凤祥把这件玉器上交给翁牛特旗文化馆。因此时尚未形成有关红山文化的系统性研究，许多如今被大家熟知的红山文化遗址也并未被发掘，于是这件本该引起轰动的玉龙，在箱子里一待就是十几年，渐渐地被人们淡忘了。直到20世纪80年代，在红山文化牛河梁遗址中出土了两个精美的玉猪龙，引起了考古学界的极大反响。消息传到翁牛特旗，文化馆负责人突然想起1971年征集的那件玉器。经专家鉴定，当属红山文化遗物，距今有5000多年的历史。著名考古学家苏秉琦先生研究确定其为我国发现最早的玉制"龙"的形象。1989年，为迎接中华人民共和国成立40周年，碧玉C形龙被调往北京参加展出，随后入藏中国国家博物馆。

● "玉琮之王"——良渚文化玉琮

良渚文化玉琮，新石器时代的玉制礼器，1986年出土于浙江省余杭县（今浙江省杭州市余杭区）反山12号墓，现收藏于浙江省博物馆。

良渚文化·玉琮　浙江省博物馆藏

玉琮由软玉制成，呈黄白色带紫红色瑕斑，通高8.9厘米，重约6.5千克。器形略呈矮方柱体，外方内圆，上下端为圆面的射，中有对钻圆孔，留有台痕。下端有取料时形成的凹缺。琮体四面各由中间的直槽一分为二，又由横槽分为两节，每节又分上下两个部分。四面直槽内上下各琢刻一神人兽面纹图案，共8个，用浅浮雕和细线刻两种技法雕琢而成。在分为两节作角尺形的长方形凸面上，以转角为中轴线向两侧展开，每两节琢刻一组简化的象征性的神人兽面纹图案，四角相同，左右对称。这种人与兽的组合图案是良渚文化玉琮纹饰的基本特征。另外，在兽面纹的两侧各雕刻一鸟纹，鸟的头、翼、身均变形夸张。整体纹饰中大量填充卷云纹、直线、弧线，刻画繁缛细致。玉琮在良渚文化时期是沟通天地人神的礼器，蕴含着良渚先民的宇宙观念和精神信仰。

该玉琮是迄今为止雕琢最精美、品质最佳、体量最大的玉琮，被称为"玉琮王"。

知识链接

良渚古城遗址

良渚文化，属于新石器时代晚期的考古学文化。其分布的空间范围非常广阔，包括长江下游太湖流域36 500平方千米的区域面积，中心区域是良渚古城遗址。

良渚古城遗址，位于浙江省杭州市余杭区境内，距今5300—4300年，是一个具有宫殿区、内城、外城和外围水利系统四重结构的庞大都邑，也是良渚社会的政治、经济、宗教和文化中心。良渚古城遗址出土器物包括玉器、陶器、石器、漆器、竹木器、骨角器等，总量10 000余件。其中，玉器总数7000多件，器型包括玉琮、玉钺、玉璧、三叉形器、冠状饰、锥形器、玉璜、半圆形饰、柱形器、玉镯、玉织具、玉纺轮等，以及圆雕的鸟、龟、鱼、蝉等动物形玉器。良渚玉器以其数量之多、品类之丰、雕琢之精，达到了中国史前玉器文化的巅峰。2019年"良渚古城遗址"被列入《世界遗产名录》。

玉衣中的"王者"——刘胜金缕玉衣

刘胜金缕玉衣，西汉时期的玉制葬衣，1968年出土于河北省满城县（今河北省保定市满城区）陵山中山靖王刘胜墓，现收藏于河北博物院。

玉衣长188厘米，按人体结构比例制作，分为头罩、上衣、手套、裤筒和鞋等五部分。全套玉衣由各种形状的岫岩玉玉片组成，玉片四角有孔，用金丝加以编缀，故称"金缕玉衣"，共用玉片2498片，金丝约1100克。与玉衣同时出土的有镶玉鎏金铜枕、玉眼盖、玉鼻塞、玉口琀、玉耳塞、生殖器罩、肛门塞，组成一套完整的葬玉。玉衣是汉代皇帝和高级贵族死后的殓服。

西汉·刘胜金缕玉衣　河北博物院藏

刘胜金缕玉衣是我国考古发掘中出土年代最早、最完整的玉衣，其设计精巧，做工精细，是旷世难得的艺术瑰宝。

> **知识链接**
>
> **满城汉墓**
>
> 1968年5月23日，中国人民解放军北京军区工程兵某部在河北省满城县城的孤山（当地俗称陵山）上施工时，发现了一座古墓，遂引起了河北省领导和文物专家的高度重视。上报中央后，周恩来总理指示由时任中国科学院院长的郭沫若亲自组织实施古墓的发掘。专家们根据发现的"金缕玉衣"及一件青铜器上刻有"中山内府铜钫一，卅四年"字样的铭文，考证出该墓墓主人为西汉中山国第一代靖王刘胜。
>
> 刘胜墓被发现后，又在其北面100多米的山崖上找到了刘胜妻子窦绾的墓。在考古发掘过程中，不仅发现了一套比刘胜墓保存还要完整的金缕玉衣（全长172厘米，由2160片玉片组成，所用金丝重约700克），而且还有装殓玉衣尸骨的镶玉漆棺，此外还出土了长信宫灯、朱雀铜灯和朱雀衔环杯等一大批珍贵文物。特别是在墓主人的贴身随葬品中，考古人员发现了一枚"窦绾"铜印章，这为确定墓主人身份提供了无可辩驳的证据。同时，这枚印章也从另一方面佐证了此前发掘的墓主人刘胜的身份。
>
> 满城汉墓共出土文物10 000余件，被誉为中国20世纪100项考古大发现之一。

"镇国玉器之首"——渎山大玉海

渎山大玉海，元代的一件巨型贮酒器。现陈设于北京北海公园团城内承光殿前的玉瓮亭中。

渎山大玉海，又名"大玉瓮"，是元

世祖忽必烈在至元二年（1265年）令皇家玉工用南阳独山玉雕琢而成，可储酒30余石。玉海口呈椭圆形，通高70厘米，口径135~182厘米，周长493厘米，重约3500千克。玉质斑驳变幻，墨色中夹杂白纹。外壁浮雕波涛汹涌的大海，水中有龙、鹿、猪、马、犀、螺等动物，栩栩如生、活灵活现。内壁镌刻清乾隆御制诗及序，概括了这件巨型酒器的形状、花纹和来历。

元·渎山大玉海　北海公园团城藏

渎山大玉海厚重古朴，气势雄浑，雕工精细，为元代难得的玉雕精品，同时也是当时最大的玉雕作品，开大件玉雕之先河，在玉器发展史上有着划时代的重要意义。2012年，《国家人文历史》将渎山大玉海评为镇国玉器之首。

> 知识链接

最奢侈的腌菜缸

史料记载，元世祖忽必烈为了彰显国势强盛，特命大都皇家治玉工匠制作了巨型贮酒器——渎山大玉海，并安置于大都太液（今北海）中的琼华岛广寒殿。明万历七年（1579年），广寒殿失火倒塌，大玉瓮被移至紫禁城西华门外皇家御用监。到了清代，御用监改为真武庙。但道士们不清楚大玉瓮的来历，把它作为腌菜缸来使用。直到清康熙五十年（1711年）重修真武庙时，道士们才发现这件原本用来腌菜的"石钵"实为玉制，开始对其加以保护和珍视，并将真武庙改名"玉钵庵"。到了乾隆年间，有翰林院学者到玉钵庵游玩，发现这竟是遗失数百年的元代广寒殿前的大玉海，于是上奏乾隆皇帝。清乾隆十年（1745年），乾隆皇帝命内务府用重金将玉钵买回，并配以汉白玉雕花石座，重置于北海团城承光殿前。乾隆十四年（1749年）建玉瓮亭，并命翰林40人，各赋诗一首，刻于亭柱之上。由于乾隆皇帝对玉海上的龙鳞纹与其他海兽的鳞纹没有尊卑之别极为不满，因此先后命工匠将渎山大玉海重新修整了4次，现在的玉瓮上面除了龙身颈外，其他的龙鳞纹都具有明显的清代特色。乾隆十五年（1750年），乾隆还为渎山大玉海亲笔御题三首诗，并命人镌刻在玉器的腹壁上。这些诗作还配有序文，详细地介绍了这件玉器的来历和流传经过。

1988年，在北京法源寺内发现了渎山大玉海的原配底座。该底座有八面八足，为双层雕，其上雕刻有龙兽、浪花等图案，刀法圆润，气势雄伟。它与渎山大玉海的玉质、色彩、纹饰风格都高度一致。

青玉大禹治水图山子正面　故宫博物院藏

青玉大禹治水图山子侧面

❀"世界玉器之最"——青玉大禹治水图山子

青玉大禹治水图山子，清宫廷玉器，陈设于故宫博物院宁寿宫的乐寿堂中。

玉山高224厘米，宽96厘米，座高60厘米，重5000千克。玉料为新疆和田密勒塔山所产的青玉，由扬州工匠历时6年时间雕凿制成，图样以清宫所藏宋人《大禹治水图》为蓝本设计。玉雕背景为层叠的山峦古木丛林和流水飞瀑，上雕数以百计的开山治水的劳动者，生动再现了大禹治水的场面。玉山正面中部山石处，刻乾隆帝阴文篆书"五福五代堂古稀天子宝"十字方玺。玉山背面上部阴刻乾隆皇帝《题密勒塔山玉大禹治水图》御制诗，下部刻篆书"八徵耄念之宝"六字方玺。玉山底座为嵌金丝山形褐色铜铸座。

整个玉山采用浮雕与立体雕相结合的方法，充分利用玉料天然的纹理和多变的色彩，把嶙峋叠嶂的山峰、苍翠参天的古木、蜿蜒通幽的小路、形态各异的人物形象完美地融合交织在一起，层次分明，凹凸有致，构成一幅生动自然的盛大画面。特别是在悬崖峭壁间成群结队的人物，个个五官清晰可见，衣着线条流畅，表情神态丰富，动作活灵活现，形象栩栩如生。

青玉大禹治水图山子局部

青玉大禹治水图山子，雕琢鬼斧神工，设计独具匠心，体现了我国古代工匠卓越的创造力和杰出的雕刻技艺，是中国古代玉器中用料最宏、运路最长、花时最久、费用最昂、雕琢最精、器形最巨、气魄最大的玉雕工艺品，也是世界上最大的玉雕之一。

知识链接

青玉大禹治水图山子的制作

青玉大禹治水图山子，是在清乾隆皇帝亲自筹划下雕琢而成。其玉料来自新疆和田密勒塔山。当年，将这样一块玉料从新疆和田密勒塔山完整地运到北京，简直是个奇迹。据清代一首名为《瓮玉行》的诗描述，运输一块大玉料，需要使用轴长11米的特大专车，前面用100多匹马拉车，后面有上千名役夫扶把推运，遇到冬天则泼水结成冰道在上拽运，每天只能走七八里地。这样大的玉料，从和田到北京万里之遥，前后花了至少3年时间。在制作上，更是穷极精工。《清宫内务府造办处活计档》中详细记载了它的策划、设计、制作全过程。以宋人《大禹治水图》为蓝本，经造办处如意馆初步设计，画得正、背、左、右四面纸样，由如意馆画匠照图式在玉材上临画，再交造办处拨得蜡样，送乾隆阅示批准后，于乾隆四十六年（1781年）发往扬州。玉料和图纸蜡样送扬州后，因扬州天气较热，怕日久蜡样熔化，经乾隆批准，又照蜡样刻成木样。扬州工匠历时6年时间，至乾隆五十二年（1787年）玉山雕成。玉山运达北京后，乾隆帝又命宫中造办处如意馆刻玉匠朱泰将乾隆御制诗和两方宝玺印文刻制在玉山上。最后由乾隆帝钦定，安放在宁寿宫乐寿堂内，至今已有200余年的历史。

❀"变废为宝"的乾隆最爱——白玉雕桐荫仕女图山子

白玉雕桐荫仕女图山子，清宫旧藏，现收藏于故宫博物院。

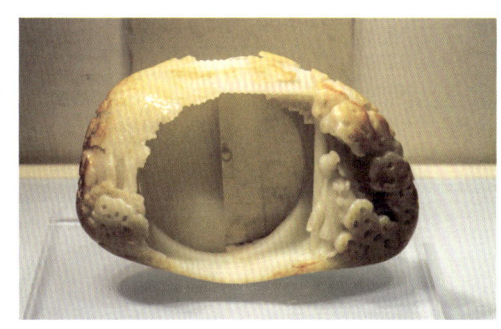

清·白玉雕桐荫仕女图山子　故宫博物院藏

山子长25厘米，宽10.8厘米，高15.5厘米。玉料为和田白玉，有黄褐色玉皮。玉山采用圆雕的技法，以月亮门为界，把庭院分为前后两部分。洞门半掩，门外右侧站一女子手持灵芝，周围有假山、桐树；门内另一侧亦立一女子，手捧宝瓶，与外面的女子从门缝中对视，周围有芭蕉树、石凳、石桌和山石等。器底阴刻乾隆御制诗、文各一。诗云："相材取碗料，就质琢图形。剩水残山境，桐簷蕉轴庭。女郎相顾问，匠氏运心灵。义重无弃物,赢他泣楚廷。"末署"乾隆癸巳新秋御题"及"乾""隆"印各一。文曰:"和阗贡玉,规其中作碗,吴工就余材琢成是图。既无弃物,且仍完璞玉。御识。"末有"太璞"印。

山子是乾隆三十八年(1773年)仿油画《桐荫仕女图》而作,所用玉料为雕碗后所剩的弃料,但玉工巧为施艺,化腐朽为神奇,创作出一件价值连城的艺术珍品。作为清代圆雕玉器和俏色玉雕的代表之作,桐荫仕女玉山以极高的工艺水准享有盛名,是中国玉雕艺术宝库中技艺精湛、艺术价值极高的作品之一。

知识链接

泣楚庭的典故

楚国有一位叫卞和的琢玉能手,在荆山里得到一块原石,他知道里面肯定有美玉,于是将宝物献给楚厉王。厉王让人鉴别,认为只是一块普通的石头。厉王怒而下令砍去卞和左脚。时至楚武王登基,卞和再次携玉献宝。武王再次找人鉴别,依然给出同样结论,便怒而砍其右脚。

时光流逝,武王崩,文王立。卞和怀抱宝玉而泣于荆山脚下,三日夜而不停,眼泪干涸以血代之。文王得知后派人询问为何,卞和说:"我并不是哭我被砍去了双脚,而是哭宝玉被当成了石头,忠贞之人被当成了欺君之徒,无罪而受刑辱。"楚文王听后深受感动,命人当场剖开这块原石,果然得到了稀世之玉,便以卞和之名

将其命名为"和氏之璧",并欲封卞和为零(陵)阳侯。卞和不受,说:"宝玉面世,吾愿足矣。"

秦昭襄王一度想拿十五座城池交换和氏璧。"完璧归赵""价值连城"均出典于它。

翡翠"四大国宝"

翡翠"四大国宝"分别是翡翠山子《岱岳奇观》、翡翠花薰《含香聚瑞》、翡翠提梁花篮《群芳揽胜》和翡翠插屏《四海腾欢》,现陈列在北京中国工艺美术馆(中国非物质文化遗产馆)。作为新中国玉雕史上唯一的国家工程,由北京玉器厂的近40名玉雕大师从1982年开始,耗时整整6年精雕细刻而成。4件艺术珍品原料之贵重,创作之精美,为古今中外所未有,堪称国家珍品,是玉雕艺术推陈出新的典型。

翡翠山子《岱岳奇观》,高88厘米,原料净重368千克,质地上乘,是四块翡翠料中最大的一块。该作品取材泰山,表现了泰山雄伟壮观、春意盎然的景色,象征中华民族勇于攀登高峰的精神。在艺术手法上,采用了镂雕、圆雕、深浅浮雕等手法。作品背面还用铁线篆体字刻上了唐代大诗人杜甫的《望岳》,填以金色,风格古朴高雅,书法和工艺造型相映生辉,

更具传统的民族特色。

翡翠花薰《含香聚瑞》，高65厘米，原料重274.4千克，为球形花薰。花薰由底足、中节、主身、盖、顶五部分组成，以主身和盖组成的球体为中心，周围饰以圆雕的龙。在盖、中节、底足三部分，以深浅浮雕的技法和开光的艺术形式，装饰传统的青龙、白虎、朱雀、玄武图案。盖的周身除4个开光图案外，通体镂雕唐代传统的蕃草图案。其不仅采用了套料工艺，并用料中套料，小料做大的手法，集圆雕、深浅浮雕、镂空雕于一体，综合体现了中国当代琢玉技艺无可比拟的高、精、尖水平。

翡翠提梁花篮《群芳揽胜》，高42.3厘米，取材为提梁花篮。花篮满插牡丹、菊花、月季、山茶等四季香花，整体效果丰满生动，花卉枝叶富有生机，是中国玉器艺术史上最大的花卉作品。

翡翠插屏《四海腾欢》，高74厘米，宽146厘米，厚1.8厘米，是当今世界最高大的一个翡翠插屏。插屏整个画面以中国传统题材"龙"为主题，9条翠绿色巨龙，在白茫茫的云海里恣意翻滚，气势磅礴，象征中华民族的腾飞精神。

文物选介拓展

陶瓷篇

　　陶瓷是中国灿烂的物质和精神文明最重要的标志之一，也是中国古代伟大的发明之一。在悠久的历史岁月中，中国先民们点土成金，创造了世界工艺史上的一大奇迹。

　　在距今约 20 000 年以前，中华先民们发明了制陶术，使我国成为世界上最早制作和使用陶器的国家之一。在距今3000多年前的夏商之际，我国已能烧造原始瓷器。到距今1800多年前的东汉，出现了真正意义上的瓷器，使中国成为世界上最早生产瓷器的国家。中国瓷器还大量远销海外，深受世界各国人民的喜爱，对世界上许多国家的瓷器生产均产生过广泛而深远的影响。外国人把中国瓷器视为珍宝，称中国为"瓷国"。

　　中国陶瓷凝结着我国古代制瓷工匠的聪明才智和辛勤劳动，它不但蕴含着历史、社会、政治、经济的背景，而且还反映出当时的科学技术、人文精神、工艺美学等方面内涵，是中华民族为世界贡献的巨大物质财富和珍贵的历史文化遗产。

基本知识

1. 陶瓷概念

陶瓷是陶器与瓷器的总称。凡是用陶土和瓷土（高岭土）的无机混合物做原料，经过配料、成型、干燥、焙烧等工艺方法制成的器物统称为陶瓷。事实上，陶器与瓷器有很多不同之处，其中主要表现为以下三点。

（1）烧制原料不同。陶器通常采用黏土为原料制成，而瓷器则以瓷土为主要原料制成。

（2）烧成温度不同。陶器烧成温度一般为700℃~900℃，而瓷器的烧成温度大都在1200℃以上。

（3）器表施釉不同。陶器的器物表面通常不施釉，或只施低温釉（易剥落）；瓷器表面则施高温釉，胎釉结合紧密，不易剥落。

明·五彩鱼藻图盖罐　故宫博物院藏

2. 陶瓷发展简史

中国是世界上最早制作和使用陶器的国家之一。考古发掘证明，距今20 000年左右，中国先民就已经开始有意识地制作和使用陶器。

在新石器时代，陶器制作几乎遍布全国各地，品种多种多样。如仰韶文化、马家窑文化以彩陶而闻名，龙山文化则以工艺精致的白陶和黑陶著称，大汶口文化、河姆渡文化以印纹硬陶为代表，各地区均有其特点，但又相互影响。原始陶器制作手法较为粗糙，彩绘纹饰由写实到抽象，形态多变，但多以几何或简洁图案图形为主。

夏、商、周时期，人们主要的日常生活工具依然以陶器为主。商代陶器大体上沿袭了新石器时代的风格，除灰陶以外，还烧造出刻纹白陶和印纹硬陶。夏、商之际出现的原始瓷，奠定了瓷器发明的基础。周代，陶器大量被应用到建筑上，如瓦当、瓦钉、阑干砖等。

大汶口文化·涡纹彩陶壶　山东博物馆藏

商·白陶刻几何纹瓿　故宫博物院藏

战国时期，印纹硬陶和原始瓷在南方普遍得以发展。秦朝陶塑陶俑数量众多，异彩纷呈。秦始皇陵兵马俑坑出土的陶俑，充分体现出秦朝制陶的精湛技艺。

两汉时期，釉陶逐渐代替了铜质日用品，陶器得以迅速发展。西汉时期，北方地区发明了低温铅釉陶。东汉时期，釉陶已发展到较高水平，陶器开始向瓷器过渡，并烧制出了成熟的青瓷。自东汉发明瓷器算起，中国的瓷器烧造已有近2000年的历史。

三国两晋南北朝时，陶瓷生产发展迅速。河南省安阳市北齐范粹墓出土的白瓷，是目前已知最早的白瓷，奠定了隋唐时期白瓷发展的基础。

隋唐时期，我国陶瓷业进入了迅猛发展的阶段。隋代，青瓷仍占主流地位。唐代陶器的制作以唐三彩最具代表；瓷器制作中越窑青瓷和邢窑白瓷分别代表了南方瓷业和北方瓷业的最高成就，形成了以"南青北白"为主的制瓷局面。五代时期的陶瓷继承唐末遗风，更重造型和装饰技艺，为宋代陶瓷艺术高峰的出现奠定了工艺基础。

唐·越窑秘色瓷八棱净瓶　故宫博物院藏

宋代是我国制瓷业极为辉煌的时期。瓷窑遍及南北各地，名窑辈出。古代"五大名窑"（即汝、官、哥、钧、定）开始逐渐出现。瓷器品种日趋繁多，除青、白两大瓷系外，黑釉、青白釉和彩绘瓷也获得迅速发展。宋、金、元时期，还形成了按地域、工艺技法、装饰风格等特点相近的瓷窑体系，后人称为"八大窑系"，即北方地区的定窑系、钧窑系、磁州窑系、耀州窑系和南方地区的龙泉窑系、越窑系、景德镇窑系、建窑系。

北宋·汝窑淡天青釉盘　故宫博物院藏

北宋至金·钧窑天蓝釉紫红斑折沿盘

南宋·官窑粉青釉弦纹瓶　　南宋·哥窑灰青釉贯耳瓶　　北宋·定窑白釉模印云龙纹盘

以上均为故宫博物院藏

元代是中国陶瓷史一个承前启后的重要时期。元代制瓷工艺有重大突破，景德镇烧制出了青花瓷、釉里红、卵白釉和蓝釉瓷等新品种，一举成为全国最重要的瓷器产地。青花瓷器的出现，改变了中国传统瓷器以青瓷为主的局面。

明清两代是我国陶瓷发展史上最为重要的时期。明代景德镇成为全国的制瓷中心，兼收并蓄历代各地名窑之长，青花、斗彩、五彩等品种，繁花似锦，五彩缤纷。明洪武二年朝廷在景德镇设陶厂（后更名为"御器厂"，清代更名为"御窑厂"）专门烧造宫廷用瓷，这就是俗称"御窑"的窑厂。此后基本沿袭此制度，窑业可分为御窑和民窑两种。清代，特别是康熙、雍正、乾隆三代，制瓷工艺达到顶峰，制瓷技艺有了更大进步，创造了珐琅彩、粉彩等新的品种。

鉴赏要点

1. 器型

在中国几千年的文明进程中，每个时代都有着其自身的审美情趣和习俗，这些审美情趣和习俗对陶瓷的造型产生了重要的影响。就器型的整体风格而言，秦汉豪迈奔放，隋唐圆润丰满，宋代秀丽典雅，元代雄浑朴拙，明代永乐宣德朝端庄稳重、成化朝隽秀典雅、嘉靖朝复杂多变，清代康熙朝刚劲挺拔、雍正朝文雅精细、乾隆朝猎奇新颖。

中国陶瓷造型的类别，至少有上百

种，最常见的主要有罐、瓶、壶、碗、盘、杯、尊、炉、洗等。而每种器型又有很多不同的造型。如碗，常见的有平底碗、玉璧底碗、笠式碗、葵口碗、卧足碗、鸡心碗、宫碗、净水碗、盖碗等。瓶，常见的有玉壶春瓶、梅瓶、扁腹瓶、直颈瓶、瓜棱瓶、多管瓶、橄榄瓶、胆式瓶、葫芦瓶、壁瓶、琮式瓶、蒜头瓶、转心瓶、净瓶、天球瓶等。

玉壶春瓶。基本形制为撇口、细颈、圆腹、圈足。其造型定型于北宋，由宋人诗词"玉壶买春"而得名，历经宋、元、明、清，成为中国古代瓷器造型的一种典型器物。玉壶春瓶造型时代特征明显，如宋代的玉壶春瓶，器型整体纤细，瓶的颈部细长，腹部也比较纤瘦。金代磁州窑的玉壶春瓶，在承袭宋代形制的基础上，有所改进，一是器型尺寸上有所加大；二是腹部更饱满，颈部更加纤细。入元后，其形制遍布南北诸窑，且出现器身镂空或八方形等装饰。明清两代玉壶春瓶器身普遍比宋元矮粗，明早期的玉壶春瓶，器身粗壮，圆腹丰硕，瓶颈加长，重心下移，给人以憨笨的感觉；明中期的玉壶春瓶，整体造型秀丽圆润，大小适中；明晚期的玉壶春瓶，一般都为撇口，细短颈，长腹下丰，圈足微内敛，外廓曲线较圆润。清代的玉壶春瓶，主要沿袭明代玉壶春瓶造型和模仿宋代玉壶春瓶造型，创新不足。

清·青花芭蕉竹石玉壶春瓶　沈阳故宫博物院藏

梅瓶。基本形制为小口、短颈、丰肩、瘦底、圈足。因口小只能插梅枝而得名。梅瓶最早出现于唐代，造型呈小口、短颈、丰肩、鼓腹、腹下渐收、平足，通体施釉，整体给人以丰满圆润之感；进入北宋后，梅瓶较多保留了契丹族鸡腿瓶的痕迹，造型变得修长、秀丽，口部多为梯形，便于使用绳索捆扎；元代梅瓶继承宋代形制，但是肩部变得更加丰满，造型也更加挺拔，给人以少数民族奔放的视觉感受；明代的梅瓶，造型比例逐渐变矮，丰肩，肩部向上抬起，腹下内收明显，近足处微撇，给人以雄健、敦厚之感；清代梅瓶整体造型偏于流畅，小件梅瓶出现增多，小口，口部处理更加规整，溜肩，造型线条秀美。

元·青花四爱图梅瓶　湖北省博物馆藏

2. 胎釉彩

胎，是指陶瓷成型的坯体。陶器通常采用含铁量高于3%的黏土，而瓷器则通常采用含铁量低于3%的瓷土。依地域、窑口、时代、品种、工艺等不同，成分配方也略有不同。如宋代福建地区的建窑茶盏，因使用了含铁量7%~10%的红棕色胎土，故胎色呈深褐色，也被称为"铁胎"。

釉，是指陶瓷胎体外的玻化成分，主要化学成分为氧化硅（SiO_2）、氧化铝（Al_2O_3）及氧化钙（CaO）等，与玻璃的成分相似。基础釉本身透明且有光泽，施于器物表面不仅可以使其光滑易清洁，而且能为器物增添光彩。釉由于内含的金属成分不同，器物烧成后所呈现出的颜色也不同，如青瓷，釉料内含铁量的高低与烧成后釉色深浅成正比。含铁量越高，釉色越深，故有粉青、豆青、翠青、梅子青、冬青、天青等不同青色，共20余种。釉料中加入铁、铜、锰、钴等氧化金属着色剂，在相应的烧成条件下，釉面会出现青、红、褐、蓝等颜色。

彩，大致可分为釉下彩和釉上彩。釉下彩，是在成型的胎体上先用色料绘画，上釉后入窑经高温一次烧成。因彩在釉下，显得光滑平整，且永不褪脱。主要品种有青花、釉里红、青花釉里红、釉下三彩、釉下五彩、釉下褐彩、褐绿彩等。釉上彩，是在传统低温色釉的基础上发展而来的彩瓷种类，即在已烧成瓷器的釉面上用彩料绘画，再经700℃~950℃的低温焙烧。主要品种有五彩、珐琅彩、粉彩、墨彩等。此外，还有釉下青花和釉上彩相结合使用的斗彩。

唐三彩，是唐代低温釉陶的通称，多属釉下彩。用白色黏土作胎，以含铜、铁、钴、锰等金属元素的矿物作釉料的着色剂，以氧化铅为釉的助熔剂，用800℃~900℃低温烧成。在烧制过程中达到釉层熔融状态时，各种颜色的釉相互浸润交融，致使釉面呈现斑驳绚烂的视觉效果。其釉色通常有绿、黄、白、蓝、赭、褐、紫等多种色彩，人们俗称其为"唐三彩"。

青花，釉下彩主要品种之一。是用含有氧化钴的钴土矿为原料，在瓷器胎体上描绘纹饰，再在纹饰上施以透明釉，经高温还原气氛烧成后呈蓝色，即青花。青花瓷所用钴料不同，发色也不尽相同。元代

清·青花十二月花卉图题诗句杯（部分） 故宫博物院藏

大多使用进口料，其产地有可能为伊朗卡善地区，发色浓艳，有铁锈斑等特征。明代永宣时期，使用的是"苏麻离青"青料，相传是郑和下西洋时从伊斯兰地区带回。因含铁量高、含锰量低，所以在适当的温度下，能烧出像宝石蓝一样的鲜艳色泽，并有铁锈斑、晕散，宛如中国水墨画。成化、弘治朝开始使用产自江西省乐平县（今江西省景德镇市乐平市）的国产料"平等青"（亦称"陂塘青"），其发色蓝中泛灰，柔和淡雅。嘉靖、隆庆、万历三朝多采用"回青"（进口料）和"石子青"（国产料）的混合料，其发色蓝中泛紫。万历中晚期开始使用国产浙料，其发色淡浅。清代康熙朝有使用福建等省出产的"珠明料"情况，其发色翠蓝，莹澈透亮。

釉里红，釉下彩品种之一。以铜红料为主要着色剂，在胎体上绘制纹饰后，施以透明釉，在高温还原气氛中烧成，呈红色。由于釉里红烧制所需烧成气氛和烧成

清·釉里红花果纹葫芦瓶 中国国家博物馆藏

温度区间要求非常严格，稍有偏差就会发色偏黑或纹饰模糊不清，致使成品率很低。

五彩，多为釉上彩。俗称"古彩""硬彩"。只有包括三种或三种以上色彩且原则上含有矾红彩的彩瓷才能称作五彩瓷器。其烧制工艺是在已烧成的素胎瓷器上，施以铜、铁、锰等金属为主的着色

剂，然后在700℃~950℃的彩炉中焙烧而成，呈现出红、黄、绿、紫、褐等不同色彩，效果浓艳热烈，色彩缤纷。也有釉下彩与釉上彩相结合的工艺，如釉下青花与多种釉上彩相结合的青花五彩等。

方法不同，珐琅彩瓷以油料上彩，不同于传统彩瓷的以胶水或清水施彩。瓷胎画珐琅主要烧造于清代康雍乾三朝，乾隆朝以后衰落。

清·五彩蝙蝠灵芝盘　首都博物馆藏

清·淡黄地珐琅彩兰石图题诗句碗
故宫博物院藏

珐琅彩，釉上彩主要品种之一。亦称"瓷胎画珐琅"，产量不大，为清代宫廷专用。于康熙五十一年（1712年）烧造成功，雍正时期得到极大发展。早期珐琅料需从欧洲进口，从雍正六年（1728年）开始，内务府造办处已能自炼多种国产珐琅料，使珐琅彩瓷器色彩更加丰富，呈现出新的面貌。珐琅彩瓷多为先在景德镇烧成瓷坯或精细白瓷，然后送到紫禁城内务府造办处，由宫廷画师和写字人依据皇帝的授意再在白胎上绘制纹饰、题句和款识等，最后在宫中造办处所砌炭炉以低温彩烧而成。其工艺与传统的彩瓷相比有两点不同：一是采用的彩料中含有大量的硼，而且有些呈色金属元素与传统彩料不同，如黄色，珐琅彩料是以氧化锑为主要着色剂，呈现的黄色比传统彩料娇艳、明亮，所以也称"锑黄""鸡蛋黄"；二是上彩的

粉彩，釉上彩主要品种之一。清代康熙晚期出现，清宫档案中亦称为"洋彩"。其制作流程是先在高温烧成的白瓷上用墨线起稿，然后在轮廓线内填上白彩（即"玻璃白"），之后把带有颜色的彩料施于玻璃白之上晕开，从而形成色彩过渡，产生明暗层次感，最后入720℃~750℃的彩炉低温烧成。由于粉彩色彩富有层次、粉润柔和、清新雅致，故与被称为"硬彩"的五彩形成对比，又被称为"软彩"。

清·松石绿地粉彩藤萝花鸟图鱼缸
故宫博物院藏

斗彩，是一种釉下青花和釉上彩相结合，具有特殊艺术效果的瓷器装饰工艺。"双钩填彩"是斗彩中使用的基本工艺技法。即先在已成型的胎体上用青花料双钩出完整图案的轮廓线，或以青花料作为描绘图案的局部，然后施透明釉入窑高温烧制；出窑后，再在釉上以填涂技法，或在此基础上辅以染、覆、点彩等技法，按需施以各色彩料，拼斗成完整的图案全样，经二次或多次入彩炉低温焙烧而成，从而产生釉下沉稳色调的青花与釉上诸彩争相斗艳、富有层次的艺术效果。

清·斗彩竹枝纹竹节盖罐　故宫博物院藏

3. 纹饰

纹饰是陶瓷器表面装饰纹样的总称。纹饰发展历经了是由简到繁的过程。陶瓷纹样图案从最初在无意识的生产中产生的席纹、布纹、绳纹等，发展到有意识地使用简单的纹饰，如弦纹、水波纹、网纹等；再逐渐开始使用几何纹、动物纹、植物纹、人物纹等进行装饰。随着制作工艺、审美意识的提高，纹饰的题材也愈加丰富，如缠枝纹、云纹、锦纹、卍字纹、团花纹、杂宝纹，乃至各种风格的山水、人物、花鸟、诗词等题材。明清时期，纹饰大多赋予了"图必有意，意必吉祥"约定俗成的吉祥寓意。同时，纹饰构图也多种多样，其中有些主题纹饰被装饰在各种形状的边框里，即为"开光"。纹饰的装饰工艺方法主要有刻划、模印、绘画、贴塑等。

弦纹。呈细而长的线条形，水平展开或环绕整个器身。主要有单线弦纹、复线弦纹、宽弦纹、长凸弦纹等。

北宋·定窑白釉弦纹三足樽式炉
故宫博物院藏

云纹。用云朵形纹饰装饰，有象征高升、如意的寓意，可用作辅助纹饰，也可作主要纹饰使用。主要有灵芝云纹、如意形云纹、风带如意云纹、螺旋云纹、"壬"字形云纹等。

动物纹。可分为具象和抽象两大类。

如蛙纹、饕餮纹、鹿纹、狮纹、麒麟纹、龙纹、螭纹、鱼纹、花鸟纹、凤纹、鹤纹、鸳鸯纹、蝶纹等。

明·五彩云凤纹葫芦式壁瓶　故宫博物院藏

植物纹。主要为表现自然界、宗教和寓意祥瑞的图像总称。如莲花纹、仰莲纹、覆莲纹、把莲纹、宝相花纹、牡丹纹、菊花纹、冰梅纹、蕉叶纹、瓜果纹、叶纹、缠枝纹、折枝纹、忍冬纹等。

杂宝纹。主要见于元、明、清三代瓷器上，多用作辅助纹饰。元代瓷器多在器物的肩、胫部变形莲瓣纹内描绘各种"宝物"，如银锭、犀角、法螺、珊瑚枝、火珠、火轮、火焰、双钱、双角等，排列无固定格式，亦有重复，故称"杂宝"。明代的杂宝纹内容更为丰富，出现了祥云、元宝、方胜、灵芝、画轴、鼎、磬、蕉叶等新的"宝物"，其中任意采选八种"宝物"的，也称"八宝"。

4. 款识

款识就是通过刻、划、印、画、写等方式遗留在器物上的图案或文字。其种类有纪年款、室（堂）名款、王府款、吉言赞颂款、花样款、数字款、供养款、人名款、定制款、仿写款、寄托款及其他类特殊款等。

纪年款。标明瓷器烧造年代的一种款识。可分为三大类：一是年款，如"大明宣德年制""大清乾隆年制"等；二是干支款，如"万历丁丑年制"等；三是特殊年款，如"大明年造"等。

清·黄地珐琅彩开光花卉纹碗　故宫博物院藏

室（堂）名款。将地点、斋号、字号等作为标识写在陶瓷器上。如奉华款、博古斋、朗润堂、慎德堂、松石斋、杏林轩、御赐纯一堂珍藏等。

5. 制作工艺

陶瓷制作工艺主要有成型工艺、装饰工艺、施釉工艺和烧成工艺。

成型工艺。陶器的成型工艺主要有捏塑法、贴敷法、泥条盘筑法等，瓷器的成型工艺主要有拉坯、模制、拼接等。

泥条盘筑法就是将拌制好的黏土搓成泥条，从器底起依次将泥条盘筑成器壁直至器口，再用泥浆胶合成全器，之后抹平盘筑时器壁留下的沟缝。最后配合慢轮修整使器型更加规整。

拉坯分为慢轮拉坯法和快轮拉坯法。其中快轮拉坯法是借助"陶车"，将陶坯置于陶车工作台面的中心，推动台面旋转，即可用手或辅助工具对器型进行拉坯和修整。轮制陶器是制陶术的一个飞跃，瓷器工艺中也经常使用。

模制即用模子制坯，模制用的模型有单模和合模。

装饰工艺。主要有化妆土、划花、刻花、印花、剔花、贴花、镂空、拔白、锦上添花等。

拔白即先在器物的表面勾勒出纹饰的轮廓，然后在轮廓线以外的隙地施彩料，花纹留白，具有独特的装饰效果。

"锦上添花"初现于清乾隆时期。在轧道以外再加绘西洋花卉纹饰，构成一种新颖的锦地花卉纹饰。清宫内务府记事档中称此种新创纹饰为"锦上添花"。此种工艺制作复杂，刻划精细，有如铜胎画珐琅的艺术效果。乾隆朝以后各代曾有仿制，但均不如乾隆时期的工艺精湛。

清·淡黄地粉彩锦上添花镂空干支字象耳转心瓶　故宫博物院藏

刻花即以竹、骨、木或铁制工具，在已成型的陶瓷坯胎上通过直刀和斜刀的灵活运用刻出图案花纹。刻花技法早在新石器时代陶器上即有应用，但以宋代瓷器上的应用最为普遍。如宋代耀州窑、定窑、磁州窑、越窑、龙泉窑、景德镇窑等烧造的刻花瓷器都各具特点。其中以耀州窑刻花青瓷受到的评价最高，其下刀较深，刀锋犀利洒脱，所刻花纹具有浅浮雕般立体感，被推为宋代各窑刻花瓷器之冠。刻花技法常与划花技法结合使用，称之为"剔划花"。

明·青花海水白龙纹扁壶　故宫博物院藏

北宋·耀州窑青釉刻花执壶　山西博物院藏

仰韶文化·人面鱼纹彩陶盆　中国国家博物馆藏

施釉工艺。是指在成型的器物表面施以釉浆。主要方法有蘸釉、浇釉、荡釉、吹釉等。

烧成工艺。主要包含窑炉、窑具、装烧方法、烧成温度和烧成气氛等。窑炉有馒头窑、龙窑等；窑具有垫饼、支圈、匣钵等；装烧方法有正烧、覆烧、套烧、对口烧等；在烧成温度和烧成气氛方面，不同的气氛中坯中所含的铁呈现的颜色不同，氧化气氛中铁呈锈红色，还原气氛中则呈灰黑色，不同的气氛也会使釉中所含的金属成分呈现出不同的颜色。

文物选介

仰韶文化的经典之作——人面鱼纹彩陶盆

人面鱼纹彩陶盆，新石器时代仰韶文化彩陶的代表作之一，1955年出土于陕西省西安市半坡村，现收藏于中国国家博物馆。

彩陶盆通高16.5厘米，口径39.5厘米，细泥红陶质地。盆敞口卷唇，口沿处绘有间断黑彩带。盆内壁以黑彩绘有两组相似的图案，一组是侧视的鱼纹，一组是人面鱼纹。人面呈圆形，头顶有似发髻的内黑外白尖状物，短线条围以四周；额头装饰不对称，左半部涂成黑色，右半部呈黑色半弧形；双耳位置有鱼鳍形装饰；人物眼睛细长，似闭目状；鼻梁挺直，呈倒T字形；嘴的左右两侧各衔着一个变形鱼，鱼头与人嘴外廓重合，再配上两耳旁的小鱼，构成形象奇特的人鱼合体。在两个人面纹之间，有双鱼环绕。整个纹饰构图极富律动感，生动而富有想象。盆底部略平，有两个小圆孔。

人面鱼纹彩陶盆是作为儿童瓮棺的棺盖来使用的一种特制的葬具。关于其彩绘图案所反映内容众说不一，有人认为是部落图腾，有人认为是正在作法的巫师，也有人认为体现的是生殖崇拜。

人面鱼纹彩陶盆是仰韶文化最具代表性的作品，充分显示了中国原始民丰富的想象力和艺术才能,被誉为"原始人类的艺术杰作"。

> 知识链接

仰韶文化

仰韶文化是中国新石器时代一支重要的考古学文化。因1921年在河南渑池仰韶村首先发现而得名。年代为公元前5000—公元前3000年。主要分布在陕西、河南、山西三省,影响远达甘肃、青海、湖北、河北、内蒙古等周边地区,陕西西安半坡、河南陕县(现位于三门峡市湖滨区)庙底沟、河南郑州大河村、山西夏县西阴村、甘肃秦安大地湾等都是著名的仰韶文化遗址。

仰韶文化最主要的特征是绚丽的彩陶。仰韶文化早期(距今7000—6000年),以半坡遗址为代表,彩陶以黑彩为主,图案多写实,如鱼、蛙、人面纹和几何纹等。仰韶文化中期(距今6000—5300年),以庙底沟遗址为代表,彩陶以黑彩为主,还出现红彩、白衣彩陶等,图案主要是由几何纹构成的花卉形图案。仰韶文化晚期(距今5300—4600年)是彩陶的衰落阶段,以大河村遗址为代表,彩陶以红彩为主,图案趋于简单,有条纹、网格纹、折线、圆点等。

❀ "一带一路"的历史见证——三彩釉陶骆驼载乐俑

三彩釉陶骆驼载乐俑,盛唐时期三彩釉陶器,1957年出土于陕西省西安市鲜于庭诲墓,现收藏于中国国家博物馆。

唐·三彩釉陶骆驼载乐俑 中国国家博物馆藏

骆驼头高58.4厘米,首尾长43.4厘米,舞俑高25.1厘米。此器物中骆驼昂首挺立,驮载了5个汉、胡成年男子。其中一个胡人在跳舞,其余4人围坐演奏。他们手中的乐器仅残留下一把琵琶。但据专家研究,4人应分别手持乐器演奏,一人拨奏琵琶,一人吹筚篥,二人击鼓,均属胡乐。人物表情丰富,形象逼真。

器物表现的应该是长安百戏中的一个杂技节目——骆驼载乐,是集乐舞、杂技和马戏表演为一体,在训练有素的骆驼配合下,演员们且歌且舞,展示着敏捷的身手和过人的胆识、才艺。因此节目在大唐长安大受欢迎,所以唐人把它们精心做成陪葬的明器,以期带到阴间继续享乐。

三彩釉陶骆驼载乐俑,造型新颖生

三彩釉陶骆驼载乐俑局部

动,釉色鲜明润泽,色彩层次分明,陶塑艺术精湛,是一件具有艺术表现力和浪漫主义色彩的稀世艺术珍品。它不仅代表了当时唐三彩制作的最高水平,而且反映了古丝绸之路上文化的交流与融合,对研究盛唐雕塑艺术、音乐、歌舞、服饰、文化交流等有着重要的参考价值。

知识链接

唐代百戏

"百戏"是我国古代乐舞、杂技等表演的总称,包括杂技、武术、幻术、民间歌舞杂乐、杂戏等多种艺术表演形式。百戏最早出现在汉代,唐代时,随着经济的发展,成为人们喜闻乐见的娱乐形式。唐朝的百戏形式多样,达到了空前的程度,可以说"人间百艺,应有尽有"。相传,幽州有个胡女叫石火胡,因她能站在十层叠放的彩绘坐床上如履平地,一时成为家喻户晓、备受追捧的大明星。当时,在长安城热闹的商业区东市和西市都有专门演出的百戏班子,他们除自主演出外,人们还可以花钱雇演。据说,唐玄宗有一次因为和杨贵妃置气,一怒之下将她遣送出宫,后因思念不已,只得又把她接回来。为了哄回来的贵妃开心,玄宗就召来两市杂戏做专场表演。唐代的驯兽也很精彩,玄宗皇帝生日时,披挂华丽的马匹会和着音乐的节拍摇头摆尾,为他表演衔杯祝寿,甚至还有舞象、舞犀等大型动物的演出。

❋ "天下宋瓷汝为魁,汝瓷之首弦纹樽"——汝窑淡天青釉弦纹三足樽式炉

汝窑淡天青釉弦纹三足樽式炉,宋代汝窑瓷器,清宫旧藏,现收藏于故宫博物院。

炉高12.9厘米,口径18厘米,底径12.8厘米,仿汉代铜樽造型。器身呈直筒形,平底,下承3个兽足形足。外壁凸起弦

纹7道。弦纹凸起处，釉层较薄，致使香灰色胎在极薄的淡天青色釉的掩映下呈现肉红色，增添了简约律动的视觉效果。外底有5个细小支钉痕。里外满施淡天青色釉，釉面滋润，开细碎纹片。此炉器型规整，仿古逼真，釉色柔和莹润，造型完美和谐，代表了千年国宝汝窑瓷的最高水平。

崇宁、大观年间，终于北宋末，所以，汝窑瓷器传世稀少，目前存世百余件。其特点是胎体颜色颇似人们焚香时落下的香灰色，故俗称"香灰色胎"，胎体较薄；淡天青色釉，釉面多开有细碎的片纹，如冰之裂，故俗称"冰裂纹"；裹足支烧，因支痕细小，有如芝麻，故称"芝麻钉"，工艺考究。其恬淡滋润的淡天青色釉，给人以幽玄静谧的视觉感受，充分体现出宋代上层社会追求清淡含蓄的审美趣味。

一枕顽童榻上卧——定窑白釉孩儿枕

定窑白釉孩儿枕，宋代瓷器，清宫旧藏，现收藏于故宫博物院。

宋·汝窑淡天青釉弦纹三足樽式炉　故宫博物院藏

传世的汝窑淡天青釉弦纹三足樽式炉仅有3件。除此件外，另两件分别收藏于美国辛辛那提博物馆和英国伦敦大威德基金会。

知识链接

名瓷之首，汝窑为魁

汝瓷是我国宋代"汝、官、哥、钧、定"五大名窑之一，被誉为五大名窑之魁。其窑址发现于河南宝丰县清凉寺村附近，因当地宋时属汝州而得名。据文献考证，汝窑瓷器是北宋晚期宫廷指定烧造的御用青瓷，但烧造年代极短，始于宋徽宗

宋·定窑白釉孩儿枕　故宫博物院藏

枕高18.3厘米，长30厘米，宽18.3厘米。枕作孩儿伏卧于榻上状，以孩儿背作枕面。孩儿两臂环抱垫起头部，右手持一结带绣球，双足交叉上翘。孩儿身穿长袍，外罩坎肩，下着长裤，足蹬软靴。孩儿眉清目秀，眼睛圆而有神，神情悠闲得意。榻为长圆形，四面开光，正面开光

内印螭龙纹,背面开光内光素,两侧开光内饰如意云头纹,开光之间亦以如意云头纹为饰。枕通体施白釉,釉色白中略泛象牙黄色,底素胎无釉,有两个通气孔。

古人认为瓷枕可以爽身怡神,甚至有"明目益睛,至老可读细书"的作用,宋代瓷枕极为盛行。

定窑白釉孩儿枕,神形兼备,线条柔和流畅,雕塑手法细腻入微,设计独具匠心,富有情趣,是中国古代瓷器中的名品。宋代定窑孩儿枕,目前发现仅三件,除此件外,还有两件类似的孩儿枕在台北故宫博物院。

> **知识链接**
>
> **定窑**
>
> 定窑为宋代"五大名窑"之一,窑址在今河北曲阳县,因古属定州得名。是中国古代五大名窑中唯一主要生产白瓷的瓷窑,有"定州花瓷瓯,颜色天下白"之美称。其所产的白瓷胎质细腻,釉色多白中泛黄,呈现象牙般质感,给人以柔和悦目、温润恬静之美感。装饰技法早期以刻花、划花为主,中晚期以印花见长,常见有花卉、龙凤、动物禽鸟等图案。定窑在北宋时开创了节省窑位的"覆烧"新工艺,即将碗、盘之类器物倒置,层层相叠。覆烧的碗、盘等产品底足满釉而口沿无釉,往往在口沿处呈"芒口",为了弥补芒口的缺陷,多包镶金、银、铜口,这

样做不但遮掩了器口毛涩之弊,而且使器物更显豪华尊贵。

🏵 元青花瓷中的绝品佳作——青花萧何月下追韩信图梅瓶

青花萧何月下追韩信图梅瓶,元代瓷器,1950年于江苏南京印堂村观音山沐英墓出土,现藏南京市博物馆,系该馆的"镇馆之宝"。

元·青花萧何月下追韩信图梅瓶
南京市博物馆藏

瓶高44.1厘米,口径5.5厘米,底径13厘米。小口,矮颈,丰肩曲腹,平底内凹成浅圈足,器型挺拔。器身通体绘有各种青花纹饰。器腹主题纹饰为"萧何月下追韩信"人物故事纹;辅助纹饰有杂宝、缠枝番莲和莲瓣纹等,装饰层次虽多,但

主次分明，繁而不乱，浑然一体。瓶上所绘人物神情生动，萧何策马狂奔时的焦虑、韩信河边观望的踌躇不定、老艄公持桨而立的期待，都被表现得淋漓尽致。空白处衬以苍松、梅竹、山石，显得错落有致。白釉洁净润泽，青花用料浓淡相宜，极富层次感。

青花萧何月下追韩信图梅瓶，形体高大，造型秀美，纹饰题材罕见，纹饰线条圆润流畅，青花色泽纯正浓艳，且为纪年墓葬出土，保存完整，堪称元代青花瓷中的绝品佳作，被陶瓷界誉为"中国青花瓷王""中国青花第一瓷"。

知识链接

萧何月下追韩信

萧何月下追韩信的故事发生在秦末楚汉相争时。在《史记》《汉书》中均有记载，后又演绎成小说和戏曲。

韩信是秦末名将，他先投奔项羽，但不受重用，转而投奔刘邦，但也一直不受重用，于是决定离开。丞相萧何得知后，骑马连夜率人追赶韩信，终于把他劝了回来，并正式向刘邦力荐韩信。刘邦终于封韩信为大将，韩信果然不负众望，屡次替刘邦救险，后被封为淮阴侯。

🌐 千年青瓷，天下龙泉——龙泉窑青釉执壶

龙泉窑青釉执壶，元代瓷器，现藏于故宫博物院。

此件执壶高25厘米，口径4.5厘米，足径3厘米。执壶直口，附有平顶圆珠钮盖。口下渐丰，下腹丰满，圈足略外撇。壶侧置长流，对侧置曲柄。器物口及足处露胎。周身施青釉。

元·龙泉窑青釉执壶　故宫博物院藏

此青釉执壶上瘦下丰，线条收放适度，造型优美。其釉面均匀纯净，釉色粉青，玉质感极佳。

《元史》记载，朝廷曾诏令在江浙行省烧造瓷器。故宫博物院另藏有一件元代景德镇窑青花凤穿牡丹纹执壶，无论从尺寸、器型等规制方面均与此件龙泉窑青釉执壶近似，反映了古代制瓷业的官样制度。所谓制瓷官样，是指宫廷或官府颁发给窑场的制瓷画样和标准，窑场需依据此样进行定制生产。

旅游文物鉴赏

> **知识链接**
>
> **龙泉青瓷**
>
> 龙泉青瓷，系指古代处州府龙泉县（今浙江省龙泉市）境内的诸窑场所烧造的青瓷。产品以宋、元、明时期最为著名。不仅长期为宫廷烧造瓷器，其产品也遍布全国。
>
> 龙泉窑始烧于北宋初，由于受越窑影响，釉多呈青黄色，以刻划花为装饰，至南宋进入兴盛期，所烧造的粉青、梅子青代表了龙泉窑青瓷烧造的最高水平，产品采用石灰碱釉及多次施釉方法，釉色青翠，并为了适应厚釉的特点，堆花和贴花替代了刻划花装饰，且多数器物素而无纹饰。由于釉层较厚，往往在器物转折部分釉较薄处露出白色胎骨，即所谓"出筋"。明代中期以后龙泉窑逐渐趋于衰落。
>
> 龙泉青瓷作为中国古代输出瓷器的最主要品种之一，在12世纪到15世纪的300年间，代表着当时世界陶瓷的时尚，也引导着世界不同地区的陶瓷生产走向，在世界范围内产生了深远影响。
>
> 2009年9月30日，"龙泉青瓷传统烧制技艺"正式入选联合国教科文组织《人类非物质文化遗产代表作名录》，成为全球第一个，也是唯一一个入选的陶瓷类项目。

明·青花海水江崖纹三足炉　故宫博物院藏

香炉高55.5厘米，口径37.3厘米，足距38厘米。外形为鼎式炉，阔口、短颈、鼓腹，下承象腿形三足，肩部两侧各置朝天耳。内施白釉。器物表面通体用"苏麻离青"青料绘制海水江崖纹。海水江崖纹是由起伏相叠的海浪、涌起的浪花和山形组成，象征寿山福海、江山永固。同时，纹饰搭配象征定鼎天下的鼎式造型，更相得益彰地表现出期盼江山安定的寓意。

明正德朝进士邵经邦在《弘艺录》中记载，永乐帝于奉天门御朝时，在宝座上坐定后，内使奉一个刻山河之形的香炉置于榻前，奏道："安定了！"据此推测，此香炉有可能是永乐皇帝御朝时的御用品。

青花海水江崖纹三足炉是明代永乐时期景德镇御窑厂生产的官窑瓷器，传世仅两件，分别收藏在故宫博物院和南京博物院。1994年，景德镇明代御窑厂窑址出土了大量洪武、永乐御窑瓷器残片，其中就有青花海水江崖纹三足炉残片，复原后其形制与另外两件同出一辙，现收藏于景德

藏在《国家宝藏》LOGO中的青花瓷——青花海水江崖纹三足炉

青花海水江崖纹三足炉，明永乐朝瓷器，清宫旧藏，现收藏于故宫博物院。

镇陶瓷考古研究所。据推测，当时御窑厂先后烧制了三件款式相同的青花海水纹香炉，一件因其烧成后炉身变形被打碎埋于地下，另两件送入宫廷。

> **知识链接**
>
> ### 苏麻离青
>
> "苏麻离青"，又称"苏泥麻青""苏勃泥青""苏泥勃青"等，简称"苏料"。由于它幽蓝宜人，效果独特，遂成为永乐、宣德时期官窑青花瓷器烧造的主要用料。
>
> 苏麻离青青料为低锰高铁类钴料，在适当的温度范围内烧造，色浓艳亮泽，还会出现氧化铁结晶斑，即"铁锈斑痕"，俗称"锡光"。浓艳之处，胎体略有凹陷。烧成后，青花料如水墨画般晕散。

仿制界的"天花板"——康熙郎窑仿成化斗彩鸡缸杯

康熙郎窑仿成化斗彩鸡缸杯，清宫旧藏，现收藏于故宫博物院。

杯高3.4厘米，口径8.3厘米，足径4.3厘米。杯似缸形，敞口，微撇，口下渐敛，平底，卧足，杯体小巧。杯内光素无纹饰，胎体轻薄如纸，釉质莹缜如玉。外壁绘有斗彩子母鸡，鸡群周围，洞石隽秀，兰草幽菁，月季、萱草花吐艳，一派春意盎然的景象。画面设色有釉下青花及釉上鲜红、叶绿、水绿、鹅黄、姜黄、黑彩等，运用了填彩、覆彩、染彩、点彩等技法。杯的外底署青花楷体"大明成化年制"六字双行款，外围青花双线方框。器物整体画面神采奕奕，造型轮廓线柔韧优美，器型与图案尽显端庄婉丽、清雅隽秀的风韵。

康熙郎窑仿成化斗彩鸡缸杯　故宫博物院藏

鸡缸杯是明代成化斗彩瓷器中的名品，因外壁绘斗彩子母鸡而得名，属于御用酒具。此件斗彩鸡缸杯，虽署有"大明成化年制"，但在断代上，学术界认为应是清康熙朝仿品。

> **知识链接**
>
> ### 斗彩鸡缸杯的由来
>
> 成化斗彩鸡缸杯作为明代成化斗彩瓷器中的名品，一直以来备受青睐。明末清初孙承泽（1593—1676）编的《砚山斋杂记》记载："成窑之草虫可口子母鸡劝杯……其最者，斗鸡可口，谓之鸡缸。神宗时尚食，御前成杯一双已值钱十万。"清代程哲《窑器说》曰："成杯茶贵于酒，彩贵于青，其最者斗鸡可口，谓之鸡缸。"清代《陶说》里记载："成窑以五彩（注：明代著录中"五彩"亦包含"斗彩"）为最，酒杯以鸡缸为最。"2014年，在香港

苏富比的春季拍卖会上,一件"明成化斗彩鸡缸杯"以2.8亿港元成交,刷新了中国瓷器拍卖的世界纪录。

关于成化帝下令烧造斗彩鸡缸杯的原因,主要有三种说法。一说,鸡本身所具有的吉祥寓意。古人向来讲究谐音取意。"鸡"的发音与"吉"字相近,因此人们常以鸡的形象寓意吉庆。二说,成化帝登基那一年为鸡年。三说,成化帝在欣赏宋画《子母鸡图》时,被画上母鸡引领着四只小鸡觅食的场景所感动。此说法因成化帝与万贵妃之间的爱情故事而广为流传。成化皇帝朱见深是明朝第八位皇帝。早年,朱见深命运曾几度起伏,他的幼年是在一种父爱缺失、政局动荡不安的环境中度过的。有一位比他大17岁的万姓女子作为其幼年时期的贴身宫女,对他不离不弃倍加呵护,朱见深对她特别依恋。1464年,朱见深继任皇位,封其为贵妃,二人如胶似漆,朱见深对其宠爱有加。37岁的万贵妃曾生有一位皇子,但不幸夭折,后再无生育。成化帝热衷于书画,有一次他在欣赏宋人画的《子母鸡图》时,看到母鸡带着几只小鸡觅食的温馨场面,深有感触,就在这幅画上题了一首七言诗,表达了"触鸡生情"之感受。也许正因为此,成化帝萌发了要做斗彩鸡缸杯的愿望。据说鸡缸杯烧成后,成化帝每每饮宴,必与万贵妃用之。成化二十三年(1487年),58岁的万贵妃逝世。不到半年,成化皇帝因思念爱妃成疾,也随之而去,时年41岁。成化皇帝与万贵妃的爱情故事曾让无数人为之唏嘘不已,也为成化斗彩鸡缸杯的流传渲染了故事色彩。

❀ 皇家秘不示人的瓷器——珐琅彩雉鸡牡丹纹碗

珐琅彩雉鸡牡丹纹碗,清雍正朝瓷器,清宫旧藏,现收藏于故宫博物院。

清·珐琅彩雉鸡牡丹图题诗句碗
故宫博物院藏

碗高6.6厘米,口径14.5厘米,足径6厘米。敞口、弧壁、圈足。外壁以珐琅彩装饰,一侧绘有雉鸡牡丹图,画面中心为一只雄雉鸡,正在牡丹山石中觅食,其头颈为橙黄色,背部蓝、绿相间,腹、腿部为铁红色,尾翼犹如翟鸟色彩斑斓,全身绒光如绢。碗壁山石花草围以一周,以娇嫩的水绿、粉红、藕荷、淡黄、杏黄等颜色相辅,好似一幅精美的工笔花鸟画。另一侧有墨彩五言行书体诗句:"嫩蕊包金粉,重葩结绣囊。"诗句取自唐代诗人韩琮《牡丹》。句首、句尾有内容为"佳丽""金成""旭映"胭脂水闲章三方。圈足外底署有蓝料正楷"雍正年制"宋椠体四字双行款，外围双方框，框线内浅外深。珐琅彩雉鸡牡丹纹碗，胎体极薄，底釉洁白莹润，画面集诗、书、画于一体，纹饰色彩鲜艳，工笔细腻，为清雍正朝珐琅彩代表作品之一。

知识链接

雍正瓷器："文雅精细"的审美典范

清雍正帝是一位深谙艺术真谛的君主。他虽然日理万机，但对瓷器的烧造设计表现出的浓厚兴趣，超过清代其他任何一位皇帝。从清宫遗留下来的相关实物、雍正皇帝朱批奏折及内务府造办处档案中可知，他经常对瓷器的造型式样、图案纹饰、画面布局、颜色搭配、款识字体乃至制作工艺等，按照自己的艺术审美意愿一一予以御旨。有学者认为，雍正朝瓷器在他的授意下，体现出"文雅精细"的整体时代风格面貌。这些瓷器虽然是在距京城1000多千米外的景德镇御窑制作，但幕后真正的设计师和督造者则是深居紫禁城或圆明园的雍正皇帝。虽然雍正朝只有十三年，但制瓷工艺和成就却达到清代御窑瓷器审美的巅峰。雍正朝的瓷器一改康熙朝时浑厚古拙之风，仿古则力求酷肖逼真，创新则追求文雅精细。小件器物造型线条柔和含蓄、轻巧俊秀，实用而美观；大件器物造型大气典雅，讲究线条变化，质朴古拙、比例协调、轻盈秀丽，规整而不厚重。其造型设计之典雅、胎釉质量之精细、花色品种之丰富、艺术水准之高超，都是清代其他各朝所无法比拟的。

弥足珍贵的"瓷母"——各种釉彩大瓶

各种釉彩大瓶，俗称"瓷母"，清代乾隆朝瓷器，清宫旧藏，现收藏于故宫博物院。

清·各种釉彩大瓶　故宫博物院藏

瓶高86.4厘米，口径27.4厘米，足径33厘米。洗口，长颈，长圆腹，圈足外撇，颈部两侧置对称螭耳。器身装饰的釉、彩达15层之多。所使用的釉上彩装饰品种有金彩、珐琅彩、粉彩、斗彩等，釉下彩装饰品种有青花，此外还有釉上彩与釉下彩相结合的斗彩。所使用的釉有仿汝釉、仿官釉、仿哥釉、酱釉、青釉、粉青釉、祭蓝釉、窑变釉、松石绿釉等。主题纹饰在瓶的腹部，为霁蓝釉描金开光粉彩吉祥图案，共12个开光，其中6幅为写实图画，分别为"三阳开泰""吉庆有余""丹凤朝阳""太平有象""仙山琼阁""博古九鼎"；另6幅为锦地"卍"字、蝙蝠、如意、蟠螭、灵芝、花卉，分别寓意"万""福""如意""辟邪""长寿""富贵"。瓶内及圈足内施松石绿釉，外底中心署青花篆书"大清乾隆年制"六字三行款。

从烧造工艺上看，青花与仿汝釉、仿官釉、仿哥釉、酱釉、青釉、粉青釉、祭蓝釉、窑变釉等均属高温釉彩，需先焙烧；而粉彩、珐琅彩、金彩及松石绿釉等均属不同低温釉彩，需分次焙烧。这样整件器物烧制需入窑至少3次。如此复杂的工艺失败率极高，能够达到纹饰绘制分毫不差、造型不变形塌裂、釉水发色纯正等要求，只有在全面掌握二元配方胎土和各种釉、彩等工艺特性的情况下才有可能成功完成，陶瓷史上常常用"百不得一"来形容这种制作难度极大的器物。

各种釉彩大瓶，集各种高温、低温釉、彩工艺于一身，素有"瓷母"之盛誉，是清康雍乾时期制瓷技艺集大成之作。目前已知传世完整器仅此一件，弥足珍贵。

知识链接

"瓷都"景德镇

景德镇位于江西省，是中国著名的"瓷都"。当地自然条件优越，盛产优质的高岭土和马尾松柴，是制瓷的最佳原料和燃料，加之水上交通便利，便于贸易往来。相传唐代时已有青瓷制作。其原名"昌南"，因北宋真宗景德年间在当地设镇、烧制瓷器，故得名"景德镇"。以创烧风格独特的青白瓷而驰名海内。元朝政府重视对外贸易，瓷器需求量很大，在景德镇专门设置了"浮梁瓷局"来掌管瓷器生产的有关事务，为当地瓷业发展创造了有利条件，制瓷业逐渐形成了向景德镇集中的趋势。当时景德镇除继续生产青白瓷外，还创烧了卵白釉和青花、釉里红等瓷器品种。因明洪武年间在景德镇设御窑厂，产品益精，民窑也迅速发展，盛况空前，于是有了"瓷都"之称。清代瓷器产地虽多，但景德镇仍代表了当时的整体水平，保持中国瓷都的地位。康熙的民窑青花和五彩，雍正、乾隆的官窑粉彩和各种仿古瓷，色釉及仿工艺瓷制品均十分精致。青花瓷、玲珑瓷、粉彩瓷、颜色釉瓷，是景德镇的四大传统名瓷。

拓展阅读

宜兴紫砂陶

江苏宜兴被认为是中国的陶都。宜兴紫砂器享有天下"神品"之称。紫砂陶是用宜兴市丁山镇出产的一种质地细腻、含铁量较高、可塑性极强的特殊天然陶土制成，泥色呈赤褐、淡黄、紫黑等。其创烧于宋代，至明代中期因士大夫阶层十分讲究饮茶的风尚而极为盛行。宜兴紫砂陶品类众多,有壶、杯、碟、瓶、盆、文具雅玩、人物雕塑等,其中以紫砂壶最具代表性。宜兴紫砂壶,不仅有极高的艺术价值,而且有无可比拟的优点:胎壁无釉多孔,具有良好的透气性能,所烹之茗,醇芳隽永,泡茶不走味,贮茶不变色,越宿不易馊;泡茶沏以开水时,冬不易冷,夏不炙手;赏用日久,越安放细润,光洁古雅,有"世间茶具称为首"的赞誉。宜兴紫砂陶以其独特的原料材质、精湛的手工技艺、古朴的自然色泽和百态千姿的造型艺术,在工艺美术苑林中独树一帜,经久不衰。2006年,宜兴紫砂陶制作技艺经国务院批准列入第一批国家级非物质文化遗产代表性项目名录。

清·宜兴窑紫砂执壶　故宫博物院藏

青铜器篇

铜是大自然对人类的恩赐。青铜的发现和使用，是人类文明开始的标志。在每个民族的发展史上，都有一个弥足珍贵的"青铜时代"。中国青铜时代约始于公元前21世纪，止于公元前5世纪，延续了约1600年。

中国古代青铜器，以很高的艺术成就和重要的历史价值而著称于世，是中华先民对人类物质文明的巨大贡献。从目前的考古资料来看，我国铜器的出现虽晚于世界上其他一些地方，但中国青铜器种类之繁多、造型之奇特、纹饰之瑰丽、铭文之丰富、铸造技术之复杂，在世界艺术史上具有独特的地位，世界上没有一个国家的青铜器可以与中国青铜器相比拟。

中国古代青铜器源远流长，绚丽多彩，有着永恒的历史价值、艺术价值和科学价值，是中华民族最为光辉灿烂的遗产之一。中国的青铜文化博大精深，是世界文化宝库中的精华。

基本知识

1. 概念

青铜器是指以青铜为基本原料加工而成的器皿、用具等。青铜是纯铜（即红铜）与锡、铅的合金，其中锡、铅的成分都必须大于2%。锡、铅改变了纯铜的物理性能，使铜成为可以实际使用的金属。青铜原来的颜色大多是金黄色的，但由于经过长期腐蚀后表面所生成的铜锈呈青绿色，故得名。与纯铜相比，青铜的优点主要表现在以下三方面。

一是熔点低。纯铜的熔点为1084.5℃，在加锡25%时，熔点可降低至810℃。

二是硬度高。纯铜的硬度是35度（博林氏硬度计），当加锡5%~7%，可以提高到50~60度；当加锡9%~11%，则可提高到70~80度。这样不仅可以克服纯铜质地较软的缺陷，而且还可以根据不同的需要，选择合金比例，铸造出硬度不同的器物。

三是易于铸造。青铜合金中的铅，改善了金属的延展性和液体状态下的流动性，使青铜更易铸造。

2. 中国青铜器发展简史

新石器时代是中国青铜器的萌芽期。考古资料表明，我国青铜器起源可上溯到公元前3000年左右。在甘肃的马家窑遗址和蒋家坪马厂遗址出土的两件铜刀，是目前我国发现的最早的青铜制品。新石器时代的青铜器，多为小型工具或饰物，极少有青铜容器的发现；在成分上包括红铜、青铜及黄铜，成分组成很不稳定。

公元前21世纪到公元前5世纪，中国进入了青铜时代。"青铜时代"范围为夏、商、西周至春秋时期。

夏代是青铜时代的形成期。夏代青铜器最初发现的地点在河南偃师二里头，出土的青铜器主要有容器、兵器、乐器、工具和饰件。青铜容器器型主要有爵、斝、盉、鼎等，有明显的仿陶器特征，器壁匀薄，有简单的几何纹装饰。容器中的酒器和食器，其组合的雏形表明青铜礼器制度开始出现。陶范法是这一时期青铜器的主要铸造方法。

二里头文化·铜爵　中国考古博物馆藏

商代早期和中期是青铜时代的发展期。这一时期，青铜器的种类和数量明显增多，青铜礼器的使用已有一定的组合关系。青铜器的造型逐步摆脱了陶器的影响，开始形成自身的形制规范。兽面纹、龙纹、鸟纹等青铜器的主要装饰题材已广泛运用。青铜器铸造中,分铸技术已被娴熟应用,大型青铜容器的铸造也较普遍。

商代晚期和西周早期是青铜时代的鼎盛期。这一时期,青铜器的种类与器型已基本齐全。器物组合关系明确,礼器中由重酒器向重食器的体制转变。青铜器纹饰繁缛精美,器物往往满饰花纹。铭文在青铜器上多有出现,并逐渐加长。

西周中期至春秋早期是青铜时代的转变期。这一时期,青铜器开始由豪华精丽向端庄厚重转变,由重器型转变为重铭文。器型以鼎、簋等食器为主,酒器较为少见;乐器新增编钟,"钟鸣鼎食"成为贵族生活的写照。春秋早期,青铜器的器型与纹饰多是前一阶段的延续,少有创新,出现了程式化的倾向。

春秋中后期是青铜时代的繁荣期。春秋中期以后,"礼崩乐坏",消除了对青铜工艺的束缚,青铜器在造型、装饰、铭文、制造技术等方面表现出生动活泼的新的时代气息。旧的器型在式样上有较大的改观,新的器型(如敦、缶、鉴等)开始出现。镶嵌、错金银、鎏金、彩绘等装饰新工艺,使青铜器出现了全新的艺术风貌。铭文上,长篇记事体铭文逐渐减少,"物勒工名"的铭文内容开始出现,铭文中鸟虫书等艺术化字体流行。铸造工艺上,失蜡法、模印法出现,分铸法及错金银工艺的使用,使造型奇巧的青铜器铸造成为可能,并大大提高了铸造工艺的效率。战国晚期,随着铁器使用的盛行及其他工艺的发展,青铜铸造业逐渐退出历史舞台,中国青铜时代结束。

秦汉时期是青铜器发展的衰退期。这一时期,容器以实用器为主,食器有鼎、釜、甑等,酒器有钟、钫、耳杯、樽等。新出现的器型有博山炉、摇钱树、熨斗等。钱币、带钩、铜镜、玺印、灯、熏炉等继续发展。铜禽、铜车马等秦式铜器十分耀眼,汉代的铜镜光彩夺目。

三国至唐朝时期是青铜器发展的非主流期。在这一阶段,青铜器的种类大减,容器仅见镰斗、耳杯、樽、洗等。铜镜持续发展,唐代达到另一高潮。随着佛教、道教的传播,铜像、铜钟大增。

唐·螺钿花鸟纹平脱镜　陕西省考古研究院藏

宋至清代为青铜器发展的仿古期。随着金石学的发展,仿器、伪器大增。铜镜、造像和铜钟持续发展。

3. 古代青铜器的种类

青铜器种类非常丰富,通常按器型用途分为12大类,即食器、酒器、水器、乐器、兵器、车马器、农具与工具、货币、符节和玺印、度量衡、铜镜和杂器。其中食器、酒器、水器、乐器、兵器为最主要、最基本的类型。

鉴赏要点

1. 工艺

古代的青铜器制作包括铸造工艺和装饰工艺。铸造工艺主要有范铸法和失蜡法两种。装饰工艺主要有镶嵌、鎏金、彩绘、错金银、金银平脱等。

范铸法。又称块范法,制作流程大致分为制模、制范、浇注和修整四个步骤。即先制成欲铸器物的模型,再用泥土敷在模型内外面,脱出外范和内范,然后使内外范套合,中间的空隙即型腔,再将熔化的铜液注入型腔内,待铜液冷却后,除去内外范即得欲铸器物;铸件去范后还要经过锤击、锯挫、錾凿、打磨等进行修整。范铸法是商周时代最先采用的,也是应用最广的青铜器铸造法。

失蜡法。熔模铸造青铜器的一种方法。制作流程是:用容易熔化的材料,比如黄蜡(蜂蜡)、动物油(牛油)等制成欲铸器物的蜡模;然后在蜡模表面用细泥浆浇淋,在蜡模表面形成一层泥壳,再在泥壳表面涂上耐火材料,使之硬化即做成铸型;最后再烘烤此型模,使蜡油熔化流出,从而形成型腔,再向型腔内浇铸铜液,凝固冷却后即得无范痕、光洁精密的铸件。战国、秦汉以后,尤其是隋唐至明清期间,青铜器的铸造多用失蜡法。

错金银。中国古代金属细工装饰技法之一。金、银有美丽的色泽,并有良好的延展性,且属贵重金属,故在先秦时就被贵族镶嵌于青铜器上作为装饰物,通称为"金银错",后世多称为"错金银"。其工艺是先在铜器表面预铸出浅凹的纹饰或字形,然后在凹槽内嵌入细薄的金银片或金银丝,再经过打磨使器表光亮,利用金银和青铜的不同光泽映衬出各种色彩辉煌的图案与铭文。在青铜器上施以金银错工艺始于春秋中期,盛行于战国中晚期至西汉。

西汉·错金银云纹铜犀尊局部
中国国家博物馆藏

2. 器型

由于社会文化背景的影响,青铜器物造型呈现出时代性、多样性的特点。从青铜器造型艺术角度来看,青铜礼器最为引人注目。青铜礼器包括酒器、饪食器、水器、乐器等。其中饪食器主要器型有鼎、鬲、簋、敦、豆、铺、盂、俎等,酒器主要有爵、角、斝、觯、尊、壶、方彝、觥、瓿、勺、禁等,水器主要有盘、鉴等，乐器主要有钲、钟、铎、钩、鼓等。每一种器型由于王朝的更替、典礼制度的变化、习俗的相互影响，乃至生产技术的进步，又会演变成很多种形式。

鼎。青铜鼎是烹煮和盛放肉食的器皿，是祭祀和宴飨等礼仪场合最主要的青铜礼器，也是使用时间最长的青铜礼器。鼎的基本器型有两种：圆鼎和方鼎。前者是两耳、圆腹、三足，后者是两耳、长方形器腹、四足。圆鼎中，又因足部、耳部、腹部的变化，分为锥足鼎、扁足鼎、柱足鼎、蹄足鼎、立耳鼎、附耳鼎、鬲鼎等。鼎的形制因时代各异。大体来看，商代前期多为圆腹尖足，也有柱足方鼎和扁足鼎；商代后期，尖足鼎逐渐消失，圆腹柱足鼎占主流，同时分裆鼎增多。西周后期，扁足鼎和方鼎基本消失，鼎足呈蹄形。

耳或四耳，还出现了圈足下加方座的方座簋、三足或四足簋。战国以后，簋就逐渐少见了。

西周·利簋　中国国家博物馆藏

爵。酒器，是目前所知出现最早的青铜容器之一。夏代晚期的二里头遗址中已有出土，盛行在商代，西周中期以后渐少。爵的基本形制是扁圆或圆形杯体，前有长槽形的流，后有尖叶形的尾，杯体一侧有鋬，下有三足，在流与杯口相交处有二柱、一柱或无柱。

西周·大克鼎　上海博物馆藏

簋。盛放饭食的器皿，形体犹如大碗。簋的形状变化最多，基本形制是深圆腹，侈口，圈足。商代的簋多无盖，无耳或双耳；西周和春秋时期的簋常带盖，双

商·兽面纹青铜爵　故宫博物院藏

尊。盛酒器。流行于商代和西周，到春秋战国已很少见到。器型随时代不同而

有所变化。尊的基本形制是圆形，大敞口，有肩，高圈足，亦有方形尊、鸟兽形尊等。鸟兽形尊是以鸟兽等动物形象为器型，主要有象尊、犀尊、牛尊、羊尊、虎尊、豕尊、驹尊、鸮尊、鸭尊、鱼尊等。鸟兽尊较多使用于商代晚期，偶见于其后各个时期。

的鼻梁为中线，两侧作对称排列，上端第一道是角，角下有目。多数兽面纹有曲张的爪，两侧有左右展开的体躯或兽尾，少数简略形式没有兽的体部或尾部。当然随着时代的变化，各个时期兽面纹的形象也有所不同。

商·"子龙"青铜鼎兽面纹　中国国家博物馆藏

商·"妇好"青铜鸮尊　河南博物院藏

3.纹饰

纹饰是中国古代青铜艺术的重要组成部分，它与青铜器造型相互协调，和谐一致。当青铜造型凝重威严，其纹饰往往趋向于神秘繁复、怪诞；当造型轻灵纤巧，其纹饰则简洁、清新而明快。纹饰犹如青铜器的外衣，不仅美化器物的外表，表现其神韵，而且在一定程度上塑造了器物风格。

纵观青铜器的纹饰，大致可分为兽面纹类、龙纹类、凤鸟纹类、动物纹类、火纹类、几何纹类、人物画像类等。

兽面纹，旧称饕餮纹，是青铜器最常见的主题纹饰。兽面纹是以动物头部的正面形象为主的纹饰，其基本特征是以动物

龙纹，亦称夔纹或夔龙纹，是青铜器纹饰中流行时间最长的一种图案。龙纹在青铜器中不仅可以作为主纹，还常被用作其他主纹的附饰。龙的形象一般是兽首蛇身。龙纹的变化形式较多，有爬行龙纹、双体龙纹、卷龙纹、两头龙纹、蛟龙纹（亦称蟠螭纹）等。

西周·"颂"青铜壶　中国国家博物馆藏

凤鸟纹，是青铜器的主要纹饰之一，包括凤纹和鸟纹两类。凤鸟纹基本上都是以鸟的侧面形象作为图案，体形多数为鸟体，但也有省略作长条形的。它与龙纹的区别在于鸟纹的尖喙是闭合的弯钩形，而龙纹则为张口分出上下唇的。凤鸟纹在商代中期出现后，西周早、中期最为兴盛。

商·"妇好"青铜偶方彝　中国国家博物馆藏

动物纹，包括写实动物纹和变形动物纹两大类。写实动物纹是以具体的动物形象为题材，加以图案化处理的纹饰，如虎纹、牛纹、象纹、鹿纹、兔纹、鱼纹、龟纹、蝉纹、蟾蜍纹、蛇纹、贝纹等。变形动物纹是现实中并不存在的动物，但它们都有动物的头部和体躯，主要有蜗身兽纹，此外有些变形动物纹，形体不明确。

火纹，也叫囧纹，过去称为圆涡纹、涡纹。即在圆形图案中，以一个略突起的圆圈为中心，沿边有四至八条弧线向同一方向弯曲，有如火焰流动的图案。

几何纹，由点、线、圈等图案组成的装饰题材。主要有云雷纹、弦纹、乳丁纹、勾连雷纹、四瓣花纹、绳纹、重环纹、窃曲纹等。

西周·"虢季子白"青铜盘
中国国家博物馆藏

画像纹，是以人类社会生活和神话传说为题材的纹饰，是青铜器纹饰中的一种创新。画像纹按内容可分为宴乐礼仪、狩猎、水陆攻战、神人神兽等类型。盛行于春秋晚期和战国时期。

4.铭文

青铜器铭文又称金文或钟鼎文。古代青铜器特别是商周青铜器的铭文内容极为丰富，多反映祭祀、战争、娱乐、赏赐等活动内容，涉及当时政治、军事、经济、社会生活等方方面面，对填补和验证历史十分有用，有极高的学术价值。同时铭文

春秋·青铜提梁卣　中国国家博物馆藏

书法是中国书法艺术的源头之一，是中国古代书法艺术的杰出代表，对书法艺术的研究具有重要意义。

青铜器铭文始见于商代早期，商代中晚期逐步增多，但文字均较短，最短者仅一二字，最长者也不超过50字。内容大多较为简单，往往是作器者或作器者氏族的名号，用以表示族属。绝大多数的铭文笔画浑厚，字形大小不尽相同，布局也不十分整齐。

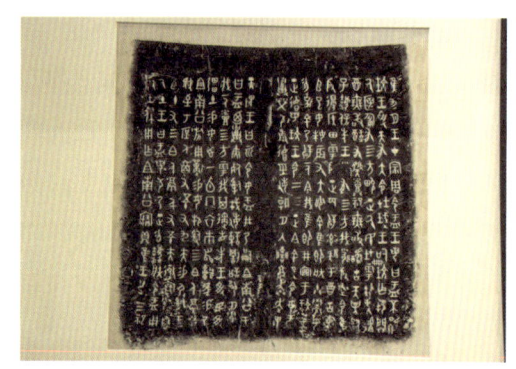

大盂鼎铭文拓本（近现代）
中国国家博物馆藏

西周是铭文发展的鼎盛期。铸铭的青铜器大量出现，铭文字数明显增多，内容多与王室事务相关，书体风格多样。西周时期的毛公鼎、大盂鼎和大克鼎，铭文字数众多，堪称青铜器中的重器。毛公鼎，其铭文共32行499字，是中国古代铭文字数最多的青铜器。大盂鼎腹内侧铸有19行铭文，共291个字，用笔方圆兼备，字体端庄美观，布局质朴平实，通篇铭文气韵生动，疏密得当，让人叹为观止，堪称西周早期的金文书法杰作。

春秋时期的青铜器大多是各国诸侯与卿大夫所制，铭文内容多反映诸侯贵族的社会生活与典章制度，内容与形式均表现出强烈的地域特点。战国青铜器铭文内容出现了"物勒工名"，记载负责监制青铜器者的官职名号、工长名与工匠名。春秋战国时期，错金铭文工艺大发展，书体多变，出现了鸟虫书等艺术字体，具有浓郁的地方特色。

秦汉时期，青铜器减少，铸刻铭文的青铜器衰落。但书体从大篆向小篆过渡、隶书臻于成熟的演变过程在铭文上得到印证。秦汉以后，青铜器使用范围缩小，铭文主要反映在青铜印玺与钱币上。

5. 文化内涵

"礼"是指夏商周三代日益完善的礼乐制度，它规定着当时不同阶层的社会地位和道德规范，是中国古代政治文化的一部分。"藏礼于器"，青铜礼器是古代"礼乐"的象征物之一，不仅象征着身份和权力，乃至象征国家王权。

西周·大盂鼎
中国国家博物馆藏

战国·铜九鼎八簋　湖北省博物馆藏

鼎是青铜礼器中的主要器物，在古代被视为立国重器，是国家和权力的象征。相传夏禹收九州之金，铸九鼎，成为传国重器，所以后世把取得政权称为"定鼎"。消灭一个王朝或诸侯国，往往要"毁其宗庙，迁其重器"。如商汤灭夏，"鼎迁于商"；周克商后，又将鼎迁至洛邑；《左传·宣公三年》有"楚子问鼎之大小轻重焉"。这些都是以鼎为政权之同义语。在奴隶制鼎盛时期，鼎还被用来"别上下，明贵贱"，是一种表明身份等级的重要礼器。如西周的列鼎制度。所谓列鼎，是指一组形制相同、纹饰相同、大小依次递减的鼎的组合。王室贵族的祭祀、宴飨、丧葬等活动都遵从"列鼎制度"，使用"列鼎"的数目也有"名位不同，礼亦异数"的规定。春秋时期的《公羊传》就有关于"天子九鼎，诸侯七鼎，大夫五鼎，元士三鼎或一鼎"的记载。

文物选介

镇国之宝——后母戊鼎

后母戊鼎，商代晚期的青铜礼器，1939年出土于河南安阳殷墟的一座商代古墓中，现收藏于中国国家博物馆。

商·后母戊鼎　中国国家博物馆藏

旅游文物鉴赏

后母戊鼎局部

后母戊鼎纹饰细节

鼎高133厘米，口长112厘米，口宽79.2厘米，重832.84千克，是迄今为止世界上出土最重的青铜礼器，因鼎腹内壁上铸有"后母戊"三个字而得名。鼎为厚立耳，折沿宽缘，直壁深腹平底，腹部呈长方形，下有4个中空柱足。器腹四边转角、上下缘中部、足上部都置有扉棱。以云雷纹为地，器耳上饰一列浮雕式鱼纹，首尾相接，耳外侧饰浮雕式双虎食人首纹，腹部周缘饰饕餮纹，柱足上部饰浮雕式饕餮纹，下部饰两周凸弦纹。其纹饰充分显示出商代独特的粗犷原始之美。

后母戊鼎器身与四足为整体铸造，鼎耳则是在鼎身铸成之后再装范浇铸而成。铸造此鼎，所需金属原料超过1000千克。此鼎造型厚重典雅，纹饰美观，铸造工艺高超，是商代青铜文化顶峰时期的精品之作，也是中国青铜文明的典型代表，有"中华第一鼎""镇国之宝"之美誉。

> **知识链接**
>
> **历经劫难的国之重器**
>
> 后母戊鼎，是河南安阳侯家屯武官村村民吴培文于1939年发现的。发现大鼎的消息传出不久，北平古董商萧寅卿表示愿出20万银元购买，但要求村民将鼎砸成4~10块，以便分批装箱运走。村民受20万银元诱惑，连夜用钢锯、大铁锤等分割大鼎。但因担心古董商人变卦，钱物两空，于是吴培文阻止大家再砸下去，但此时一只鼎耳已被砸下。大家经过商量，还是决定先将大鼎埋藏起来，便于保护，并

且把砸掉的鼎耳也另外埋藏。后来，消息传到日伪宪兵队耳中，宪兵队多次前来搜寻。村民为了防止宝物被日本人抢去，便采取了迷惑敌人的办法将方鼎转移到较远的地方埋藏起来，而在原来的地方埋入别的出土文物。日本宪兵找到这一埋藏地点，将这批文物抢劫而去，而方鼎得以保存下来。抗日战争胜利后，大鼎及鼎耳被重新挖出，上交南京政府。新中国成立前夕，蒋介石计划将后母戊鼎用飞机运往台湾，但因器物过大，不好运输，只好放弃。后人民解放军在南京机场发现了被弃置的后母戊鼎，交由南京博物馆保存。在此期间，方鼎得以修复。1959年，拨交给中国历史博物馆（中国国家博物馆的前身）。时任中国科学院院长的郭沫若认为鼎内壁的铭文是"司母戊"三字，于是这尊历经沧桑的大方鼎有了自己的名字——"司母戊鼎"。后经考证，此鼎是商王祖庚或祖甲为祭祀其母戊（庙号）所制，应为"后母戊"，意思是将此鼎献给"敬爱的母亲戊"，于是2011年，这件国宝正式改名为"后母戊鼎"。

🏵 臻于极致的青铜典范——四羊方尊

四羊方尊，商朝晚期的青铜盛酒器，1938年出土于湖南省长沙市宁乡县（今宁乡市）黄材镇，现收藏于中国国家博物馆。

商·四羊方尊　中国国家博物馆藏

四羊方尊局部

方尊上口最大径44.4厘米，高58.6厘米，重34.6千克，是现存商代青铜方尊之中体型最大的一件。其造型雄奇，长颈，高圈足，肩部、腹部与足部作为一体被巧妙地设计成四只卷角羊，各据一隅，在庄静中突出动感，匠心独运。整器通体以细密的云雷纹为地，颈部饰由夔龙纹组成的蕉叶纹与带状饕餮纹，肩上饰四条高浮雕式盘龙，羊前身饰长冠鸟纹，圈足饰夔龙纹。方尊边角及各面中心线，均置耸起的扉棱，既用以掩盖合范痕迹，又可改善器物边角的单调，增强了造型气势，浑然一体。

此尊是用块范法分两次分铸而成，即先将羊角与龙头单个铸好，然后将其分别配置在外范内，再进行整体浇铸，一气呵成，巧夺天工。

四羊方尊集浮雕和圆雕于一身，融平面纹饰与立体雕塑为一体，达到了技术与艺术的完美结合，显示出精湛绝伦的铸造工艺，被史学界奉为"臻于极致的青铜典范"。

> **知识链接**
>
> **曾被战火摧毁的国宝**
>
> 四羊方尊于1938年在湖南宁乡出土，最初由农民姜景舒发现，后以400大洋出售给一个古董商，几经转手，最后一任主人准备以10万银元出售时，被国民政府没收，保存在湖南省银行。当时正值抗日战争时期，日军兵临长沙，古城危机四伏。四羊方尊在随湖南省银行内迁沅陵的途中遭到日机轰炸，被炸成了20多块。之后这些碎片就一直被丢弃在湖南省银行仓库的一只木箱内，十几年无人问津。中华人民共和国成立后，根据周恩来总理指示，1952年，湖南省文物管理委员会的工作人员历经探寻，终于找到了四羊方尊的碎片。后经过近一年的修复，四羊方尊再次展现出了3000年前的瑰丽身影。但美中不足的是，尊的口缘部分始终还缺一块残片。原来，姜景舒在卖尊给古董商时，曾有意识留下锄掉的一块碎片作为纪念。1976年，姜景舒将碎片上交国家。1954年，四羊方尊移交湖南省博物馆（今湖南博物院）收藏，1959年调拨到中国历史博物馆（今中国国家博物馆）。

◈ "世界铜像之王"——青铜大立人像

青铜大立人像，商代，1986年于四川三星堆遗址二号祭祀坑出土，现收藏于三星堆博物馆。

商·青铜大立人像　三星堆博物馆藏

雕像通高260.8厘米，其中人像高180厘米，重逾180千克。这件距今有3000多年历史的"巨人"，是世界上同期现存最高、最完整的青铜立人像，被誉为"世界铜像之王"。雕像由人像和底座两部

青铜大立人像局部

分组成。人像身体中空，头戴高冠，身穿窄袖与半臂式共三层衣，衣上纹饰繁复精丽，以龙纹为主，配以鸟纹、虫纹和目纹等，身佩方格纹带饰。其双手环握中空，两臂在胸前略呈环抱状。脚戴足镯，赤足站立于方形怪兽座上。雕像是采用分段浇铸法制作而成。

这样一位身着华服、立于高台之上的人物，究竟拥有何等不凡的身份？专家们认为，他既可能是一位蜀王的形象，也有可能是一位拥有至高权力的巫师。关于大立人像手握的"物品"，有"权杖说""象牙说""玉琮说""姿势说"等，但直至目前尚无定论。

知识链接

三星堆古遗址

三星堆古遗址分布面积约12平方千米，距今已有5000—3000年历史，是迄今在西南地区发现的范围最大、延续时间最长、文化内涵最丰富的古城、古国、古蜀文化遗址。三星堆古遗址被称为20世纪人类最伟大的考古发现之一。

遗址发现于20世纪20年代末，1934年原华西大学博物馆的美籍学者葛维汉（David C.Graham）第一次进行了发掘。中华人民共和国成立后，四川省文物部门曾多次组织三星堆遗址考古发掘工作，发现城墙、房址、墓葬、"祭祀坑"和窑址等重要遗迹，出土了大批珍贵文物。其中，1986年在遗址祭祀区发掘的1、2号祭祀坑，出土了青铜神像、青铜人像、青铜神树、金面罩、金杖、大玉璋、象牙等珍贵文物千余件，轰动国内外。张爱萍将军题词称三星堆"沉睡三千年，一醒惊天下"。2019年11月至2020年5月，三星堆遗址新发现6座祭祀坑，出土了金面具残片、鸟形金饰片、精美牙雕残件等重要文物500余件。

在这批古蜀秘宝中，有迄今全世界发现的年代最早、树株最高的青铜神树，国内现存年代最早、最大、最完整的青铜立人像，世界上绝无仅有的青铜纵目面具等，既昭示古蜀文明的辉煌灿烂，也彰显中华文化的丰富性和多样性。

🌐 何以为尊？我有"中国"——何尊

何尊，西周早期，盛酒器，1963年在陕西省宝鸡市贾村镇出土，现藏于陕西宝鸡青铜器博物院。

西周·何尊　陕西宝鸡青铜器博物院藏

此尊口径29厘米，通高38.5厘米，重14.6千克。全器造型如"亚"字，长颈，腹微鼓，高圈足。上部为喇叭形圆口，下部呈方形。纹饰自上而下分为三部分：上段以扉棱为中心饰四个两两相对的蕉叶纹，下为两组蛇纹；中段以左右扉棱为界，前后各饰一组大兽面，以扉棱为鼻梁及额中线，兽面球状凸目，阴线勾"臣"字眼眶；下部为圈足，上壁以左右扉棱为界，前后各饰一组兽面纹，较腹部兽面简约。三段纹饰均以云雷纹为底。

何尊局部

何尊内底有铭文12行122字。其大意是：周成王五年四月丙午，周成王开始在成周营建都城，对武王进行丰福之祭。成王对宗族小子进行训诰，号召贵族子弟们要向父辈学习。内容讲到何的父亲是周王的旧臣，辅佐过文王、武王，立下汗马功劳。诰训完毕后，成王赏赐给何贝30朋。何用这笔钱制作了铜尊，纪念此事。因此，这件西周重器被考古界命名为"何尊"。此铭文的重要意义有三点：一是记述周成王五年迁宅成周的重大史实；二是记述制作何尊的时间、地点、人物、事件；三是铭文中"宅兹中国"的"中国"二字，是目前所知"中国"一词的最早出处。这里的"中国"是指西周王朝所辖领土，即"天下"的中心——伊河、洛河流域的中原地区。

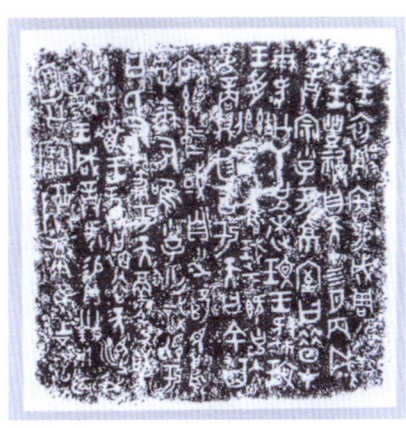

何尊铭文拓片

何尊是西周初年第一件有纪年的青铜器，其铸造精美，造型浑厚，铭文书法体势严谨，端庄凝重，兼具艺术与史料价值，是西周青铜器代表作之一。

知识链接

何尊发现记

1963年8月，陕西省宝鸡市贾村镇人陈堆在其家中后院的土崖上刨出了一个青铜罐子，把它放在家里装烂棉花。1964年初，陈堆夫妇因离家到固原讨生活，便将罐子交给了哥哥陈湖保管。1965年，陈湖以30元的价格将其卖到了废品收购站。宝鸡市博物馆职工佟太放在废品收购站看到这件铜器，见其造型凝重雄奇，纹饰严谨而富有变化，感觉这应该是一件比较珍贵的文物，便向馆长汇报。后宝鸡市博物馆以30元价格将这尊铜器收购。后经考古人员确认，此尊为西周早期的青铜酒器，因尊体装饰有饕餮纹，故起名叫"饕餮纹尊"。这尊铜器成了宝鸡市博物馆成立后收藏的第一件青铜器。1975年，这一器物被征调到北京参加文物展览，我国著名青铜器研究专家马承源先生在查看该器时发现了被铜锈掩盖的铭文。通过对铭文的解读，揭开了这个青铜罐子的传奇历史。

"天下第一剑"——越王勾践剑

越王勾践剑，春秋晚期越国青铜器。1965年湖北省荆州市江陵县望山一号楚墓出土，现收藏于湖北省博物馆。

剑通长55.6厘米，宽5厘米，重875克。剑首向外翻卷呈圆盘形，内铸11道精细的同心圆，剑身满饰神秘的黑色菱形花纹，剑格的正面和反面分别用蓝色琉璃和绿松石镶嵌成美丽的纹饰，整个造型显得高贵、典雅。在剑身正面靠近剑格处还写有两行鸟篆铭文，分别是"越王鸠浅　自作用剑"，经专家考证，"鸠浅"就是勾践，证明此剑就是传说中的越王勾践剑。

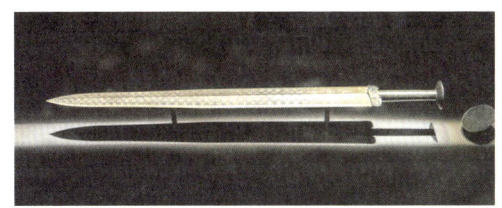

春秋·越王勾践剑　湖北省博物馆藏

越王勾践剑制作精美，历经2500余年，仍然纹饰清晰精美，寒光闪闪，毫无锈蚀，不仅是春秋战国时代错金工艺高度发达的展现，也堪称书法艺术史上的一个里程碑，被誉为"天下第一剑"。

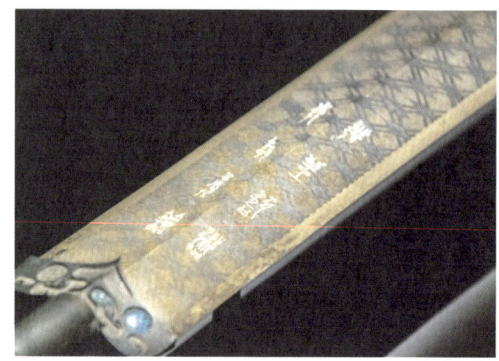

越王勾践剑铭文

> **知识链接**
>
> **越王勾践剑的千年不锈之谜**
>
> 　　越王勾践剑之所以号称"天下第一剑"，除了它的精美、锋利，及其所蕴含的那段英雄史诗般的历史之外，还有一个奇特之处是这把青铜宝剑"穿越"了2500余年的时空重现人间，剑身却丝毫不见锈斑，光泽如新。针对越王勾践剑千年不锈的谜团，目前说法主要有以下两点。
>
> 　　一是铸造技艺。越王勾践剑剑身采用了复杂的复合金属铸造工艺，其中含铜量约为80%~83%、含锡量约为16%~17%，另外还含有少量的铅、铁、铝、镍、硫等物质。作为青铜剑主要成分的铜是一种不活泼的金属，在常温条件下一般不容易生锈。
>
> 　　二是保存环境。这座墓葬深埋在地下数米，有棺有椁，层层相套，椁室四周还用经过人工淘洗过的白膏泥填塞，极其致密，墓坑上部又用夯土填实，使该墓室和棺椁几乎成了一个密闭的空间，与氧气完全隔绝。不仅如此，该墓的墓室还曾经长期被地下水浸泡。地下水基本为中性，而且地下水浸泡后，墓室内空气的含量更少，这样的环境下更有利于金属物品的保存。

❀ "青铜时代的绝唱"——莲鹤方壶

　　莲鹤方壶，春秋早期，青铜礼器。1923年出土于河南省新郑李家楼郑公大墓，为一对两尊。现一尊收藏于故宫博物院，一尊收藏于河南博物院。

春秋·莲鹤方壶　河南博物院藏

一对莲鹤方壶，只是在高度上有细微的差别，故宫博物院馆藏的高122厘米，河南博物院馆藏的高117厘米，重量均为64.28千克。整个形体呈圆角方形，器身两侧双耳呈龙形，回首观望，形态夸张。四周有几只翼龙从下往上攀爬，器身下部两只怪兽在用力承托。器物满身装饰蟠螭纹，纹饰互相穿插叠加，生动形象。器盖有双层莲瓣，莲瓣中央有一只仙鹤引颈欲鸣、展翅欲飞，将整个器物装饰得浑然一体。其铸造方法采用了失蜡、模印、分铸、合铸及焊接等冶铸工艺，集圆雕、浅浮雕、细刻、焊接等多种装饰技法为一体。

莲鹤方壶构思新颖，设计巧妙，工艺精湛，堪称"青铜时代的绝唱"，为先秦青铜礼器之最，被誉为"东方最美的青铜器"。

> **知识链接**
>
> ### 莲鹤方壶的流传
>
> 1923年，河南新郑一位叫作李锐的乡绅在自家菜园打井时，挖出了一座古墓。墓室中堆满了大大小小的随葬品，而且大部分都是青铜器。李锐偷偷选择几件青铜鼎出售试水，结果就卖出去了800元的高价，这让李锐兴奋不已。李家挖出古墓的消息也流传了出去，惊动了北洋陆军十四师的师长靳云鹗。靳云鹗直接出面，不但收缴了已挖掘的文物，还追回了售出的文物，并且派遣士兵继续发掘，最后得到各类器物91件（一对莲鹤方壶就是其中典型的代表），各类残片635件。靳云鹗把这些文物全部捐赠给国家。经过专家考证，该古墓是春秋战国时期郑国国君子婴的墓葬。这批青铜器，是河南博物院的首批馆藏文物，最初被学界称为新郑彝器。"七七事变"爆发后，莲鹤方壶等部分贵重的文物被转移至武汉法租界，后因形势所迫，又转移到重庆。1949年，人民解放军在重庆机场截获了这批即将被转移的珍贵文物。1950年，原为一对的莲鹤方壶，一件被调往故宫博物院，另一件被运回河南开封。自此，两尊莲鹤方壶分置两处。

🌿 世界音乐史上的奇迹——曾侯乙编钟

曾侯乙编钟，战国早期的青铜乐器。1978年出土于湖北省随州曾侯乙墓，现收藏于湖北省博物馆。

钟架长748厘米，高265厘米。全套编钟共65件，重5000千克。编钟分三层八组悬挂在呈曲尺形的铜木结构钟架上，其中上层为三组共19件钮钟，中下层五组共45件甬钟，另外还有一件是楚惠王赠送给曾侯乙的镈钟。编钟的钟、架、钩上共有铭文3755字，内容为编号、记事、标音及乐律理论。每件钟均能奏出呈三度音阶的双音，整套编钟音域可跨五个半八度，中心音区十二个半音齐备，能演奏五声、六声或七声音阶的乐曲。

曾侯乙编钟是目前已知全世界最大、最重、音乐性能最完好的青铜礼乐器。它

战国·曾侯乙编钟　湖北省博物馆藏

高超的铸造技术和良好的音乐性能，改写了世界音乐史，被中外专家、学者称为"稀世珍宝"。

> **知识链接**
>
> ### 曾侯乙墓考古发掘
>
> 1977年9月，解放军某空军雷达修理所在湖北省随县的驻地扩建厂房，在平整土地准备对红色砂岩山冈实施爆破时，突然发现了大片褐色泥土。负责施工的王家贵和营地负责人郑国贤，隐隐觉得褐色泥土不寻常，于是一次次地向上级反映情况，但一开始并未引起重视。直到1978年2月，推去红色砂岩和褐色泥土后发现了一层放置有规律的石板。遂再次向上级相关单位反映，经过县考古人员的考察，确认下面是一个古墓。1978年3月，湖北省博物馆与文物考古队牵头，成立了省、地、县的联合考古勘探小组。经过钻探，确认这是一座巨型的岩坑竖穴木椁墓，面积约为200平方米，规模之大前所未有。1978年4月，国家文物局批复，同意由湖北省博物馆组织发掘古墓。1978年5月23日，在墓葬的中室发现了编钟。曾侯乙编钟及大批音乐文物的出土，震惊了国内外音乐界和文物界。此外，曾侯乙墓还出土了15000多件文物，体现了先秦时期中国在艺术、科技、天文等方面的极高成就，为了解2400多年前曾国及长江中游地区人们的精神世界和物质生活提供了很多实物资料。

● "中华第一灯"——长信宫灯

长信宫灯，西汉青铜器，1968年出土于河北省满城县陵山中山靖王刘胜妻窦绾墓，因灯上刻有"长信"字样，故名"长信宫灯"。现藏于河北博物院。

宫灯通高48厘米，形状为跪地执灯

的年轻宫女，通体鎏金。全灯分为头、身、右臂、灯座、灯盘、灯罩等部分，可以任意拆卸，便于清扫烟灰。宫女左手执灯，右臂高高举起，宽大的袖管自然下垂，巧妙地形成了灯的顶部。灯罩由两块弧形屏板组成，镶嵌于灯盘的凹槽之中，其中的一片可左右推动。灯盘可转动，灯盘的屏板可推动开合，以调节灯光亮度和照射方向，灯盘中心的铜扦子是用来插火烛的。宫女身体中空，烟灰经右臂进入体内，从而保持室内清洁。灯上还刻有"长信尚浴""阳信家"等铭文9处共65字，分别记载了该灯的容量、重量及所属者。

西汉·长信宫灯　河北博物院藏

长信宫灯以浑然一体却暗藏玄机的灯体结构，展示着汉人超前的环保理念和独特的审美趣味，其设计之精巧、制作工艺水平之高，在汉代宫灯中首屈一指，堪称"中华第一灯"。

> **知识链接**
>
> ### 三易其主的长信宫灯
>
> 　　长信宫灯，上部灯座底部周边刻"长信尚浴，容一升少半升，重六斤百八十九，今内者卧"；外侧刻"阳信家"。下部灯座外侧刻"阳信家，并重二钧十二斤"。灯罩屏板外片一侧刻两行，一行为"阳信家"，另一行为"并重二斤二两"。灯罩屏板内片两侧刻"阳信家"，右侧刻"并二斤二两"。灯盘外侧及宫女右臂外侧分别刻有"阳信家"。宫女右下衣角刻"今内者卧"。
>
> 　　据专家考证，从灯上铭文的字体、刻工和内容等观察，显然不是一次刻成的。"阳信家"字体工整，而"长信尚浴……今内者卧"则显潦草。通过铭文的内容来分析，此灯所有者几经变化，最后辗转到窦绾手中。在9处铭文中有6处刻有"阳信家"字样，推测它原本属于阳信夷侯刘揭。
>
> 　　据史料记载，刘揭受封于汉文帝元年（公元前179年），在位14年后去世，他的儿子刘中意继承爵位。汉景帝前元六年（公元前151年），在中央政府与地方封国的连年争斗中，刘中意因参与"七国之乱"被废黜。因此，这件灯具被西汉少府的内者（官名）没收，后辗转至窦太后居住的长信宫中，故在灯具的另3处铭文中出现了"长信"字样。
>
> 　　那么，长信宫灯为什么会在满城汉墓的中山靖王王后窦绾墓中出土呢？考古学家分析，窦太后是中山靖王刘胜的祖母，而汉代统治者的婚姻多讲究门当户对。由此推测，

窦太后可能与窦绾有亲缘关系,而将长信宫灯赐给了中山靖王夫妇。仅从上面史料来分析,长信宫灯就已是三易其主了。

和平祈盼——"中国大宁"瑞兽博局纹鎏金铜镜

"中国大宁"瑞兽博局纹鎏金铜镜,西汉后期,1951年出土于湖南省长沙市伍家岭,现收藏于中国国家博物馆。

西汉·"中国大宁"瑞兽博局纹鎏金铜镜
中国国家博物馆藏

铜镜呈圆形,直径18.6厘米,边厚0.6厘米,镜背鎏金,圆钮,柿蒂纹钮座。柿蒂纹间各有一兽头,外围双线方栏。方栏外饰有"T""L""V"博局纹和羽人、玄武、朱雀、瑞兽等丰富的纹样。镜缘铸有一圈铭文,共53个字,其中有"中国大宁"等吉祥语,表达了希望国家安宁、子孙昌盛的美好愿望。字体介于篆、隶之间,书写规整,流畅疏朗。

此铜镜构图繁复细致,流畅生动,是汉代博局纹铜镜中的精品。

知识链接

破镜重圆

铜镜是古代梳妆照容的生活日用品,最早出现于新石器时代晚期的齐家文化遗址,延续使用到明清时期,直到近代才被玻璃镜所取代。历经近4000年的演变,铜镜已经超越了日常生活中照面饰容的用途,深深融入了社会生活和文化意识,成为中国文化的一个组成部分。譬如人们常说的"破镜重圆",不仅讲述了一个优美的爱情故事,更反映出古人成人之美的美德。

破镜重圆典故出自唐孟棨的《本事诗·情感》。陈朝太子舍人徐德言的妻子是后主陈叔宝的妹妹乐昌公主,才貌极为出色。两人两心相知,情义深厚。陈国将亡之际,徐德言知道在即将到来的动荡中,他难与妻子长相厮守,遂将一块铜镜破为两半,说:"如果你真的被掠进富豪人家,就在明年正月十五那天,将你的半片铜镜拿到街市去卖。假若我也幸存人世,那一天就一定会赶到街市,通过铜镜去打问你的消息。"后陈朝灭亡,乐昌公主入隋朝名将杨素之家,杨素对她非常宠爱。徐德言则颠沛流离、饱尝艰辛。在约定的时间和地点,徐德言果然看见一个老头在高价售卖半片铜镜。徐德言一看半片铜镜,知妻子已有下落,禁不住涕泪俱下。徐德言向老者讲述一年前破镜的故事,并拿出自己珍藏的另一半铜镜,并题诗"镜与人俱去,镜归人不归。无复姮娥影,空留明月辉",托老人带给乐昌公主。乐昌公主看到后,悲泣不已,杨素得知事情原委，决定让徐德言夫妇团聚，并设酒宴为他们饯行。陈氏和徐德言回到江南，一直到白头偕老。

中国古代铜镜以圆镜最多。圆镜没有棱角，不会弄伤照镜人；圆镜也寓意团团圆圆，家庭美满。

🌀 中国旅游标志——铜奔马

铜奔马，又名"马踏飞燕"，东汉青铜器。1969年出土于甘肃省武威市雷台汉墓，现藏于甘肃省博物馆，为甘肃省博物馆镇馆之宝。

东汉·铜奔马　甘肃省博物馆藏

马通高34.5厘米，长44.5厘米，宽10厘米，重7.15千克。马呈奔腾状，头微左偏，头上饰雄胜，两耳如削，双目圆睁，鼻孔奋张，作昂首嘶鸣状，颈粗鬃长，胸广臀圆，足细蹄阔，长尾飘举，末端接结紒，三足腾空，右后蹄踏一展翅飞翔、回首惊顾的飞鸟。全身着力点集中于超蹑飞鸟的一足之上，鸟展开的双翅，恰好起到了支撑平衡的作用，准确地把握了力学原理。其铸造工艺为分范合铸，即分别铸造马身、马腿、蹄下飞鸟等部分，再合铸成整体造型，马腿内夹有铁芯以增强支撑力和强度，铸造工艺在当时非常先进。

铜奔马构思巧妙，艺术造型精练，铸铜工艺卓越，是东汉青铜艺术的精品之作。1983年被国家旅游局确定为中国旅游标志，2002年被国家文物局列为首批禁止出国（境）展览的文物。

📗 知识链接

铜奔马的今生故事

1969年9月10日，甘肃武威县新鲜人民公社新鲜大队的村民挖防空洞，无意间发现一座有大量青铜俑的古墓，这就是著名的雷台汉墓。很快，墓葬中的各种殉葬品被送到了大队部。当时，生产队的两匹马突然死去，村民们想把这批青铜俑卖给废品收购站，换些钱买马搞生产。后公社书记阻止了文物的变卖和毁坏，并向上级政府反映。甘肃省博物馆立即组织一支考古队，会同武威县文化馆，对该古墓进行发掘。墓葬中出土了金、银、铜、铁、玉、骨、石、陶器等文物231件，古钱币近3万枚，其中就有举世闻名的"铜奔马"及铜车马仪仗俑99件。1970年8月，"铜奔马"运送到甘肃省博物馆进行修复、处理和保护。

第一个真正认识铜奔马价值的人是郭沫若。1971年9月19日，郭沫若先生陪同柬埔寨宾努首相带领的政府代表团参观甘肃省博物馆，他仔细查看了雷台汉墓出土的这批青铜俑，当看到铜奔马后，感慨

秦·秦陵铜车马　秦始皇陵博物院藏

道："天马行空，独来独往，就是拿到世界上去，都是一流的艺术珍品。"郭沫若回到北京后立即向时任国家文物局局长王冶秋详细介绍了这批青铜俑的情况，尤其是铜奔马，并当场商定马上将这批文物调京，充实北京故宫正在举办的全国出土文物展。铜奔马在京展览后，立刻震动了史学界和考古界，引起了强烈的反响。郭沫若挥毫泼墨写下了"四海盛赞铜奔马，人人争说金缕衣"的豪迈诗句，郭沫若也从此被视为铜奔马的伯乐。

❋ "青铜之冠"——秦陵铜车马

秦陵铜车马，是两乘大型彩绘青铜车马模型及车载器物模型。1980年出土于陕西省西安市临潼区秦陵封土西侧，现藏于秦始皇陵博物院。

两乘铜马车均由4匹马、1名御手和100多件（组）零部件组装而成。每组部件又由几个到几十个小构件连接、组合形成，每乘车的零构件累计总数达3000件。铜车马主体为青铜所铸，一些零部件为金银饰品。各个部件分别铸造，然后用嵌铸、焊接、黏接、铆接、子母扣、纽环扣接、销钉连接等连接工艺进行组装。铜车马通体彩绘，马为白色，彩绘时所用颜料均为用胶调和的矿物颜料，利用胶的浓度塑造出立体线条。车、马和俑的大小约相当于真车、真马、真人的1/2，完全仿实物精心制作，真实地再现了秦始皇车驾的风采。

一号铜车马，通长225厘米，高152厘米。车体作双轮单辕式，辕前有衡，车舆呈长方形，前面与左右两侧为栏板，后栏中部所留空间为车门。车舆的正中插一柄圆拱形的铜伞。栏板和伞均彩绘有几何形图案，车辖和衡的盖帽等部件多为银质。车内站立一驭官俑，穿长襦，戴鹖帽，腰佩剑，双手执辔，全神贯注，一丝不苟。车前系驾的为一乘马（4匹），饰金银制络头，轭驾在两服马的颈上，两骖马颈上套有项圈等物。

二号铜车马，通长317厘米，高104厘米。车舆分前、后两室，后室四周立栏板，在栏板的外折沿上，立有板墙，左右和前墙上均有镂成菱花形的可以开合的窗板，车室后面为车门。椭圆形盖，盖内侧及前室的前、左、右栏板上都饰有彩绘纹饰。车为单辕二轮，辕体前段翘起，后段平直，两轴端均套有银质的輨和车辖。车驾四马由御官驾驭。衡与轭上都有银质套饰。右骖马的额顶正中饰一高约20厘米的铜杆，杆顶上饰璎珞。御官俑为铜质，五官清晰，面容丰满，戴冠，穿右衽交襟袍，双臂前伸，手执辔。铜车马和御俑均施以彩绘的卷曲纹和各种几何纹。车马上的许多部件为金、银质，增添了车马的豪华气质。

秦陵铜车马，集精巧复杂的结构设计、精湛的制作工艺、科学与艺术的完美结合于一体，气势恢宏，是我国考古史上发现最早、体形最大、保存最完整的青铜车马，被誉为"青铜之冠"，对于研究秦代舆服制度、单辕车结构系驾法、秦代冶铸工艺水平等方面有重要价值。

知识链接

秦始皇帝陵陪葬的青铜器

1974年秦兵马俑坑发现后，秦始皇陵成为人们关注的热点。为了解陵园的布局和地下埋藏情况，自1977年起，秦始皇陵兵马俑考古队对陵园展开了一次大面积的考古普查和勘探。1978年，在紧挨着陵墓封土的一块刚刚收割完小麦的农田里，钻探队员发掘出一个栗子般大小的圆形金属件，至此深埋于地下7.8米深的两乘铜车马被发现。

这两乘车一前一后放置在木椁里，因为年代久远，木椁腐朽，封土塌陷，两乘车出土时破碎为3000多块碎片。薄壁铸件全部压坏，马腿也压断了，幸运的是铜车马坑在历史上没有被盗掘过，所有的部件都在原地，后来经过专家们近8年的修复，恢复了它们的原貌，再现了2200年前青铜车马的风采。

2000年在秦始皇帝陵附近发现了第7座陪葬坑，俗称青铜水禽陪葬坑，共出土青铜水禽46件，其中青铜天鹅20件、青铜鸿雁20件和青铜仙鹤6件。它们有的水中觅食，有的伏卧小憩，有的曲颈汲水，栩栩如生。青铜水禽的制作工艺包括青铜器分铸、芯撑设置、铜片镶嵌补缀和底部方孔等，尤其是铜片镶嵌补缀工艺，在中国先秦青铜器上十分少见。

宣德炉

宣德炉，是由明宣宗朱瞻基在宣德三年（1428年）参与设计监造的铜香炉，简称"宣炉"。宣德炉是中国历史上第一次运用黄铜铸成的铜器。

据文献记载，宣德三年宣宗皇帝收到了暹罗国（今泰国）进贡的风磨铜（黄铜）数万斤。宣宗思量郊坛、太庙、内庭陈设的鼎彝式样鄙陋，敕令礼部官廷御匠吕震和工部侍郎吴邦佐等官员，利用贡铜铸造鼎彝。并命吕震等人以《宣和博古图录》及内库所藏柴、汝、官、哥、钧、定各窑的典雅瓷器为蓝本，设计鼎彝的形制。吕震等人成功绘制图谱117种，宣宗亲览后非常满意，命工部依图谱开炉铸造。成品后的器物色泽晶莹而温润，优雅规整，形制多样。成品个个器物上均有官款，主要有"大明宣德年制"六字款和"宣德年制"四字款。由于这批器物用途主要是燃香祭拜，故后人称其为"宣德炉"。

宣德炉以黄铜及锌、锡等合金原料用失蜡法铸造而成。其合金原料一般要经过12次的烧炼，最少也得6炼才可铸器，因此每斤铜液经12炼后，只剩四两精铜，所以铸出的宣炉铜质特别凝重精美。铸造完毕后，还要经过磨光和做色，使器物更有珠宝莹润的光彩。

宣德炉，从款式、用料到冶铸及铸后加工都匠心独运，精工细作，器物庄重古朴、高贵典雅，自其面世以来就成为皇亲国戚、达官贵人和古玩大家们梦寐以求之物。同时，宣德炉的烧成，也开启了我国古代铜器工艺的新篇章。

漆器篇

漆器艺术的产生在人类历史文明发展史上具有重要的地位。中国是漆器的发源地。中华先民最早将有机树脂用于生产生活，大漆使用成为世界化学史的源头。中国漆器为世界文明史添上浓墨重彩的一笔。

中华先民早在新石器时代就开始使用漆器，在8000多年的时间里创造了灿烂的漆文化。在制作工艺、器物造型和装饰艺术等方面，都取得了辉煌的成就，使漆器成为一种独特的工艺美术。漆器工艺是中国工艺美术中的一朵奇葩，在数千年的发展过程中，留下了无数美不胜收的艺术佳品。

中国漆器是中华民族优秀文化遗产的重要组成部分。作为承载着中华深厚文化的载体，其外观古朴含蓄，器型设计巧夺天工，装饰纹样雅致，色彩简约温润，充分体现出中华民族的文化性格，彰显了文化自信。同时，中国漆器对世界工艺美术也产生了重要的影响。如漆器中的戗金、描金等工艺，对日本等地产生了深远的影响。

基本知识

1. 概念

漆器是以大漆髹饰的器物。漆是从漆树割取的天然液汁,经去除水分、滤杂质后成为生漆,俗称"大漆"。漆液髹涂在器物上干燥后,会形成坚韧美观的漆膜,具有耐潮、耐高温、抗酸、防腐等特殊性能;同时漆液经过加工提炼可配制出不同色彩的漆色。中国古代漆器多以木质为胎,也有麻葛布、竹、皮等材质。

清·剔红铜里七佛图钵　中国国家博物馆藏

2. 漆器发展简史

中国漆器发源于新石器时代。2020年浙江省余姚市的井头山遗址出土了两件带有人工涂层痕迹的木器,是迄今为止已知的中国最早的漆器,将中国乃至世界使用漆的历史提早到8000多年前。此外,在浙江余杭、江苏吴江、内蒙古敖汉旗、山西襄汾等地新石器时代文化遗址都有漆器的出土。从出土文物可知,当时使用的均是调色器,器物以红、黑两色为主,髹饰方法或为满涂,或为简单的线条。

商代时漆器的使用比较广泛,其装饰纹样和技法都有新的特点,纹样与同期青铜器纹样基本一致,出现了镶嵌有绿松石、蚌壳、玉石等漆器。

西周时期,漆器逐步成为新兴的手工业。漆器不仅用于日常生活,而且还用于兵器、车马具的装饰。常见的有扁壶、盒、耳杯、箱等,另外还出现了像簋、罍、彝的新品种,纹饰与青铜器相似,具有礼器的作用。

战国时期,漆器业独领风骚。漆器被广泛用于社会生活的方方面面,品种繁多;制作地域、生产数量、工艺技法都远远超过前代,从而形成长达5个多世纪的繁荣景象。迄今为止,战国的漆器主要出土于南方的楚墓。如湖北曾侯乙墓就出土漆器200余件,用途涉及多个领域,纹饰图案内容广泛,夹纻胎制胎技术已开始应用,彩绘、描金、锥划、扣器等装饰技法被熟练使用,器物造型更富有艺术性。

秦汉时期,是漆器发展的黄金时代。从湖北云梦睡虎地的考古发掘和湖北江陵凤凰山秦墓等地出土文物可以看出,秦代漆器工艺十分发达,在其生产管理上可能已有严格的管理制度和质量标准。汉代漆器达到巅峰时期。从目前出土的漆器来看,其数量之多、品种之繁、制作之精美、生产地域之广,都达到了前所未有的水平。汉代漆器色彩仍以黑红为主色,装饰工艺上开创了如多彩、针刻、铜扣、贴金片、玳瑁片、镶嵌、堆漆、锥画等诸多新的技法。漆器铭文增多。东汉中期后，漆器由盛转衰，呈现数量减少、装饰简朴的态势。

三国两晋南北朝时期，漆器发展处于低迷阶段。但由于佛教盛行，兴起了制作夹纻造像。由于这种造像轻便，容易载行，不怕日晒雨淋，很受佛教徒的推崇。

隋唐五代时期，漆器进入了新的历史阶段。唐代漆器达到了空前的水平，出现了堆漆、螺钿、剔红等技法；金银平脱器，精妙绝伦，成为代表唐代风格的一种漆器。由于唐代佛教文化昌盛，还出现了漆夹纻胎佛像等大型的漆器。整体来看，唐代的漆器无论是在其工艺上还是装饰风格上，都体现出富贵豪华的时代风格。

宋代时期，漆器开始走向大众生活。宋代漆器以朴实无华的"一色漆器"为主，所髹漆色以黑居多，紫、朱色次之；造型上，经济适用，讲究美观，胎体较薄，比例匀称。漆器工艺有雕漆、戗金银、螺钿等，其中戗金银最具特色。

元代，漆器工艺进一步发展。元代漆器技法以雕漆成就最高。元代漆器业中名家辈出，雕漆的代表人物有张成、杨茂、张敏德，螺钿漆器名匠有黄生，戗金银名匠有彭君宝等。元代制漆业呈现官民共存的局面，民间漆器常用褐色、黑色髹饰内外；宫廷则追求华丽美观，常以色漆髹饰。

明代，是漆器发展的重要阶段。明代在宫廷中设有制漆机构御用作、油漆作。宫廷制漆以雕漆、填漆工艺制作为特长。明代漆器除官府御制外，民间作坊也遍及全国，形成了许多以擅长某种漆艺而著称的漆器产地，如浙江漆器、苏州漆器、扬州百宝嵌等。著名漆工有安徽的黄成，扬州的周翥，嘉兴的杨明、张德刚、包亮，吴中的蒋回回，等等。其中，安徽制漆名家黄成著有《髹饰录》，是我国现存唯一一部古代漆工专著。

明·剔彩双龙捧寿图圆盘　中国国家博物馆藏

清代，漆器业由盛转弱。在康雍乾三朝，由于皇家的重视和需求量的增大，形成了以宫廷漆器制作为主，各具特色的地方制漆并存的局面。如北京的雕漆、扬州的螺钿漆器、福建的脱胎漆器等。官民交融，使制漆工艺在康雍乾三朝进入了极为辉煌的阶段。但清代道光、咸丰以后，漆器制作日渐没落，工艺技法衰微甚至失传。

鉴赏要点

1. 器型

春秋战国时期漆器造型已很丰富，常

见有各式容器，如奁、卮、豆、盒、杯、壶、樽、盘等，也有鼓、琴、笙、瑟、排箫等乐器，还有俎、案、座屏、器架、器座等家具，形式多样。此外，还创新了一种被称为"羽觞"的耳杯式酒器，在汉代非常流行。秦汉时期漆器造型变化多端，众多器型中以饮食器样式最为繁多，鼎、壶、盒、卮、耳杯、盘、盂、匜、勺、匕、具杯盒等是常见的类型，并出现了榻和凭几两种以前未有的漆器。唐代在传统器型的基础上，增饰多种奢华工艺，器物多为镜、琴、箱、床及多种日用器。宋代时期漆器"轻装饰重造型"，故器型富于变化，如漆盒的造型就有蒸饼式、河西式、蔗段式、三撞式、两撞式、梅花式等，漆盘新增有腰样形、八角形、绦环样和四角牡丹样等。元明清时期，漆器多以装饰工艺为重，各具特色，器型变化不大，新增品种不多。

西汉·"君幸食"漆耳杯（羽觞）
湖南博物院藏

2. 纹饰

漆器上的纹饰，多为象征或装饰之用，主要有几何纹、动物纹、植物纹、人物纹和典故纹等。

几何纹。在漆器的装饰纹样中，几何纹样是漆器中最早且应用最广泛的纹饰之一。最常见的几何纹样主要有菱形、三角形、圆、直线等，还有从几何纹饰变形而来的传统纹饰，如云雷纹、饕餮纹、回纹等。漆器上的几何纹饰还可与其他纹饰结合，如花纹、人物纹等，共同构成一幅图案。从历代几何纹样的形式上来看，连续式纹样在漆器中更为常见，如二方连续、四方连续、多方连续等。

动物纹饰。主要是以各种鸟兽虫鱼为原型所创作的漆器纹样。通常可分为夸张和写实两大类。常见的动物纹饰有马、龙、鸟、虎、龟、龙、麒麟、鹤等，此外也有兽面纹、蛇纹等。这些动物纹样或为雕刻，或为镶嵌，或为绘制。

植物纹饰。植物纹饰多以辅助纹饰出现在漆器的装饰中，也有少数的漆器以植

战国·彩绘漆木虎座鸟架鼓　湖北省博物馆藏

物纹饰为其主要装饰纹样。植物纹饰多以梅、兰、竹、菊为主，此外还有四叶纹、树纹、蔓草纹等。漆器的植物纹饰除固定的吉祥寓意外，也有明显的地域性。以草叶纹为例，湖南出土的汉代漆器中，其草叶纹舒展细腻；而安徽与四川出土的同时期的漆器中，其草叶纹则简约粗犷，这与自然界真实的地域差异特点相符。

明·宣德款剔红牡丹纹圆盒　故宫博物院藏

人物纹饰和典故纹饰。人物纹饰是以百姓社会生活为题材创作的纹样。如各种社会活动、劳动生产、节日庆祝、游戏杂耍等。典故纹饰主要是把历史经典故事通过画片的形式具体化，经过匠人的主观想象，将其传神地绘制、刻制、镶嵌在漆器上。往往图案精巧明晰，人物线条简洁，但内容十分生动。如孝子图、仙人乘槎图、八仙图等。

3. 髹饰技法

中国古代漆器髹饰工艺不断发展完善，到了明清时期更是集各种漆器髹饰工艺之大成。主要技法有描金、螺钿、金银平脱、堆漆、雕漆、填漆、戗金、剔犀、百宝嵌等。

描金。起源于战国时期。即在漆器表面，用金色描绘花纹的装饰方法，常以黑漆作地，也有少数是以朱漆为地，也有把描金称作"描金银漆装饰法"的。

螺钿。是用白碟贝、珍珠贝、鲍鱼贝、砗磲等贝壳薄片制成人物、鸟兽、花草等形象，嵌在器物上的装饰技法。螺钿有薄厚之分，厚螺钿一般呈白色，亦称硬螺钿；薄螺钿是用蚌壳的内层切割而成，相对厚螺钿而言，薄且软，呈多彩华光，又称软螺钿，也称为"点螺"。薄螺钿往往可以利用多次髹漆打磨，与漆面相平，触感平整光滑。

明宣德·剔红山水人物圆盒
中国国家博物馆藏

清·黑漆嵌螺钿云龙盘
中国国家博物馆藏

金银平脱。将金银制成薄片，刻制成各种人物、山水、花鸟等纹饰，再用胶粘贴在打磨光滑的漆胎上，待干燥后，将整体髹漆二至三层，之后研磨出带有金银的纹饰，使纹饰与漆底达到同等光滑的平度，最后加推光等步骤，成为精美的平脱漆器。

西汉·识文彩绘盝顶长方形漆奁 湖南博物院藏

雕漆。是漆雕的总称，即指在堆起的平面漆胎剔刻花纹的技法。雕漆常以木灰、金属为胎，用漆堆上，少则八九十层，多达一二百层，然后待半干时描上画稿再加以雕刻的髹饰技法。雕漆大多用朱漆，故又名"剔红"，也有剔黄、剔绿、剔黑、剔彩、剔犀等。我国雕漆工艺始于唐代，贯穿唐宋元明清五代。

唐·金银平脱羽人花鸟纹青铜镜 中国国家博物馆藏

堆漆。用漆或漆灰在器物上堆出花纹的髹饰技法。其包含"识文"和"隐起"等工艺技法。识文的"识"有高起之意，即用漆灰或稠漆堆画出高于漆面的花纹之后，不加雕琢；隐起则是加饰雕琢的做法。漆器的堆漆工艺起源于汉代。1973年出土于湖南省长沙市马王堆三号西汉墓的识文彩绘盝顶长方形漆奁，即是此工艺的汉代代表作品之一。

清·红雕漆龙纹圆盒 故宫博物院藏

填漆。是指在漆器上堆刻花纹后，再在刻纹处填彩再磨的髹饰技法。填漆含有两种工艺：一是填彩和漆面相平；二是雕填后花纹凹陷，不与漆面平，显出刀刻痕迹。

戗金。又称"枪金"，指在朱漆或黑漆漆地表面用锥或特制的针、刀刻划出纤细纹样线槽，然后在纹样线槽中打金胶、贴金箔或填漆泥金，从而形成金线纹饰。用银则称为戗银。明代戗金技术极为成熟且极为盛行，故名品佳器尤多。戗金技艺在元代时就已传入日本，称之为"沉金"。

明·剔犀如意云纹菱花式盘　浙江省博物馆藏

百宝嵌。是将珊瑚、琥珀、玛瑙、宝石、玳瑁、螺钿、象牙、犀角等各种珍贵材料雕磨成形后，镶嵌在漆器表面，组成各种图案。百宝嵌技法在西汉墓中出土的漆器上已见雏形，流行于明代，清代更加盛行。

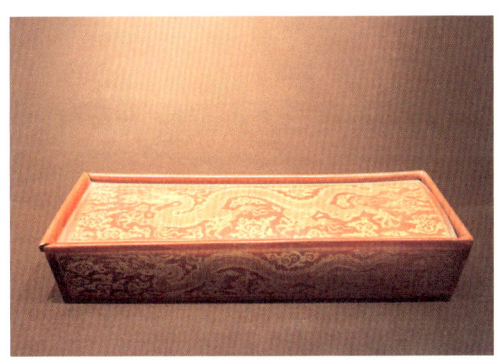

明·戗金云龙纹朱漆木匣　山东博物馆藏

剔犀。又称"云雕"。一般情况下是以两种色漆（多以红黑为主），在胎骨上由下而上逐层先用一种颜色漆刷若干道，积成一个厚度，再换另一种颜色漆刷若干道，有规律地使两种色层达到一定厚度，然后用刀以45度角雕刻出各种纹饰的髹漆方式，纹饰主要有如意云、鬼脸等。剔犀可分为红剔犀、黑剔犀、绿剔犀等品种。

金漆百宝嵌玉石笔筒
北京市石景山区博物馆藏

旅游文物鉴赏

文物选介

❀ 辛追夫人的梳妆盒——彩绘双层九子漆奁

彩绘双层九子漆奁，西汉，梳妆盒，1972年在湖南省长沙市马王堆一号汉墓出土。现藏于湖南博物院。

西汉·彩绘双层九子漆奁　湖南博物院藏

此漆奁高19.2厘米，直径33.2厘米，是用来专门放置梳妆用具的器物。由器盖、上层、下层三部分组成。盖和器身为夹纻胎，双层底为斫木胎。器表以黑褐色漆作地，再在漆上贴金箔。盖顶和盖壁、上下两层外壁、口沿内及盖内和上层中间隔板上下两面的中心部分，均以金、白、红三色油彩绘云气纹，其余部分髹红漆。出土时，上层放置手套3双，丝绵絮巾、组带、绢地"长寿绣"镜衣各一件。下层底板上凿凹槽9个，分别放置1个小奁，内放化妆品、胭脂、丝绵粉扑、梳、篦、针衣等。

此漆奁是辛追夫人生前所用。其装饰综合运用漆绘、油彩绘、贴金箔、针刻花纹等工艺技法；且设计巧妙，既节省了空间，又使整个器身美观实用，堪称漆器中的精品。

知识链接

辛追夫人

1972年长沙马王堆汉墓的发掘是20世纪中国重大的考古发现。尤其是1号墓内的千年女尸更受到国内外科技界的广泛关注，被认为"创造了世界尸体保存纪录中的奇迹"。

女尸年龄在50岁左右，尸身高154厘米，体重34千克，全身裹着20层丝绸衣服，半身浸泡在棺内约20厘米深的无色溶液中。当衣服剥离后，考古人员无不触目兴叹。其外形保存完整，全身润泽，皮下软组织柔软而富弹性，关节尚可活动，头发、眼睫毛、鼻毛尚存，手指、脚趾纹清晰。后经医学解剖发现，其内脏保存完好，食管和胃里还保存着几颗甜瓜子，血管里有凝固的血块。通过病理推断，墓主人应死于胆囊炎引发冠心病急性发作。这位女尸到底是谁？从出土文物可知，墓主人是辛追（公元前217—公元前168），长沙国丞相利苍的妻子。

其尸身为什么能保存如此完好？难道是2000多年前就有了化学防腐药水？后经科学分析，棺内的溶液并不是化学防腐药水，而是土壤、白膏泥和木炭层渗入墓室，经长期聚集而成的，其中虽带有少量的硫化汞防腐物质,具有微弱的抑菌作用,但此绝非保全尸体的根本原因。古尸之所以能完好地保存,是因为厚实的棺椁被严密封固,深埋地下,形成恒温、恒湿、缺氧、无菌环境。

⊛ 最奢侈的一抹红——"张成造"剔红栀子花纹圆盘

"张成造"剔红栀子花纹盘,元代,清宫旧藏,现收藏于故宫博物院。

盘高2.8厘米,口径16.5厘米,用剔红技法制作。此盘以写实手法在盘中雕刻一朵盛开的栀子花,其间还有四朵含苞欲放的花蕾,周围枝叶舒卷自如,肥腴圆润。盘背面雕刻香草纹,线条峻深而圆转自如。近足处有"张成造"三字针划细款。此盘以黄漆为地,髹漆肥厚,不露刀痕,所谓"藏锋清楚,隐起圆滑",属"繁文素地"的雕法。

此件文物是为数不多的"张成造"剔红作品之一,它代表了元代雕漆工艺的最高水平,在漆器史和雕漆工艺发展史中都具有标志性意义。王世襄先生1987年初版的《中国古代漆器》一书,即以此件剔红盘作为封面,彰显此盘之珍贵。

> **知识链接**
>
> #### 元代雕漆大师张成
>
> 张成,元代末年嘉兴西塘著名的漆工,以剔红著称。《长物志》载称:"雕刻精妙者以宋为贵……盖其妙处在刀法圆熟,藏锋不露,用朱极鲜,漆坚厚而无龟裂。所刻山水、楼阁、人物、鸟兽皆俨若图画,为佳绝耳。元时张成、杨茂二家亦以此技擅名一时。"他的作品通常髹漆较厚,故有"叶厚花肥,极富质感"的评价。其存世作品稀少,又多有流失海外者,故极其珍贵。其国内代表作还有剔犀云纹盘、剔犀云纹盒等。

⊛ 紫砂与雕漆结合的典范之作——紫砂胎漆山水人物图壶

紫砂胎漆山水人物图壶,明代晚期,清宫旧藏,现收藏于故宫博物院。

此壶通高13.2厘米,口径7.6厘米,为紫砂胎,用剔红工艺制作。壶口为圆形,腹部为方形,曲流,环柄,足部呈壶门状。壶身通体髹朱漆,漆层较薄。壶体四面均有开光,开光内在刻有单线回头天锦纹和方格"卐"字锦地纹上,分别雕有

元·"张成造"剔红栀子花纹盘(复制)
故宫博物院藏

松荫品茗等山水人物图案，雕刻极为精细；开光外刻有龟背锦纹。壶盖面与肩部雕饰杂宝纹，盖钮雕作莲花形。壶柄与流口雕饰有飞鹤流云纹。壶底髹黑漆，略呈赭色。漆下有朱漆"时大彬造"四字楷书款。

色，用以制器，形成古朴大气的风格，别具特点。他的早期作品多见模仿供春大壶，后由于明代文人饮茶习尚改变，改制小壶，并落款制作，被推崇为壶艺正宗。"大彬壶"在明代就享有盛誉，多见于文人记述。

明·紫砂胎漆山水人物图壶　故宫博物院藏

此壶不仅外观精美、工艺精良，极尽古法漆艺之绝，同时，其款识的发现更为这类风格的雕漆的断代提供了参照依据，极具丰厚的文化与历史价值。

知识链接

时大彬

时大彬（1573—1648），号少山，又称大彬、时彬，是著名的紫砂"四大家"之一时朋之子，为明万历至清顺治年间制壶高手，与李仲芳、徐友泉并称为"壶家妙手称三大"。因为他常在泥料中掺入砂，开创了调砂法制壶，古人称之为"砂粗质古肌理匀"。他还把紫砂泥调配成各种泥

中国四大漆艺

漆艺作为我国重要的非物质文化遗产之一，具有实用与艺术完美结合的独特魅力。中国四大漆艺是指福州脱胎漆器、扬州漆器、平遥推光漆器和成都漆器。

福州脱胎漆器是具有独特民族风格和浓郁地方特色的艺术珍品，与北京的景泰蓝、江西的景德镇瓷器并称为中国传统工艺的"三宝"，享誉国内外。福州脱胎漆器始创于清代乾隆年间，由漆艺名匠沈绍安创制。其制作工艺：先用泥土塑成胎坯，然后用夏布（苎麻布）或绸布在胚胎上逐层裱褙，涂上青漆，待阴干后脱去原胎，留下漆布雏形，再经过上灰底、打磨、髹漆研磨，最后施以各种装饰纹样，便成了光亮如镜、绚丽多彩的脱胎漆器成品。其质地坚固轻巧，造型别致，装饰技法多样，色彩明丽和谐，具有非凡的艺术魅力。

扬州漆器最早出现在战国时期，汉唐时期扬州漆器因格外精致而享誉海外，元代时扬州已成全国漆器制作中心，明清是扬州漆器历史上的全盛时期。唐朝时期，

扬州大明寺住持鉴真和尚带着几十件漆器东渡日本,从此扬州漆器名扬日本,同时也对日本、韩国、朝鲜的漆艺产生了深远的影响。扬州漆器技法多样,尤以镶嵌螺钿最为著名。

平遥推光漆器在春秋战国时已具雏形,魏晋南北朝工艺已达到较高水平。明清两代,平遥推光漆器远销俄罗斯、东南亚一带。因其制作的最后一道工序是用手掌推磨抛光,以达到漆面光滑如镜的效果,故得名"推光漆器"。

成都漆器又称卤漆,发轫于商周时期,到战国、秦汉时期,成都漆艺趋于兴盛;在唐宋元明清几代,成都漆艺不断发展,对我国其他漆艺流派产生了较大影响。成都漆器工艺精湛,做工考究,大多工序为手工制作。尤以雕嵌填彩、雕填影花、雕锡丝光、拉刀针刻、隐花变涂等极富地域特色的髹饰技艺闻名于世。

漆器篇

文物选介拓展

金银器是中华民族艺术之林的一朵美丽的奇葩,是中国传统文化艺术的重要载体。

中国金银器的诞生虽然晚于古地中海和南美地区,但中国金银器融合各民族传统金属工艺之精华,同时借鉴异域先进文化的积极因素,摸索创造出富有民族特色的金银工艺,使审美与实用、造型与装饰都达到高度和谐统一。中国金银器的造型之别致、种类之齐全、纹饰之精美、工艺之高超,充分显示了中国古代社会的经济繁荣和科技进步;其工艺、纹饰、形制、文字等所携带的大量历史文化信息,为研究中国古代的历史、文化、艺术及审美思想,提供了一扇直观的窗口。

中国古代金银器是中国古代众多工艺品中将实用价值、艺术追求及科技进步完美结合的典范,在世界工艺美术史上占有重要的一席之地。

基本知识

1. 概念

金银器，就是以贵重金属黄金和白银为原料，通过各种工艺形式加工而成的器物、饰件等。金银硬度适中，具有延展性，易锤打成形，又有亮丽的天然色泽，是制作器物的良好材料。

黄金，元素符号为 Au，原子序数 79，原子量 196.9665。色黄纯正，极细粉末为黑色；耐腐蚀，既不与水和氧反应，也不与酸、碱作用，化学性质极为稳定；延展性极佳，制成金箔，最薄可达万分之一毫米，一克黄金可拉成 2 千米的金丝。

银，元素符号为 Ag，色泽亮白，除具备金的特点外，其耐热性在所有金属中最佳，对可见光的反射性最强，化学性质也最活跃。

2. 金银器发展简史

考古发现，我国出土最早的黄金制品是甘肃玉门火烧沟夏代墓葬出土的金耳环，虽然铸造粗糙，但却是我国迄今为止发现的最早的金饰器实物。

商周时期，青铜工艺的繁荣与发展，为金器的发展奠定了雄厚的物质和技术基础，同时玉雕、漆器等工艺的发展，也促进了制金工艺的发展。河南、河北、北京、山西等地的商周遗址和墓葬中均出土有金器，四川广汉三星堆遗址出土的金器充分反映了商代金器制造业具有较高的水平。

金面具　金沙遗址博物馆藏

春秋战国时期，金器的使用成为普遍现象，银器也开始初露锋芒。金银器形制种类不断增多，大型金银器皿出现。如湖北随州曾侯乙墓出土的蟠螭纹金盏，就是我国较早的金质器皿，重 2156 克，含金量为 99%，工艺上达到了很高的水准，装饰也非常富丽华美，具有极高的艺术价值。

战国·蟠螭纹金盏　湖北省博物馆藏

两汉时期，金银制品数量增多，品种增加，工艺也日趋成熟，并摆脱了青铜传统工艺的束缚，成为独立的门类，为以后金银器的发展繁荣奠定了基础。但大多数金银制品仍为装饰品，金银器皿较为少见。

魏晋南北朝时期，随着民族的相互融

合、对外交流的活跃、佛教及其艺术的传播，金银器兼收并蓄、博采众长，呈现出崭新的面貌。这一时期，金银器数量增多，制作技艺更加娴熟，器型、图案不断创新，具有明显的异域风格。

唐代是中国金银器发展的繁荣鼎盛期。唐代金银器，在汲取域外因素并融会中国民族文化的基础上，形成了富丽堂皇、绚丽多姿、优雅活泼的独立风格，其种类之多、造型之美、装饰之丰富、工艺之精湛，全面超越此前各代，充分体现了大唐盛世的特点。

南宋·葵花形金盏　安徽博物院藏

元代时期，蒙古贵族有尚金的习俗，生活上大量使用金银器，促进了金银器的发展。元代金银器以玲珑俊俏的镂雕花纹为主，显示出了精湛的装饰技巧。

明清时期，金银器与宝石、玉器相结合的镶嵌工艺盛行，造型更加多样，纹饰繁缛富丽，工艺更为精细复杂，呈现出华丽浓艳、宫廷气息浓厚的特点。明十三陵的定陵中出土的金银器和清乾隆时期制作的金瓯永固杯就最具代表性。

唐·鎏金鹦鹉纹提梁银罐　陕西历史博物馆藏

宋代随着金银器制造的日益商品化，各地金银器制作行业兴盛，金银器的使用得到普及。宋代金银器，造型玲珑奇巧、新颖雅致，纹饰以清素典雅为特色，工艺多运用锤鍱（yè）、錾刻、镂雕、铸造、焊接等技法。河北易县大北城金银器窖藏和四川彭州金银器窖藏集中展现了宋代金银器的整体风貌。

清·金嵌宝石炉　故宫博物院藏

3. 金银器的类型

金银器可分为金银器物和金银饰物两大类，它们还可分为饮食、信符玺印、容器、舆洗器、梳妆用具、陈设观赏品、宗教祭祀器、冠服、发饰、颈饰、耳饰、手饰、臂饰、胸坠饰、剑饰、车马饰、货币、杂器等小类。

鉴赏要点

1.工艺

中国古代金银器制作工艺从商周到明清,每个时代都在继承前代基础上不断地推陈出新并形成各自的工艺特色。

两汉之前,金银器工艺长期受青铜工艺的影响,主要采用范铸法。两汉时期,金银器工艺摆脱了青铜工艺的影响,采用了锤鍱、掐丝、焊接、镶嵌等工艺。唐代是金银器制作工艺的高峰,其工艺极为复杂精细。据《唐六典》记载,器物外表的装饰工艺就有镀金、拍金、销金、织金、砑金、披金、泥金、镂金、捻金、戗金、圈金、贴金、嵌金、裹金等,制作普遍采用锤打、切削、焊接、抛光、刻凿、铆、镀、錾刻、镂空等多种加工工艺。宋元时期,流行双夹层技法,较多运用锤鍱、錾刻、镂雕、铸造、焊接等技法。明清时期,流行花丝、镶嵌,工艺主要有范铸、锤鍱、焊接、炸珠、錾刻、掐丝、镶嵌、点翠、镂空等技法,此外清代还出现了在金银器上点烧透明珐琅工艺。

锤鍱。绝大多数器物成型前必须经过的工艺过程。其方法是先锤打金银板片,使之逐渐延伸展开成片状,再将片状金银置于模具之中打成各种器型。这种工艺消耗的材料较少,但缺点是打造出来的金银器容易变形。

战国—西汉·金动物咬斗纹牌饰　故宫博物院藏

錾刻。一种金银器成型后对其表面进行装饰的工艺。即运用小锤打击各种大小纹理不同的錾刀或錾头,使之在器物表面留下錾痕,形成各种纹样,达到装饰的目的。在金银器使用锤鍱工艺后,錾刻一直作为细部加工最主要的手段而使用。

明·金镶宝石飞鱼纹执壶　首都博物馆藏

掐丝与镶嵌。主要用于装饰金银器，起到锦上添花的作用。掐丝与镶嵌是指将金银锤打成薄片，制成细丝，然后编成需要的花纹图案，再焊接在器物的表面。然后，再将宝石、琉璃等物嵌入。掐丝工艺是两汉时期从西方传入中国的，是一种极为精美的金银器制作工艺。

编累。金银编累的过程分为平面编累和立体编累两大类，工艺非常烦琐。平面编累是由细如头发的金银丝制成，弯曲焊接形成各种图案；而立体编累，必须预先用炭制成各种字符、鸟类、动物或器皿，用金银丝缠绕，然后在火中烧掉金银丝包裹的炭模，就变成了立体的金银饰品、金银器。

鎏金、鎏银。将纯金或银与汞按一定比例混合成"汞齐"（俗称"金泥"），均匀涂抹在器皿上，然后在火中烘烤。汞遇热蒸发，只留下薄薄的一层金或银，紧密贴合于器表，毫无刻意装饰的痕迹，器物因此变得华丽、美观。

2. 形制

中国古代金银器不仅工艺繁复，制作技艺高超，而且造型精巧。古代金银器的造型极为丰富多样，每个时代都有其流行的器物、款式。唐以前的金银器主要是饰物，唐代开始大量出现了杯、碗、盘、壶等器皿。同样造型的金银器皿，在不同的时代也呈现出不同的风格。

碗，金银器中常见的器皿。东汉时期银碗多为半球形，腹部较深，略呈弧形，平底，素面，低稍向内凹入，基本上属于高钵式的形制。唐代的金银碗，形式多样，有圆形、多曲花瓣形、花口带盖形等，有的碗还带有把手。宋代多银碗，其主要形制有两种：一种是鎏金龙纹银碗，敞口，圆腹，高圈足略向外撇；另一种是素面银碗，圆口，微弧腹，下焊圈足。元代金银碗较为典型的是夹层大银碗，口沿外翻，圆腹，矮圈足，夹层间距由口沿之底逐渐增大。明代金银碗多为敞口，卷边沿，深腹，圆底，圈足。

唐·鎏金走龙　西安博物院藏

唐·银錾刻花鸟纹碗　故宫博物院藏

盘，金银器中常见的器皿。唐代金银盘大量出土，形制有圆形、多曲花瓣形、菱形、桃形、荷叶形等，盘底有平底、圆底、矮圈足、三足、四足等。宋代多银盘，形制有莲瓣式等，浅腹，平底，腹部多为六角形。元代金银盘多为圆形，板沿，卷边，浅腹，平底。明代金银盘有圆形、莲瓣形等。

唐·鎏金飞廉纹六曲银盘　陕西历史博物馆藏

杯，金银器中常见的器皿。唐代金银杯形制多样，有圆口圆形杯、花口花形杯，底部有平底无足、圈足和高足等形制。宋代金银杯造型有鱼耳圆形、重瓣菊花形、荷叶形等，此外还出现了人物形杯。元代金银杯有半球形、半柿形。明代除高足杯外，还有敞口、深腹、圆底、圈足、素面的金银杯。清代宫廷礼仪用杯富丽豪华，如金瓯永固杯。

盒，金银器中常见的器皿。唐代金银盒就有圆形盒、花瓣形盒，还有不规则仿生器型。如何家村出土的飞狮纹圆形银盒、法门寺鎏金银龟盒等都是不规则仿生器型代表。

3. 纹饰

金银器纹饰繁多。早期多以怪兽、虎、鹿等动物形象为题材；战国时期出现了蟠螭纹、云雷纹等；魏晋南北朝时，出现了双鸟纹、鱼纹、梅花、藻井等纹饰；唐代金银器纹饰花样层出不穷，并融入西方文化，常见的有宝相花、团花、绶带纹、鸳鸯、鹦鹉、莲花、宝珠、流云等图案，摩羯纹为其独有；宋代金银器的纹饰图案主要有花卉瓜果、风景园林、鸟兽鱼虫和人物故事等；元代金银器的纹饰不断创新，图案除牡丹、莲荷、菊花、海棠、茶花、松竹梅、灵芝等植物纹样和双凤、团龙、鹿、狮子、海兽、草虫等动物纹样外，还有"卍"字、龟背、锦地、回纹、钱文等几何纹样和云雷纹、如意纹、灵芝纹，以及如昭君出塞、三顾茅庐等戏曲故事的人物图案；明清时期金银器的纹饰图案有花卉、山水景物和祥瑞动物等，多以龙凤为主要装饰题材，狮子、海马、宝相花、菊花、莲花、牡丹、吉祥文字也是常见的纹饰。

唐·金狩猎人物纹六曲花口杯　山西博物院藏

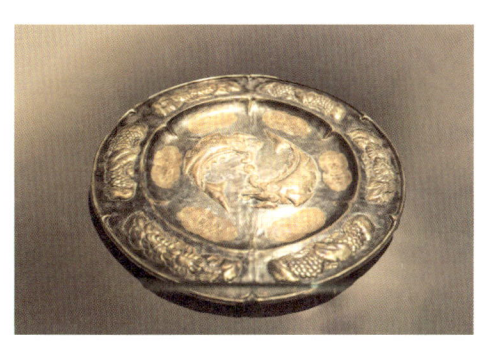

唐·摩羯戏珠纹金花银盘　内蒙古博物院藏

清·金錾夔龙纹扁壶　故宫博物院藏

4. 文化内涵

金银器因其材质贵重稀少，颜色华丽庄重，不仅被历朝历代的人们视为财富与权力的象征，同时也承载着人们的美好愿望，是中国传统文化艺术的重要载体。

金银器最为代表人们亘古不变美好希冀的，便是以各种吉祥图案与文字为内容的器物。如以龙象征神圣，以凤象征高贵，以牡丹象征荣华富贵，以鹊闹枝头象征喜庆，以鸿雁衔胜象征平安，以石榴、鱼子象征多子多孙，还有"福""寿""喜庆万年""祝延万寿"等文字祈愿吉祥。这些伴有浓郁中国特色的表达方式，与金银器物进行结合，既满足了人们追逐财富、渴望坐拥权势的心理，又满足了对种种美好寓意的寄托。

文物选介

◉ 中国文化遗产标志——太阳神鸟金饰

太阳神鸟金饰，商周时期的金器，2001年在四川省成都市金沙遗址出土，现收藏于金沙遗址博物馆。

商周·太阳神鸟金饰　金沙遗址博物馆藏

金饰为圆环形金箔，外径12.53厘米，内径5.29厘米，厚0.02厘米，重量仅20克，含金量高达94.2%。金箔上的图案分为内外两层，均采用镂空的方式表现。内层图案为等距分布的12道顺时针旋转的齿状芒，芒呈细长獠牙状，好似空中旋转不停的太阳。外层图案由四只等距分布、首尾相连、呈逆时针方向飞行的神鸟组成，它们围绕在内层的太阳周围，引颈伸腿，展翅飞翔。整个图案构图严谨，线条流畅，极富美感。整器是用自然沙金加工而成，采用了锤鍱、剪切、打磨、镂空等工艺，充分表现出3000多年前中华先民的思想和智慧。

太阳神鸟金饰是古时候蜀人祭祀所用的一种神器。关于其图案纹饰，目前学术界尚无定论。主要观点有：一是根据《山海经》中有关太阳神帝俊的记载，认为旋转的火球是太阳神，围绕着它的四只鸟是太阳神的四个使者，寓意东西南北四个方向；二是旋转的火球是太阳，四只鸟是托负太阳在天上运动的神鸟，该图案表现的是中国古代神话传说——"金乌负日"；三是金箔外层的四只神鸟图案象征着春、夏、秋、冬一年四季，而神鸟首尾相接向着同一个方向飞翔，代表的是四季轮回，金箔内层那12道芒纹图案则寓意一年之中的12个月。

总之，太阳神鸟金饰是哲学、宗教、艺术想象力和工艺技术的完美结合，反映了古代蜀人黄金制作工艺的辉煌成就，具有重大的历史、艺术和科学价值。2005年8月16日，太阳神鸟金饰正式成为了中国文化遗产标志。

> **知识链接**
>
> **金沙遗址**
>
> 2001年2月在四川省成都市区发现的金沙遗址，分布范围约5平方千米，是公元前12世纪至公元前7世纪（距今3200—2600年）长江上游古代文明中心——古蜀王国的都邑。金沙遗址是四川继三星堆之后又一个重大考古发现，并被评选为"2001年全国十大考古发现"之一。
>
> 金沙遗址已发现的重要遗迹有大型建筑基址、祭祀区、一般居住址、大型墓地等，出土了金器、铜器、玉器、石器、象牙器、漆器等珍贵文物，还有数以万计的陶片、数以吨计的象牙及数以千计的野猪獠牙和鹿角，堪称世界范围内出土金器、玉器最丰富，象牙最密集的遗址。仅出土的黄金制品总数超过了200件，器型包括金面具、金带、圆形金箔、喇叭形金饰等，图案别致，展现了不同于中原文化的独特风格。

千年博山话良缘——鎏金银竹节熏炉

鎏金银竹节熏炉，西汉博山炉，1981年出土于陕西兴平茂陵一座陪葬墓，现收藏于陕西历史博物馆。

熏炉高58厘米，底径13.3厘米，口径9厘米，盖高6厘米，重2.57千克，为竹节博山炉形式。青铜质地，通体鎏金，局部鎏银。整件熏炉由炉底、炉柄、炉身分铸铆合而成。炉底透雕着两条蟠龙，昂首张口咬住竹柄，龙身满饰鎏金细纹鳞甲，眼、须爪鎏银。竹节形的炉柄共分为5节，节上刻着竹叶，柄的上端有3条蟠龙将熏炉托起。炉身为博山形，下部雕饰蟠龙纹，底色鎏银，龙身鎏金；上部浮雕4条金龙，龙首回顾，龙身从波涛中腾出，线条流畅，造型奇妙。整件熏炉共有9条龙装点其间，象征皇权永久、江山万代。炉盖口外侧刻铭文共35字。从炉盖外侧铭文可知，此炉是西汉皇家未央宫的生活用器。专家考证，在建元五年（公元前136年），汉武帝将其炉作为新婚贺礼赏赐给姐姐平阳公主。

西汉·鎏金银竹节熏炉局部
陕西历史博物馆藏

鎏金银竹节熏炉，造型优美，精雕细镂，是一件至为罕见的艺术精品，同时也蕴含着丰富的历史价值，被誉为国宝级文物。

> **知识链接**
>
> **博山炉**
>
> 我国自古就有熏香的习俗，战国时人们就在室内放置各种熏炉，一方面净化环境，另一方面人们认为袅袅香烟就像进入了缥缈的仙境。
>
> 相传，汉武帝嗜好熏香。道家传说东方海上有仙山名曰"博山"，汉武帝即遣人专门模拟传说中博山的景象制作了一类造型特殊的香炉——博山炉。炉体近似青铜器中的豆，上覆以尖锥状的盖；炉盖一般被塑造成怪石嶙峋的山的形态，留有孔隙以便烟香溢出，山内与山外随处可见云气或海水纹饰，峰峦间往往还点缀着奇珍异兽，望之有如海上仙山，故得名"博山炉"。
>
> 博山炉盛行于两汉与魏晋时期。后来，这种炉盖高耸如山的博山炉，逐渐演变成香炉的一个固定类型。虽然在博山炉之前已经有了熏炉，但都不如博山炉影响久远，故人们也常将博山炉奉为香炉的鼻祖。

古丝路文明共荣的缩影——葡萄花鸟纹银香囊

葡萄花鸟纹银香囊，唐代金银器。1970年陕西省西安市何家村窖藏出土，现收藏于陕西历史博物馆。

香囊外径4.6厘米，金香盂直径2.9厘米，链长7.5厘米，重36克。外壁用银制，呈圆球形，通体镂空，上有葡萄花鸟纹样。外壁以中部水平线为界平均分割形成两个半球形，上下球体之间，一侧以钩链相勾合，一侧以活轴相套合。下部球体内又设两层银质的双轴相连的同心圆机环，外层机环与球壁相连，内层机环分别与外层机环和金盂相连，内层机环内放置半圆形金香盂，外壁、机环、金盂之间用银质铆钉铆接，可以自由转动。由于机环和金盂重力的作用，香盂始终保持重心向下，故外部球体无论怎样转动，香盂都能始终保持水平状态，里面的香料都不会撒落于外。在香囊的顶部设有环链和挂钩，可以挂在车仗帷幔上或贴身佩戴。该香囊运用了锤鍱、錾刻、镂空、鎏金等技法制作而成。据文献记载，此类银香囊是后妃贵人之所用。

唐·葡萄花鸟纹银香囊　陕西历史博物馆藏

葡萄花鸟纹银香囊，是一件集智慧与艺术的巅峰之作，充分展示了大唐的昌盛富强，体现了其自信乐观、包容开放的时代思想，是古丝路文明共荣的一个缩影。

知识链接

何家村遗宝

何家村遗宝，是指1970年在陕西省西安市碑林区何家村出土的一批唐代文物。何家村遗宝共1000多件，分别埋藏在2个大陶瓮和1个银罐之中。有金银器皿271件，银铤8件，银饼22件，银板60件，金、银、铜钱币466枚，玛瑙器3件，琉璃器1件，水晶器1件，玉带10幅，玉臂环1对，金饰品13件，另有金箔、玉材、宝石等。金器总重量14900多克，银器总重量195000多克，这些金银器做工精细，造型美轮美奂，艺术价值极高，多为唐皇家的日常用品。何家村遗宝中，认定为国宝级文物的有镶金兽首玛瑙杯、舞马衔杯仿皮囊式银壶、鸳鸯莲瓣纹金碗、鎏金鹦鹉纹提梁银罐等4件，定为国家一级文物的有数十件。何家村窖藏被学术界誉为"20世纪中国考古的重大发现"之一。

何家村遗宝为后世留下了美妙与震撼的同时，也留下了千古谜团与悬念：这批宝物主人是谁？什么时候埋的？为什么而埋？对此，学术界一直众说纷纭。但根据近年来的研究成果，何家村遗宝的主人应为唐代尚书租庸使刘震，而遗宝的埋藏时间应在唐德宗建中四年（783年）爆发的泾原兵变期间。

大唐欢歌——舞马衔杯仿皮囊式银壶

舞马衔杯仿皮囊式银壶，唐代器物。1970年陕西省西安市何家村窖藏出土，现收藏于陕西历史博物馆。

壶为白银质地，通高14.8厘米，重549克，外形酷似皮囊。鎏金的提梁位于扁圆形壶身上部，提梁之前是斜向上的小壶口，壶口上倒扣莲花瓣形壶盖，盖钮上还系有一条14厘米长的麦穗式银链，套连于提梁的后部。银壶的腹部两侧以模压手法各锤击出一幅凸起的骏马图像，马口中衔有一只酒杯，其上扬的马尾和颈部飘动的绶带显示出十足的动感。银壶通体经抛光处理，银光锃亮，舞马及壶盖、提梁等均鎏金，金银辉映，富丽堂皇。另外，壶底与圈足相接处有"同心结"图案，圈足内墨书"十三两半"，标示了该壶的重量。

唐·舞马衔杯仿皮囊式银壶　陕西历史博物馆藏

舞马衔杯仿皮囊式银壶是唐代锤鍱、錾刻、鎏金工艺的代表之作，同时也是农耕文化与游牧文化融合的明证。

> **知识链接**
>
> **舞马衔杯**
>
> 舞马衔杯仿皮囊式银壶记录了盛唐宫廷宴乐时舞马向唐玄宗献酒的故事。

银壶上的马为舞马，是一种经过专门训练表演马舞的马。史料记载，唐代时马不仅广泛地应用于战争、交通、驿传，还大量用于宫廷贵族的社交和娱乐活动。

唐玄宗时期，善跳舞的马就作为一种娱乐活动流行于宫中。《旧唐书》中记载，唐玄宗李隆基在位多年，喜爱音乐和设宴聚会。每逢八月五日玄宗生日，盛宴从白天持续到黑夜。三十四"蹀马"，披金戴银，为唐玄宗献舞。表演到高潮时，领头的舞马跳到高榻之上盘旋如飞；曲终时，舞马口衔装满酒的酒杯，跪拜在玄宗面前敬酒，向皇帝祝寿。"屈膝衔杯赴节，倾心献寿无疆""更有衔杯终宴曲，垂头掉尾醉如泥"，描绘的就是舞马衔杯的姿态。安史之乱爆发后，唐玄宗弃城而逃，这些舞马流落到叛军手中被充为军马。一日军中奏乐，舞马听见音乐开始起舞，被士兵们当作妖马，全部被活活打死。

安史之乱后，"舞马"技艺逐渐失传，"舞马祝寿"这种独特的宫廷娱乐形式也在中国历史舞台上销声匿迹了。舞马衔杯仿皮囊式银壶，成为唯一能证明唐玄宗生日宴会上舞马衔杯祝寿的实物资料。

◉ 现存唯一的皇帝金冠——金丝翼善冠

金丝翼善冠，明代金皇冠。1958年出土于北京市昌平区明定陵，现藏于明十三陵博物馆。

明·金丝翼善冠　明十三陵博物馆藏

冠高24厘米，直径17.5厘米，重826克，全系金制。冠式与乌纱帽基本相同，由前屋、后山、两角三部分组成。前屋部分以518根0.2毫米细的金丝编成"灯笼空儿"花纹，花纹不仅空当均匀，疏密一致，而且中间无接头、无断丝，看上去薄如轻纱。半圆形的帽山上挺立着两个兔耳状的金丝网片，即两角，俗称"纱帽翅"。后山的正前方为组装的二龙戏珠金饰件，其中二龙的头、爪、背鳍和二龙之间的火珠，全部采用阳錾工艺雕刻，呈半浮雕效果；龙身、龙腿等部位则采用传统的掐丝、垒丝、码丝等工艺塑造成型，8400个鳞片均以金丝搓拧成的花丝制成，最后码焊成形，但无丝毫焊口痕迹。

金丝翼善冠为万历皇帝常服冠戴，其制作工艺登峰造极，达到了炉火纯青的地步，反映了明代金银细工高超的水平。

此冠是我国目前唯一的帝王金冠，堪称国宝。

知识链接

明定陵考古发掘

明定陵，位于北京市昌平区明十三陵陵区，为明代第十三位皇帝明神宗万历皇帝朱翊钧的陵墓，是明十三陵中唯一经过考古发掘打开地宫的陵寝。

1955年，郭沫若、范文澜、吴晗、邓拓、张苏、沈雁冰等人联合报请国务院，要求试掘明十三陵的长陵，得到周恩来总理的批示，并成立了长陵发掘委员会。后经专家组实地调研后，决定先发掘定陵。1956年5月动工，1958年7月发掘工作结束。定陵地宫出土各类文物3000余件，包含纺织品、金银金属器、瓷器、琉璃器、玉石器、漆器、木器、钱币、武器、宝石类首饰佩饰等。其中最为著名的当数金丝翼善冠、凤冠、皇帝衮服。

❀雍容华贵的高级定制——孝端皇后九龙九凤冠

孝端皇后九龙九凤冠，明万历年制，1958年于北京市昌平区明定陵出土，现藏于中国国家博物馆。

此凤冠通高48.5厘米，冠高27厘米，径23.7厘米，重2320克。其帽胎用漆竹扎成，面料以丝帛制成。冠顶部等距排列着用金丝编制的9条金龙，口衔珠滴；下有8只点翠金凤，后部也饰有一金凤，共九龙九凤。凤首朝下，口衔珠滴，珠滴可以在走动的时候，随步摇晃。翠凤下有3排以红蓝宝石为中心的珠宝钿，其间点缀着翠兰花叶；冠檐底部有翠口圈，上嵌宝石珠花。后侧下部左右各有三博鬓，博鬓上嵌有镂空金龙、珠花璎珞，金翠交辉，富丽堂皇。凤冠共嵌有未经加工的天然红宝石115粒，珍珠5000余颗。采用的工艺有花丝、点翠、镶嵌、穿系等。

同，只是具体数量、重量不同。4顶凤冠分别被中国国家博物馆（九龙九凤冠）、故宫博物院（三龙二凤冠）、明十三陵博物馆（十二龙九凤冠、六龙三凤冠）收藏。

明·孝靖皇后三龙二凤冠　故宫博物院藏

明·孝端皇后九龙九凤冠　中国国家博物馆藏

凤冠是明代皇后及妃嫔在重大庆典时，作为正式礼服冠所戴的。此冠的主人是万历皇帝生前唯一的皇后——孝端皇后。孝端皇后凤冠造型庄重，制作精美，充分体现了明代皇家的雍容华贵，堪称瑰宝。

明定陵出土凤冠共4顶，其中，孝端皇后的两顶分别为九龙九凤冠和六龙三凤冠，孝靖皇后的两顶分别为十二龙九凤冠和三龙二凤冠。4顶凤冠制作方法基本相

知识链接

点翠工艺

点翠工艺是一种中国传统的金银首饰制作工艺。其工艺十分复杂，先以金属制成特定的架子，用金属线勾勒出图案纹样，然后在线条间的凹陷处粘贴翠鸟的羽毛。用点翠工艺制作出的首饰，光泽感好，色彩艳丽。翠鸟羽毛以翠蓝色和雪青色为贵，根据工艺的差别和翠鸟身上不同部位的羽毛，点翠也有蕉月、湖色、深藏青等色彩差异。

以翠羽为饰由来已久。战国时期的《买椟还珠》中，楚国商人的木匣"缀以珠玉，饰以玫瑰，辑以羽翠"就是由点翠装饰的。汉代时已出现点翠工艺；宋代反

对奢靡消费风，下令"禁铺翠"，点翠工艺也因此被禁止；明清时期点翠工艺又重新得以发展，特别是清代康熙、雍正、乾隆时期达到了顶峰。

点翠之"翠"，即翠鸟之羽。翠鸟主要出产于四川、两广及东南亚地区。翠羽的获取方式有多种，《珠翠光华》记载，要"用小剪子剪下活翠鸟脖子周围的羽毛，轻轻地用镊子把羽毛排列在图上黏料的底托上"。在清宫档案中还有大量自暹罗国进贡翠鸟整皮的记载。

《中华人民共和国野生动物保护法》明文规定禁止猎捕、杀害国家重点保护野生动物。现在，翠羽一般用染色鹅毛、孔雀羽毛或蓝色缎面丝带、特殊纤维等材料所代替。

金银器的"巅峰之作"——金瓯永固杯

金瓯永固杯，清嘉庆二年（1797年）制，清宫旧藏，现收藏于故宫博物院。

杯高12.5厘米，口径8厘米，金质，鼎式，圆形，直口。口沿錾回纹一周，一面中部錾篆书"金瓯永固"，一面錾"乾隆年制"四字款。外壁满錾宝相花，花蕊以珍珠及红、蓝宝石为主。两侧各有一变形龙耳，龙头上有珍珠。三足皆为象首式，象耳略小，长牙卷鼻，额顶及双目间镶嵌珠宝。此杯共用金20两，镶有大小珍珠11粒、红宝石9粒、蓝宝石12粒、碧玺4粒，运用了錾刻、镶嵌、点翠等多种工艺，是"中国乃至世界金银器史上的巅峰之作"。

所谓金瓯，即金制的小盒，珍贵而坚实。古人往往用金瓯比喻国土的完整、国家的繁荣。"金瓯永固"，寓意社稷永保、江山永固。金瓯永固杯是清代皇帝在每年新年举行开笔仪式时专用的礼器。

金瓯永固杯，现存世已知的共有4只，分藏于故宫博物院（1金，嘉庆二年造）、

清·金瓯永固杯　故宫博物院藏

金瓯永固杯局部

台北故宫博物院（1金，乾隆年造）、英国伦敦华莱士博物馆（1金、1铜鎏金，乾隆年造）。

> [!知识链接]
>
> ### 明窗开笔
>
> 明窗开笔是皇帝新年举行的第一次书写仪式，创自清雍正皇帝，到乾隆皇帝时定为典制。嘉庆帝《元旦试笔》诗有"玉烛金瓯祖考贻，明窗试笔诩鸿禧"之句，并在夹注中记述了养心殿东暖阁明窗试笔的诸多细节。
>
> 元旦（正月初一）子正（零点），在紫禁城养心殿东暖阁明窗处放金瓯永固杯，内注屠苏酒；旁设玉烛台、红漆雕云龙盘，盘上置一个八吉祥炉和两个古铜香盘。皇帝先饮屠苏酒，然后亲自点燃玉烛台上的蜡烛，把万年青笔在八吉祥炉上熏一下，书写诸如"天下太平""福寿长春"之类的吉祥语，以祈新年福祉。吉语笺写毕，封存于黄匣中，任何人不能开启。开笔仪式上的物品均有吉祥寓意。喝屠苏酒的杯上刻"金瓯永固"，寓意江山永固；烛台上刻"玉烛长调"，寓意风调雨顺；笔杆上刻"万年青"，寓意大清基业万年。

🌸 母子情深，孝思不匮——金发塔

金发塔，清乾隆年制，清宫旧藏，现收藏于故宫博物院。

塔高147厘米，重107.5千克，是故宫博物院中现存最高、最重的金塔。塔由下盘、塔斗、塔肚、塔颈、塔伞及日月6部分组成，各层均嵌有珠宝、绿松石、珊瑚等。塔肚呈圆锥形，中有一门，内放金佛一座；金佛后置有一盛发金匣，金匣正面饰六字真言，匣墙有八吉祥纹饰，下配白檀香木座。塔下承以紫檀木莲花瓣须弥座，塔座前正板上贴有"大清乾隆年敬造"款。

乾隆四十二年（1777年），其生母崇庆皇太后病逝。乾隆帝为表示对已故母亲的孝敬，下诏制作金塔一座，专盛皇太后御发。塔的设计式样经乾隆帝钦定，由清宫造办处承做，历时3个多月完成，共用黄金3000多两。制成后，安放在崇庆皇太后生前居住过的寿康宫东佛堂内。

清·金发塔　故宫博物院藏

金发塔以盘纹焊接和锤胎錾花工艺制

作，纹饰精美，造型高峻，制作精工。

> **知识链接**
>
> ### 金发塔的铸造
>
> 乾隆四十二年正月二十六日，乾隆生母崇庆皇太后病逝于圆明园的长春仙馆，终年86岁。在其母去世不到一月，乾隆就下谕旨："现今大行皇太后御发，着做金塔一座供奉。塔内供无量寿佛一尊。"并派遣大臣福隆安、和珅等督办。当时，乾隆筹措的用于铸塔的黄金共计1300余两。按此金数，内务府造办处用楠木做成了塔样。但其中需供奉的无量寿佛法身大，塔内根本放不下。以恪尽孝道自居的乾隆皇帝随即又下谕令："塔样再往高大里放。"但黄金严重不足。他采纳了福隆安的建议，将寿康宫所存的所有金器都交造办处熔化造塔，包括重仅七钱的金珐琅鼻烟壶、含金二钱五分的一双金箸，甚至只有二钱重的金茶匙都被熔化了。即便如此，黄金仍不敷用。于是福隆安等又奏请添补白银七百两零六钱三分，总共可得六成金三千零九两九钱八分。乾隆帝批示"知道了"，于是存于寿康宫的银器也都被熔化，掺入金内造塔。因此，金发塔名义上耗用黄金3000余两，实则只有六成。

🏵 乾隆六十寿辰的贺礼——金累丝万年如意

金累丝万年如意，清乾隆年制，清宫旧藏，现收藏于故宫博物院。

金累丝万年如意，一套60柄，是乾隆皇帝六十寿辰时王公大臣们的进献之物。每柄长42.7厘米，柄宽5.4厘米，头最宽11.3厘米。此套如意皆用楠木为胎，胎上采用八成金质累丝工艺。如意头为灵芝状，正面为累丝古钱纹，中心分别镶嵌绿松石"甲子""乙丑""癸亥"等干支纪年字样，正合六十甲子一周；背面为镂空的古钱纹并露出木胎。如意柄的正面也为累丝古钱纹，上面皆用绿松石镶嵌"万年如意"四字，背面为累丝六角锦纹。如意的侧边以卷草纹为饰。该套如意共用黄金1361两。

金累丝万年如意，做工精湛、细腻、繁复，是清代乾隆时期的典型作品，同时也蕴含着丰富的中国传统吉祥文化。

> **知识链接**
>
> ### 如意
>
> 如意是由古代的搔杖演变而来，当时人们用它来搔后背手顾及不到的瘙痒处，可如人之意，故名"如意"，俗称"不求人"。后来，如意逐渐超越实用功能而演变为吉祥之物。据史料记载，汉晋之际，如意就被文人雅士所钟爱，须臾不可离手。宋代以后，如意发展为室内陈设品。明清时期，以灵芝造型为主的如意被赋予了吉祥驱邪的含义，更为士庶乃至帝王所青睐，成为承载祈福禳安等美好愿望的贵重礼品。特别是清代帝王对如意的推崇使如意的制作登峰造极。皇帝登基、大婚、元旦、万寿等节庆之日，天下最华美的如

清·金累丝万年如意 故宫博物院藏

金累丝万年如意局部

意纷纷被贡入皇宫。约从乾隆中期开始，如意一般均在各地贡品中位列于前，且多为9柄成套，取《诗·小雅·天保》中"九如"："如山、如阜、如冈、如陵、如川之方至、如月之恒、如日之升、如南山之寿、如松柏之茂"之喻。如意不仅仅是一种象征吉祥的工艺品，更是权位和财富的象征。如查抄和珅家产时，所得玉如意120柄、镶玉如意达1601柄，比道光十五年（1835年）清点内府时的242柄玉如意还多，足见和珅之财势。

如意的材质极为多样，常见的有金、银、玉、角、牙、翡翠、珊瑚、铜、竹、木、珐琅等。如意的经典样式有三种，分别是灵芝式如意、天官式如意和三镶式如意。

拓展阅读

慧眼识金

看。根据黄金的不同光泽和颜色即可大体区分纯金、K金、真金、假金。鉴定口诀为"七青八黄九五赤，黄白带灰对半金"。色泽青且白则纯度不高，颜色赤黄则纯度高。国产黄金饰品按照规定都是要打上戳记的，标明24K则代表纯度在99.6%以上；标明18K，则表示纯度在75%以上。

掂。黄金的比重为19.32，重于银、铜、铅、锌、铝等金属。如同体积的黄金比白银重40%以上，比铜重1.2倍，比铝重6.1倍。黄金饰品托在手中应有沉坠之感，假金饰品则觉轻飘。

听。成色高的黄金受敲击或往硬地抛掷时，发出"噗嗒，噗嗒"的沉闷低声，无音韵也无弹力；K金有音韵、有声、有弹力，弹力越大、音韵越尖越长者，成色越差。

折。黄金的成色越高越柔软，越无弹性，用大头针或指甲刻划均可留下痕迹，以手折无断纹。

烧。用火将要鉴别的饰品烧红（不要使饰品熔化变形），冷却后，观察颜色变化，如表面仍呈原来的黄金色泽则是纯金；如颜色变暗或不同程度变黑，则不是纯金。一般成色越低，颜色越浓。

文物选介拓展

珐琅器篇

中国的金属制作工艺有着悠久而辉煌的历史。珐琅器虽然不是中国土生土长的工艺美术，但自元代开始传入中国后，迅速与本民族的艺术元素和工艺技术相结合，形成了具有本土化民族特色的工艺品，并逐渐成为我国特有的传统手工业艺术品。与其他工艺美术门类不同的是，珐琅器无论在制造上还是使用上，都具有纯正的"皇家血统"，为皇室贵族所专用，民间绝少见到。因此，从器型、纹饰到工艺特色，珐琅器无不打下深深的皇家烙印，体现皇家的审美情趣。

珐琅器等外来工艺在中国的发展，体现了中国文化善于吸收外来文化精髓变为己用的文化精神。珐琅器作为一种传统的工艺品，以其浑厚雍容的造型、皇家气象的色彩、吉祥寓意的纹饰和华美多变的工艺，至今仍魅力不减，成为中国工艺美术史上的一朵奇葩。

基本知识

1. 概念

珐琅，又称"佛郎""法蓝"，是由中国隋唐时古西域地名拂菻（即东罗马帝国）音译而来。珐琅是一种玻璃质的材料，其基本成分为石英、长石、硼砂和氟化物等，属于硅酸盐类的装饰材料。

珐琅器，是指将经过粉碎研磨的珐琅釉料，涂施于经过金属加工工艺制作后的金属胎的表面，经干燥、焙烧、镀金、磨光等制作过程之后，所得到的集金属工艺与珐琅工艺为一体的复合性工艺制品。珐琅器依据加工工艺不同，可分为掐丝珐琅器、錾胎珐琅器、画珐琅器和透明珐琅器等品种。

2. 珐琅器发展简史

考古发现，珐琅器最早诞生于希腊。12世纪，掐丝珐琅器由阿拉伯地区传入我国。13世纪下半叶，由于蒙古军西征，掐丝珐琅、錾胎珐琅的制作技艺也随着西方艺人的迁徙传入我国。元朝全国统一后，随着对外交流的增多，许多身怀绝技的工匠纷纷来到中国，促进了珐琅工艺的发展。但由于生产规模不大，产品并不多。从现存的几件元代掐丝珐琅器来看，当时已生产出了具有民族风格的制品，但装饰方式仍保留着一些阿拉伯风格。

珐琅器在明代开始大量生产。明代设立了专为皇家制作珐琅器的机构"御用监"。我国现存最早的掐丝珐琅器和錾胎珐琅器的纪年实物，均是明宣德年间所作。到了明中期，掐丝珐琅工艺取得极大发展，不仅造型、品种、釉色都显著增多，而且工艺技巧也明显进步。明后期，由于受到时局的影响，烧制水平有所下降，珐琅器的烧造进入了相对低谷的时期。

明·掐丝珐琅花果纹三足炉
中国国家博物馆藏

清代珐琅工艺在明代的基础上稳步发展。清代康乾时期，社会稳定，经济繁荣，再加上皇家的偏爱，使珐琅工艺达到历史最高水平。不仅传统的掐丝珐琅繁荣发达，新出现的画珐琅、透明珐琅也成绩斐然。除宫廷造办处制作外，在北京、广州、扬州等地也制作具有地方风格的掐丝珐琅。

康熙时期，珐琅制作工艺日趋成熟。康熙十九年（1680年），清政府在宫内设珐琅作，开始制作铜胎掐丝珐琅和錾胎珐琅。随着珐琅作的设置，御用掐丝珐琅器开启大规模与规范化的生产进程。同时，欧洲等国流行的画珐琅工艺从广州传入内廷，得到了康熙皇帝的喜爱。为提高画珐琅的水平，他广招欧洲画珐琅匠人入宫，命已在宫廷的西方传教士画家和清宫画院画家为珐琅器画珐琅。康熙五十八年（1719年），他特地聘请法兰西画珐琅艺人陈忠信入内廷，指导烧造画珐琅器。在其推动下，画珐琅工艺日渐完善成熟，为清代画珐琅工艺奠定了坚实的基础。

雍正时期，画珐琅工艺在康熙晚期成熟规范的基础上愈加成熟。由于雍正帝对画珐琅情有独钟，掐丝珐琅并没有太大的发展，但在画珐琅上创新颇多。成功研制出了数种中国自产的珐琅料色，使画珐琅色彩更加丰富；培养了中国画珐琅工匠，完成了珐琅料与技术人员的本土化，使画珐琅器走向技艺精绝、品位超群的艺术境界。雍正朝国产新颜色珐琅品种的炼制成功为乾隆年间金属珐琅器的发展奠定了基础。

乾隆时期珐琅工艺在康熙、雍正两朝的基础上得到空前发展。掐丝珐琅器、錾胎珐琅器、画珐琅器、透明珐琅器均有创新。特别是掐丝珐琅器，受到乾隆帝的格外垂青。他不仅广揽技艺高超的广州珐琅艺匠进宫，而且将画院与珐琅作合并，使画院的一些画家在珐琅作从事珐琅的绘画，对珐琅器的艺术性产生了很大的影响。到乾隆中后期，珐琅工艺已达到炉火纯青的程度，并形成了内府造办处、广州、扬州、苏州等几个工艺制作中心。其中尤以广州的地位最为突出。

清代后期，宫廷珐琅制作工艺开始衰落，但民间的掐丝珐琅却得以发展。光绪朝至民国期间，北京出现如老天利、静远堂、志远堂等专营掐丝珐琅的作坊。珐琅器余辉闪耀。

鉴赏要点

1. 制作工艺

珐琅器的制作是集冶金、铸造、绘画、窑业、雕錾、锤打等多种工艺为一体的复合性工艺过程，一般要经过制胎、填蓝、烧蓝、磨光、镀金等工序。具体到不同的品种，又会有所不同。

掐丝珐琅。其制作流程可以分为6个步骤：制胎、掐丝、点蓝、烧蓝、磨光、镀金。即先在金属胎上，按照图样设计要求描绘纹样轮廓线；然后用细而薄的金属丝或金属片焊着或黏合在纹样轮廓线上，组成纹饰图案；再在纹样轮廓线的空白处，点施各种颜色的珐琅釉料；经多次焙烧、磨光、镀金而成。掐丝珐琅工艺约在13世纪中后期从欧洲传入我国。因其在明朝景泰年间颇为盛行，加之使用的珐琅色料多以蓝色为主，清代民间称其为"景泰蓝"。

清·掐丝珐琅甪端香熏　故宫博物院藏

錾胎珐琅。其工艺制作过程是先在已制成的金属胎上按照图案设计要求描绘纹样轮廓线；然后运用金属錾刻技法，在纹样轮廓线以外的空白处进行雕錾减地，使得纹样轮廓线起凸；再在其下凹处填施各种颜色的珐琅釉料，经焙烧、磨光、镀金而成。其表面能给人一种似宝石镶嵌的感觉。錾胎珐琅工艺在13世纪中后期从欧洲传入我国。广州是清代中国最大的錾胎珐琅的生产基地。

画珐琅。画珐琅器是用珐琅釉料直接在金属胎上作画，经烧制而成，富有绘画趣味，因此也有人称之为"珐琅画"。具体的制作方法是先在已制成的金属（金、银、铜）胎上涂施薄薄的一层白色珐琅釉，入窑烧结，并使其表面光洁平滑；然后以单色或多彩的珐琅釉料，按照图案纹饰设计要求，绘制花纹图案，再经入窑焙烧显色而成。画珐琅器还有非金属胎的，如瓷、紫砂、玻璃等，这类工艺制品被称为"珐琅彩"，属陶瓷艺术品。

清·铜胎画珐琅花卉纹椭圆盘　故宫博物院藏

明·錾胎珐琅兽面纹双耳瓶　中国国家博物馆藏

透明珐琅。其制作工艺是在金属胎上用金属錾刻或锤錾出浅浮雕，再罩以具有透明或半透明特点的珐琅釉，经烧制后，显露出因图案线条粗细深浅不同而引起的视觉上明暗浓淡的变化。透明珐琅器制作工艺，大约在清康熙晚期从欧洲经广州传入中国，大量生产主要在清乾隆时期。清乾隆年间广州制造的透明珐琅器最为著名。

清·透明珐琅嵌玛瑙葫芦瓶　沈阳故宫博物院藏

2. 时代风格

从现存的几件元代掐丝珐琅器来看，器型端庄大方，造型风格与同时期瓷器造型近似，主要有瓶、炉、罐等宫廷陈设和生活方面的用具；珐琅质地细腻洁净，釉面光亮明艳，具有水晶般的透明感；珐琅颜色主要有浅蓝、宝石蓝、宝石红、绛黄、紫、草绿、白色等；图案布局疏朗流畅，多以缠枝莲花纹为主题纹饰，在器物的颈部或足部常常以莲花瓣或垂云开光等纹饰作陪衬，但有些装饰方式仍保留着一些阿拉伯风格的艺术韵味。

元·掐丝珐琅缠枝莲纹球式香熏　故宫博物院藏

明代的掐丝珐琅器，仅宣德、景泰、嘉靖、万历四朝的器物署有官方年款。明宣德款的掐丝珐琅器，胎体厚重规矩，给人一种自然而稳重的感觉，器型与同时期的瓷器、漆器、铜器相似，主要有瓶、碗、盘、盒、花觚、炉、尊等；器物一般以浅蓝色珐琅作底色，并用宝石蓝、宝石红、黄、绿、紫、白等颜色珐琅装饰图案，色彩纯正，表面蕴亮，不像元代那样晶莹透亮；纹饰继承元代风格，仍以缠枝莲花为主题纹饰，此外还出现了龙戏珠纹、蟠螭纹及四季花卉图案等；款识有"大明宣德年制御用监造""大明宣德年制"和"宣德年制"等几种，款字楷书居多，间有隶书和篆书。明景泰款的掐丝珐琅器是明代传世珐琅器中数量最多的，仅故宫博物院就收藏有景泰年款的铜胎掐丝珐琅器100余件，款字及款识风格多种多样，但经研究发现大部分为清人改前代或清宫仿制而成，真正景泰年间生产的掐丝珐琅器存世很少。明嘉靖款的掐丝珐琅器，目前国内仅有一件，即故宫博物院收藏的云龙纹盘，为国内孤品。明万历款的掐丝珐琅器，留存作品较多。其器型多样，涉及当时宫内生活、陈设等诸多方面；珐琅的色彩更加丰富，除继续以蓝色珐琅作地外，比较盛行以浅淡色调的珐琅作地，还出现了白地、绿地，或在同一器物上用两种色釉调和成的混合色地，擅长用红、白、黄、绿的珐琅装饰图案，此外还新出现了如豆青、松石绿等色釉；纹饰题材上，前代普遍采用的缠枝莲花纹明显减少，取而代之的是龙戏珠、瑞兽及各种折枝花卉纹等，佛教的八宝纹、如意纹也出现在器物的图案上；款识"大明万历年造"六字款为多，其所镌刻的部位一般在器物的底部，有长方框栏，周围用掐丝彩色如意纹装饰，这种装饰方法是其他时期所没有的。明代晚期的掐丝珐琅器，器型有所增加，出现了如缸、匙等日常生活用具；铜胎变薄；珐琅灰暗无光，且砂眼较多；图案装饰繁缛，松散凌乱，不够规整，纹饰以各种寓意福寿吉祥的纹饰为主题，此外还将文字与花纹相结合进行装饰。

明·景泰款铜胎掐丝珐琅葫芦瓶
中国国家博物馆藏

清代的珐琅器最具代表的是掐丝珐琅器和画珐琅。

在掐丝珐琅器上，以康熙朝和乾隆朝为多。康熙朝的掐丝珐琅器，经历了早、中、晚三个阶段，并以细丝粗釉、粗丝淡釉、匀丝浓釉等三种不同的风格为代表。整体来看，康熙朝的掐丝珐琅器，掐丝细密但釉色不及，造型、纹饰多效法瓷器。乾隆朝的掐丝珐琅器，在艺术风格上可谓空前绝后。器物铜胎厚重，镀金光亮，灿烂夺目，充分展现出皇家富丽堂皇的气派。器型上除了仿制前朝的各种器皿外，仿古铜器、宗教仪典方面所用的佛像、佛龛、佛塔、七珍八宝等供具之制作，更是另辟蹊径，此外还有各种动物造型的实用兼陈设的器皿；掐丝的技术更为娴熟，粗细均匀而流畅；珐琅质地细腻，色彩品种丰富，釉色纯正，但均不透明；装饰图案布局严谨规整，纹饰繁缛，纹样多采用传统的螭龙、兽面、吉祥纹饰、莲塘、山水、番莲及莲瓣、菊瓣和各种西洋式花朵，而且还把古代书画名迹巧妙地运用到掐丝珐琅的纹饰中，以追求绘画艺术与珐琅工艺的完美结合。在乾隆朝，还融錾胎和画珐琅之制作技巧于一体，使掐丝珐琅工艺之发展臻于极致。

在画珐琅器上，康、雍、乾三朝在造型、釉色、纹饰、落款等方面各具特色。

康熙早期的画珐琅器，胎壁较厚重，器型较小且单一，主要是炉、瓶、盒、碗之类；珐琅施釉浓厚，表面凹凸不平，且砂眼密集，色彩灰暗；图案题材较为简单，主要为山水人物画，画风飘逸洒脱，但不够细致。康熙晚期的画珐琅器胎壁变薄，造型规整，器型种类有所增加，但仍以小件器物为主；珐琅质地细腻温润，施釉均匀，光洁平滑，砂眼基本消失，色泽艳丽明快，颜色品种也日趋丰富；多以黄釉作地，亦有少量白釉或淡蓝釉为地者，上有红、粉红、绿、草绿、宝蓝、浅蓝、赭和紫等彩釉；画面用笔工致，色彩谐调，图案的题材以表现富贵吉祥的写生花鸟画为主，许多图纹都出自宫廷中名画家之手笔；款识上，多在器物上署"康熙御制"款。

雍正朝的画珐琅器，风格独树一帜。器型上，仍以小型器物居多，但造型都很别致，创制了诸如天球式冠架、法轮、卤壶、六孔瓶、桃式洗等极具特色的式样；在珐琅的色彩上，除继承以黄或白为底色外，盛行以黑色珐琅为底色来衬托装饰图案，对比强烈，极具装饰效果，这种运用黑釉的手法是其他时期罕见的；在图案题材上，除缠枝花卉外，仍以草虫、花鸟为主要题材，蝙蝠、桃实、柿子等寓意吉祥的图案也明显增多；在款识上，多在器底中心用楷书或仿宋体署"雍正年制"印章式款，亦有少数把款识置于器物表面的图案之中。

丰富，风格多样，有仿古器、仿生器、仿西洋器，还有仿掐丝珐琅、青花瓷器等的画珐琅器；图案纹饰题材广泛，有各种缠枝、折枝、四季花卉、花鸟鱼虫、螭龙、夔凤、婴戏及几何图案等，其中山水人物题材是以前珐琅器中非常少见的。中西合璧是乾隆朝画珐琅器的一大特色。如在图案装饰上普遍采用西洋式卷草纹和百花纹为锦地，开光处绘西洋仕女、课子图、港口与西洋房舍等。这些器物多是广州地区制造由粤海关官员进献给皇帝的贡品。

清乾隆·金胎掐丝珐琅嵌画珐琅人物图葫芦式执壶 故宫博物院藏

清雍正·铜胎画珐琅缠枝花卉纹执壶 故宫博物院藏

乾隆朝的画珐琅器，异彩纷呈。器型

文物选介

故宫"珐琅之王"——掐丝珐琅缠枝莲纹象耳炉

掐丝珐琅缠枝莲纹象耳炉，元代珐琅器，清宫旧藏，现收藏于故宫博物院。

珐琅器篇

炉通高 13.9 厘米，口径 16 厘米，足径 13.5 厘米。圆形，鼓腹，象首卷鼻耳，圈足。炉颈部在浅蓝色釉地上，一周饰有黄、白、红、紫四色缠枝菊花共十二朵，花蕊处凸起。腹部在宝蓝色釉地上，饰有红、白、黄三色缠枝莲花共六朵，这种以莲花和藤蔓缠绕的纹饰又名"万寿藤"，寓意连绵不断、富贵吉祥。下腹部饰仰莲纹。

元·掐丝珐琅缠枝莲纹象耳炉　　故宫博物院藏

此炉造型端庄敦厚，釉质莹润，局部呈玻璃般的半透明状，色泽搭配和谐，富丽典雅，是一件高水平的元代作品。元代掐丝珐琅存世品极少，此件掐丝珐琅缠枝莲纹象耳炉堪称故宫十大镇馆之宝之一。

经专家考证，此炉是明景泰年间改造的元代珐琅器，炉的铜胆、象耳和圈足均为后配。

知识链接

"景泰蓝"之谜

长久以来，明景泰朝的掐丝珐琅器被公认为是中国掐丝珐琅工艺中的精品之作，有"景泰蓝"之称，可与宣德铜炉、成化斗彩、永乐剔红相媲美，备受人们青睐。有景泰年款的铜胎掐丝珐琅器传世较多，仅故宫博物院就收藏有景泰年款的铜胎掐丝珐琅器100余件，且风格各异。

明朝景泰皇帝朱祁钰，在位时间仅有7年，当政期间外患内忧连年不断，经济衰退，手工业陷入低谷，其是否有余力制造如此数量众多、风格各异的精美的珐琅器？让人匪夷所思。

近年来，经过文物专家考证研究，"景泰蓝"之谜逐渐被破解。其实，铸錾"大明景泰年制"或"景泰年制"款识的掐丝珐琅器大多数为伪款、伪器。其中有景泰年间对元代、明早期留存的器物改型后，加刻年款的；有后朝将无款、有款旧器重新镌刻景泰年款的；或者完全是慕名伪造器，如清康熙、雍正、乾隆朝的掐丝珐琅器都有刻"景泰年制"款的。真正的景泰朝制作的掐丝珐琅器可谓寥寥可数，而且工艺成就也并不突出。

六世班禅礼物的"克隆"版——乾隆款金胎掐丝珐琅镶宝石高足盖碗

乾隆款金胎掐丝珐琅镶宝石高足盖碗，清乾隆朝珐琅器，现藏于故宫博物院。

碗通高 30 厘米，径 16 厘米。金胎，高足，带托。通体施绿珐琅釉，饰金丝为边，上饰缠枝花纹，内镶红蓝宝石并组合而成花朵纹。碗心金圆圈内刻楷书"大清乾隆年制"三行款。此碗材料贵重，制作精工，据记载共用六成金78两，红蓝宝石1000余颗。其为佛教供器，时称"靶碗"。

清·乾隆款金胎掐丝珐琅镶宝石高足盖碗
故宫博物院藏

清宫档案记载，乾隆四十五年（1780年）八月初三，西藏六世班禅额尔德尼到承德避暑山庄恭贺乾隆皇帝七十寿辰，敬献大批贡品，其中有一件为"银胎绿珐琅靶碗"，深受乾隆皇帝之喜爱，于是下令造办处照其先后仿制三份，均为金胎，分别收存于紫禁城养心殿、养性殿和盛京皇宫（今沈阳故宫）。现一件收藏于故宫博物院，一件藏于台北故宫博物院，原盛京皇宫的一件下落不明。

知识链接

曾被抵押的金靶碗

1911年辛亥革命后，中华民国临时政府与清朝政府议定了《清室优待条件》，清帝正式退位。《清室优待条件》规定，"大清皇帝辞位之后，岁用四百万两。俟改铸新币后，改为四百万元，此款由中华民国拨用"。由于逊清王室的任意挥霍，入不敷出，加之民国政府负担的款项因财政困难无法按期拨给，面对此"捉襟见肘"之局面，挥霍无度的逊帝溥仪只好靠借债和拍卖宫中的金银珠宝古玩来维持生计。清宫库存的珍宝也被作为债款的抵押品。1924年5月31日，清宫内务府就以宫中多件金器为抵押品，与北京盐业银行订立了借款合同。在抵押的清单中，有一件"金胎珐琅靶碗"，标注"六成金连金托金盖，共重七十八两"。这件"金胎珐琅靶碗"就是"乾隆款金胎掐丝珐琅镶宝石高足盖碗"。其于1924年被"典当"出了宫廷，之后一直封存于北京盐业银行。中华人民共和国成立后，北京盐业银行将其上交国家。1953年由文物局调拨给故宫博物院。因属新入藏的文物而被故宫博物院冠予"新"字编号。现陈设于故宫珍宝馆。

🏵 中西合璧的皇家艺术珍品——金胎画珐琅开光西洋人物图执壶

金胎画珐琅开光西洋人物图执壶，清乾隆朝珐琅器，清宫旧藏，现收藏于故宫博物院。

执壶通高18.8厘米，口径2.8厘米，足径3.9厘米。金胎，龙首纹流，如意曲柄，盖顶置红珊瑚珠钮，圈足。通体錾花填绿色珐琅，腹部两面开光，内彩绘西洋仕女图。盖、颈、肩、足等部位亦做开光处理，内分别绘饰折枝花卉、胭脂色山水风景图。足底双方框内有"乾隆年制"阴文款。

旅游文物鉴赏

清·金胎画珐琅开光西洋人物图执壶
故宫博物院藏

器物通高170厘米，长100厘米，宽55厘米，以錾胎珐琅为主，兼有掐丝珐琅工艺。象卷鼻垂尾，四腿直立，背托宝瓶，寓意"太平有象"，下置束腰长方座。象通体以月白色珐琅为地，通体錾刻勾云纹，象牙和象尾皆镀金，象脖颈配双串铃铛，身披豪华的镀金鞍鞯，上面缀满各色宝石，瓶顶饰火焰宝珠，底部镂空，瓶身饰流苏缠枝莲花纹。长方座的四侧正中开光内饰以缠枝莲纹，开光周围装饰红蓝相间的菱形锦地纹，纹饰均为掐丝技法制作而成。整件器物形体硕大，胎体厚重，气派非凡，堪称广州复合珐琅器的巅峰之作。据记载，此对器物是两广总督李侍尧于乾隆四十一年（1776年）进贡的，后安供于钦安殿内御案左右两侧。

该执壶同时运用了錾胎珐琅和画珐琅两种工艺，其开光图案以西洋人物为主题，并间以中国传统的山水花卉纹，是一件中西合璧的精美艺术品。

> **知识链接**
>
> ### 执壶
>
> 一种酒器。最早为瓷质的，出现于中唐时，当时称注子。唐代执壶硕腹，喇叭口，短嘴，壶的重心在下部。后壶体渐瘦长，重心向上提，五代至宋时壶体多为瓜棱式，往往与注碗成套使用。从元代开始，执壶的壶体呈玉壶春瓶式，壶流弯曲而细长，景德镇窑与龙泉窑都有烧制。明清时期，形式变化不大，但开始出现玉、珐琅、金银等质地的执壶。

◆ 国泰民安，太平有象——錾胎珐琅太平有象

錾胎珐琅太平有象，清乾隆朝，一对，清宫旧藏，现收藏于故宫博物院。

清·錾胎珐琅太平有象 故宫博物院藏

> **知识链接**
>
> ### 广州珐琅器
>
> 广州自古以来就是中西方重要的交通

枢纽和贸易口岸。在清代，广州凭借着通商口岸优越的特殊地理位置的优势，吸收借鉴西方珐琅工艺品的制作工艺，逐渐形成了自己独特的"广东风格"，成为清代珐琅器的重要生产基地。其产品涵盖了画珐琅、掐丝珐琅、錾胎珐琅、透明珐琅等工艺种类。

由于地域差异，广州珐琅器与宫廷珐琅器比较，有着明显的地方特色。其胎体较薄，珐琅釉色较浓艳，常用开光法进行装饰，图案题材常见西洋式的大卷叶西番莲纹。

广州珐琅器的制作水平较高，深受宫廷之青睐。宫廷常令广州为内府制作器物，有时还就造型、装饰花纹、款识等提出具体要求和规定。据记载，清乾隆年间在圆明园修建中，就命粤海关烧造了大量巨型錾胎珐琅，装饰在圆明园内的许多建筑景观中。

冬奥五环珐琅尊

冬奥五环珐琅尊，北京2022年冬奥会特许景泰蓝作品，由中国工艺美术大师组成的设计团队精心策划推出。

珐琅尊总高43厘米，采用景泰蓝、琉璃和錾刻三大非遗技艺制作而成。其造型设计灵感源于奥运五环标志，五种底色分别取自奥运五环的五种颜色；器型似竹，有"节节高"之意，预祝中国奥运军团在北京冬奥会上再创佳绩，为国争光；盖钮取自中国传统如意造型，祝福北京冬奥会圆满成功；盖子一周呈现的《冬奥图卷》，采用20克纯银镀金而成，以北京冬奥会开闭幕式场馆"鸟巢"、竞赛场馆"冰立方"、北京的天坛、张家口的大境门作为创意元素设计；尊身饰以五种中国传统吉祥纹饰"忍冬纹"，象征着冬奥会运动员坚韧不拔的意志；底足以商代虎形为尊足，象征北京冬奥会在2022年中国农历虎年举办，祝愿参加北京冬奥会的奥运健儿虎虎生威，旗开得胜。

"器以载道，物以传情"，冬奥五环珐琅尊通过冬奥会舞台，向世界展示中华优秀传统文化。

文物选介拓展

书画篇

中国书画艺术是中华民族最具代表性的文化元素，也是中华优秀传统文化的重要载体之一。

中华民族有着5000多年的文明史，中国绘画的历史与中华文明史几乎是同步发展的。在文字还未形成之前的远古时期，先民们已经开始用绘画记录生活、祭拜神灵，给后人留下了十分宝贵的资料。在中华文明的发展进程中，各个时代都产生了诸多杰出的书画名家，形成了众多流派，留传下灿若繁星的经典书画作品。中国古书画是历史长河中一颗璀璨的明珠，与中华民族的社会发展、文化交流、思想进步、宗教信仰、艺术审美、科技水平都息息相关，光耀千古。

中国古代书画充分展现了先贤的人生追求和家国情怀，浓缩着中华儿女几千年来一脉相承的思想传统、道德规范、人文精神、美学追求和生活观念，是中华民族文化和精神的一笔重要财富。同时，中国古代书画也是人类文明共同进步的见证。

基本知识

1. 书法的发展简史

书法是写字的艺术。中国汉字书体的演变过程大致可归纳为：甲骨文（商）→金文（周）→小篆（秦）→隶书、草书、行书（汉）→楷书（魏晋）。

中国古汉字较早的实物见证是殷商时期的"甲骨文"，主要指锲刻在龟甲兽骨上的文字，内容多为占卜记事的记录，书体大多是象形文字，这即是商代书法。

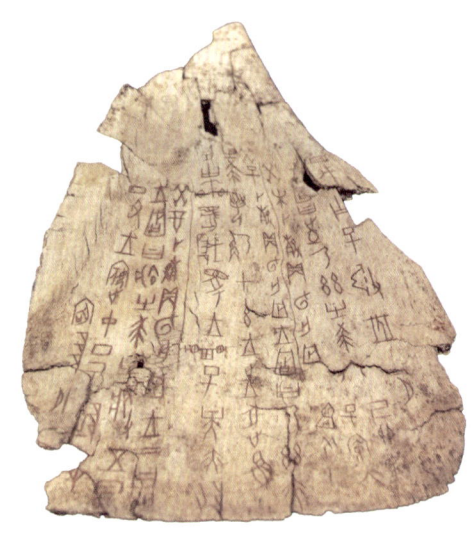

甲骨文刻辞　中国国家博物馆藏

至周代随着青铜器的流行，有些器身铸有文字，称为大篆，亦称金文。大篆书体具有圆转对称、等距等长、线条流畅、笔画粗细均匀的特征。故宫博物院收藏的石鼓上面的铭文亦属此类文字。

公元前221年，秦朝统一后，秦始皇命宰相李斯整理文字，实行"书同文"的改革，在金文和大篆的基础上去繁就简，颁行了统一的文字，称为小篆。这是我国书体发展史上的伟大进步。

两汉共三百余年，书体又经过不断变革，字体逐渐方正，结构逐渐简化，由籀篆变隶分，在西汉中晚期正式形成了隶书，"汉隶"定型了中国方块汉字的基本形态。隶书是汉代普遍使用的书体。

魏晋时期是中国书体演变承上启下的重要时期。隶书虽然比篆书简化，但书写不便。在逐渐简化规范的进程中，形成了早期真书（即楷书）。于是，书体从"篆、隶、草"中蜕变出来，形成了"真、行、草"书体，字体从汉代的实用功能向审美功能转化，为之后的书法艺术奠定了基础。这一时期书法名家有三国魏国的钟繇，西晋的王羲之、王献之等。

南北朝时期书法进入"北碑南帖"时代，其以魏碑最盛。隋代书法，上承南北朝，下启唐代。

唐代书法对前代既有继承又有革新。唐代书法整体时代风格呈现严谨雄劲、法度森整的特点。书体结构基本定型，名家辈出。如"唐四家"欧阳询、虞世南、褚遂良、薛稷，草书名家"颠张狂素"的张旭、怀素。同时，四大书体中欧体（欧阳询）、颜体（颜真卿）、柳体（柳公权）均已形成，可见唐代书法整体呈现开宗立派的面貌。

宋代书法的审美风格在书法史上也是

独树一帜的。宋人重"尚意",在形式上更强调书家个性的表现,不拘成法;在法度上没有唐人的严谨,而在表达个人性情和意趣方面则显现出更大的自由;在书体上更倾向于较为奔放活泼的行草。宋代掀起了中国书法艺术发展的又一个高潮,代表名家有苏轼、黄庭坚、米芾、蔡襄"宋四家"。宋代帝王大多善书,宋徽宗赵佶的瘦金体别具一格,宋高宗赵构书体质朴淳厚。后妃中也有能书者,如宋仁宗曹皇后善飞白书;宋宁宗杨皇后以行楷而著称,常题跋于书画上。

元代对宋人尚意的书风进行了矫正,开创了冲和平淡的书法风貌。如元初的赵孟頫提倡"托古改制",他竭力用书法追溯晋唐古意,反对近体(即南宋)的书法风格。其五体皆能、形学兼备,被称为四大书体中的"赵体"。元代著名书法家还有鲜于枢、邓文原、康里巎巎、杨维桢等。

明代的书法,帖学大盛。明代书体以行楷居多,篆、隶、八分及魏体作品几乎绝迹,楷书则以隽秀为美。明初有著名书家"三宋二沈",即宋克、宋广、宋璲、沈度、沈粲。其中沈度深受明成祖永乐皇帝厚爱,被盛赞为"我朝王羲之",其书法成为官方正式文书的范例,被称为"台阁体"。明中期出现"吴中四家",即祝允明、文徵明、王宠、陈道复。明代后期董其昌书法广泛临古,以行楷书尤所擅

北宋·赵佶瘦金体《千字文》局部　上海博物馆藏

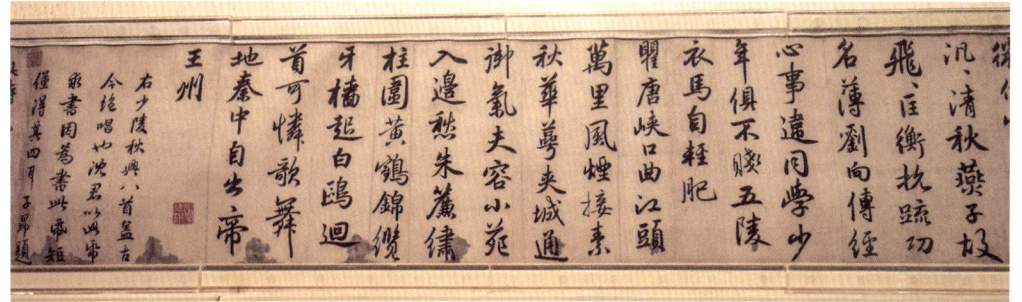

元·赵孟頫行书《秋兴诗卷》局部　上海博物馆藏

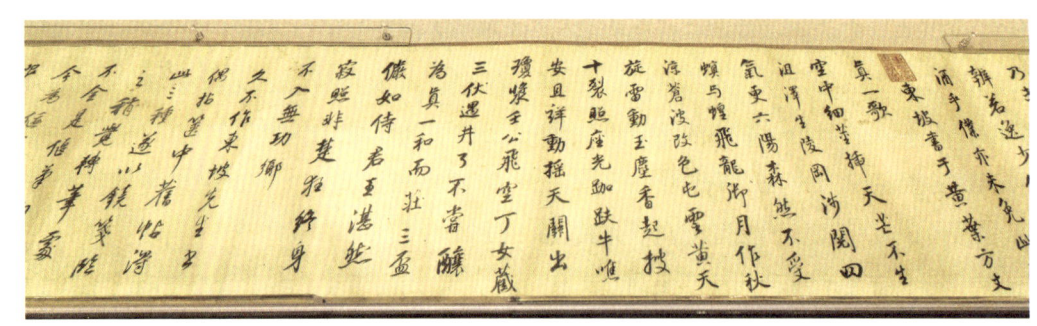

明·董其昌行书《临苏轼杂帖》局部 故宫博物院藏

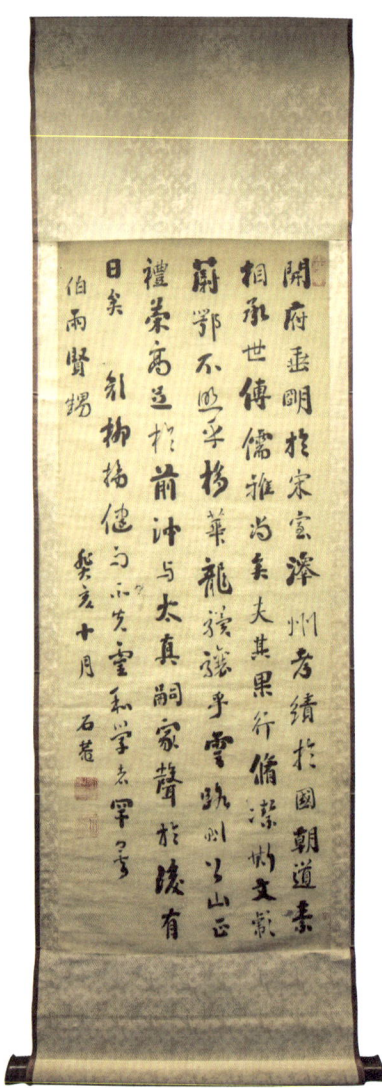

清·刘墉行书临《送刘太冲序》轴
山东博物馆藏

长,其书法影响深远,直至清代康熙皇帝都以董书为宗法。

清代书法在书法发展史上被称为"书道中兴"。清初的书坛,占主流地位的是帖学行草书,崇尚明末追求奇谲的书风。康熙朝,由于康熙帝酷爱董其昌书法,因此出现很多师学"董体"的书法家,风靡一时。乾嘉时期,乾隆帝尤爱赵孟頫书法,成为朝野上下竞相师法的新典范,使"馆阁体"得到发展,代表书家有张照、董诰等人。此外,清代著名书法家还有金农、翁方纲、刘墉、邓石如、包世臣、赵之谦、吴熙载、吴昌硕等。

2. 绘画的发展简史

中国绘画历史悠久。早在新石器时代,中国的先民们就开始在陶器、地面和岩壁上等绘制几何、动物、植物等自然现象和花纹,原始绘画开始萌芽。

商、周时期绘画处于初期发展阶段,主要应用在帛画、壁画、章服、青铜器、玉器、牙骨雕刻、漆木器等上的纹饰。到战国时期绘画已经达到相当高的水平,开始出现了以表现人物故事为主的绘画作品。

秦汉时期是中国绘画史上的第一个发展高潮。这时期绘画重视"成教化，助人伦"，多有政治功能和伦理教化作用。汉代出现"举孝廉"和视死如生，以厚葬为德，薄殓为鄙，使墓葬壁画和陪葬用品上的绘画等达到了空前高涨的程度。

西汉·马王堆三号汉墓T形帛画　湖南博物院藏

魏晋南北朝是我国绘画发展的重要时期。绘画技法和绘画理论渐趋成熟，名家辈出。如南朝时期的谢赫著有《古画品录》，是我国最早的绘画理论著作。在其著作《画品》中总结了绘画"六法"，即"气韵生动、骨法用笔、应物象形、随类赋彩、位置经营、传移摹写"，对后世影响深远。这一时期，著名的画家有"绘画三杰"顾恺之、陆探微和张僧繇。随着佛教的传入，宗教绘画也乘势兴起，壁画大量出现。

隋唐五代在我国古代绘画史上可谓光彩夺目。隋代画家展子虔的《游春图》是绘画鉴定学习的经典之作。唐代的绘画，既继承发扬了汉代和魏晋南北朝绘画艺术的精华，又吸收了异域文化的优秀元素，成为中国绘画史上光辉灿烂的一页。唐五代时期，名家辈出，传世名作众多。如人物画家阎立本绘有《步辇图》《历代帝王图》，周昉的《簪花仕女图》被视为唐代仕女经典绘画的佳作，"画圣"吴道子绘有《天王送子图》，顾闳中绘有《韩熙载夜宴图》等；山水画家王维绘有《江山霁雪图》，山水画四大巨匠"荆关董巨"，即荆浩、关仝、董源、巨然，开创了山水画的新风格。

唐·阎立本《步辇图》局部　故宫博物院藏

两宋时期是中国绘画的鼎盛时期。宋代帝王设置画院，招揽天下人才，给画家授以职衔，从而使宋代成为中国历史上院体绘画最兴旺且活跃的时期。宋代绘画可以分为三大类别。一是山水画。运用皴染的绘画技巧，将中国南北方自然景色中的山水质感、意境、空间表现到极致，如北宋画家郭熙的《窠石平远图》、李成的《读碑窠石图》、范宽的《溪山行旅图》等。"南宋四大家"刘松年、李唐、马远、夏圭的作品中均有极佳的表现。二是花鸟画。宫廷画院在花鸟画的发展中起到重要作用。宋徽宗的《五色鹦鹉图》《芙蓉锦鸡图》都是此类院体花鸟画的代表作品。三是人物画，特别是人物画中的风俗画和历史故事画得到了很大发展，如张择端的《清明上河图》、苏汉臣的《秋庭戏婴图》、马和之的《诗经小雅图》等。

宋·郭熙《窠石平远图》　故宫博物院藏

元代绘画最显著特点是文人画的兴起，更重视"意趣"的创作。元代，画家的身份逐渐由画工转向文人士大夫，因此，人文画的审美思想也得以更加广泛地实现。元初画坛的领袖人物主要有钱选、赵孟頫、高克恭等人。赵孟頫倡导"书画同源""以书入画"等理论，把诗、书、画、印作为绘画语言，把文人画推向了新境界。最能代表元代山水画成就的是著名的"元四大家"，即黄公望、王蒙、吴镇、倪瓒，作品各具风貌，开创了一代新风。元代花鸟画家往往借物抒情，通过笔墨来表现个性，出现了柯九思、文同、王冕等擅画墨竹、墨梅的绘画大师。

明代是中国绘画史上的一个重要阶段，画派林立。明代出现了以地区为中心的名家与画派。明前期有以李在、倪端、商喜为代表的宫廷画派，以戴进为代表的"浙派"和以吴伟为代表的"江夏派"；明中期有以苏州为中心形成的"吴门画派"，即沈周、文徵明、唐寅、仇英；明晚期主要是以董其昌为代表的"华亭派"。明代后期还出现了以陈洪绶、崔子忠为代表的人物画家，人称"南陈北崔"。明代的山水、花鸟、人物各科皆有新的创造与发展。

元·赵孟頫《水村图》　故宫博物院藏

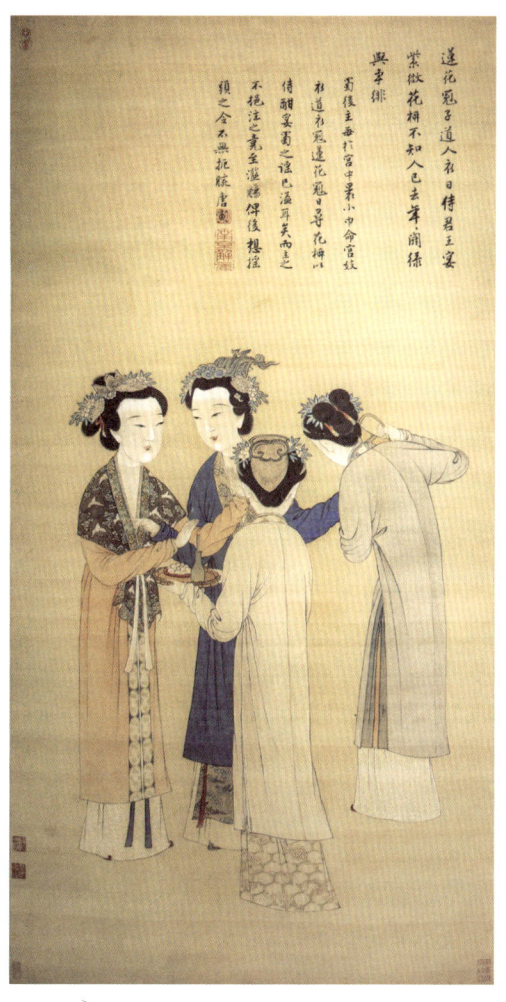

明·唐寅《王蜀宫妓图》 故宫博物院藏

以郑板桥、金农、黄慎、李鱓、李方膺、汪士慎、高翔和罗聘为代表，有"扬州八怪"之称。清代晚期，主要有以上海为中心的"海上画派"和以广州为中心"岭南画派"等，涌现出一批杰出的画家，画坛上出现了一股锐意求新的风气，恢复了欣欣向荣的局面。

清·王时敏《仿古山水册页》之一 上海博物馆藏

清代绘画呈现出繁荣的局面，画派林立，作品题材广泛，涌现出大量有成就的画家。清初画坛仍受董其昌影响，文人绘画占绝对优势，代表画家有"四王"（王时敏、王鉴、王翚、王原祁）和吴历、恽寿平，他们合称"清六家"。同时，在清初期的画坛上还活跃着一批富有创新精神的画家，如"四僧"（石涛、八大山人、髡残、弘仁），龚贤等"金陵八家"等。清中期在扬州地区活跃着一批画家群体，

鉴赏要点

1. 时代风格

时代风格在中国书画鉴赏中起着至关重要的作用。从书画发展简史可以看出，书画无法脱离时代背景和风格而自成体系。书画的时代风格与画家所处时代的政治经济、思想潮流、生活习惯、物质条件、技法演变等有密切关联。如在五代末北宋初，由于高椅高桌开始流行，人们执笔时手、臂姿势和执笔方法也随之改变，也就必然会导致书体书风的不同。绘画作品中服饰、发饰、器物、建筑等，往往折

射出相应的历史时代特征。

总体来看，晋唐以来多出现手卷画，构图比例从"人大于山"向趋于正常比例探索，题材多有"成教化、助人伦"之意，形式和技巧不断演进。唐、五代时期，人物、山水画技法发展迅猛，出现开宗立派的时代风貌，画家们往往注重创新，常常"十日一山，五日一水"，表现出他们的刻意经营。北宋时期，院体绘画尤为璀璨；山水画多采用摄取全景、大山堂堂的构图；工笔花鸟画着重写实，刻画细致入微，"黄家富贵，徐熙野趣"各领风骚。南宋时期，则偏爱"剩水残山"的构图小景，讲求"意在画外"的画境。元明时期，由于"以书入画""诗书画印"结合和大写意的绘画语言成为主流，文人画家构图落墨往往顷刻而成，洋洋洒洒。

2. 个人风格

个人风格则比时代风格更加具体。因书画家个人经历、思想、性格、审美、习惯、使用工具、师承关系等不同，也就形成了不同的个人风格。如古代书法家常有各自的执笔习惯，运笔轻重缓急会有不同。画家的个人经历，直接影响着画家的个人风格。

唐代书法家颜真卿，真书雄秀端庄，结字由初唐的瘦长变为方形，方中见圆，善用中锋，饶有筋骨，一般横画略细，竖、点、撇和捺略粗。这一书风大气磅礴，体现了大唐的风度，并与他高尚的人格契合，是书法美与人格美完美结合的典例。宋代艺术巨匠苏轼，其一生坎坷，屡经官职被贬，在人生低谷时寄情于书法，他曾自称"我书意造本无法"，好友黄庭坚戏称其书体似"石压蛤蟆"。从苏轼的《黄州寒食诗帖》《赤壁赋》等书法名作中都可以看出作者的个人风格与其人生经历息息相关。

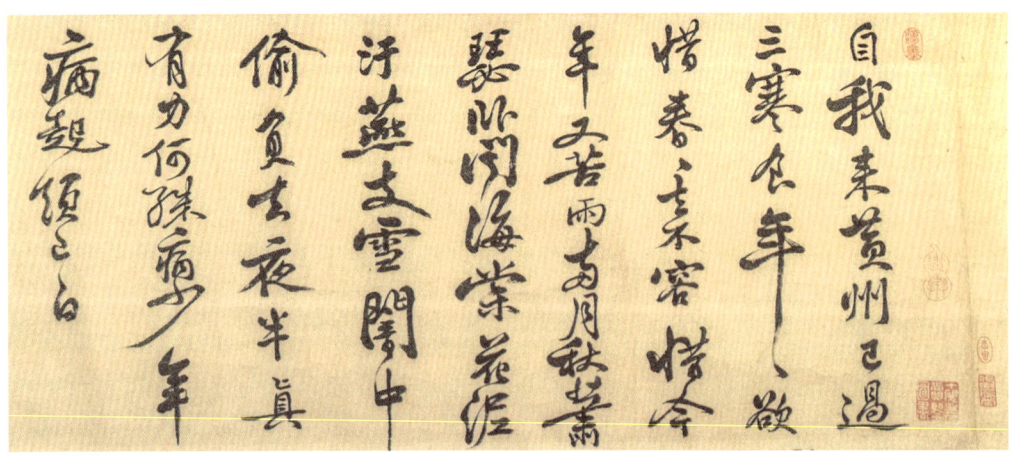

清·陈奕禧临苏轼《黄州寒食诗帖》局部 故宫博物院藏

《颜氏家庙碑》拓本　山东博物馆藏

再如元代画家倪瓒，其本是无锡富豪，喜与名士往来，元末社会动荡，散尽家财，浪游于山水之间，寄居于舟船、村舍，故画家的绘画语言常取材于太湖一带景色，好作船中观景之色，浅水坡岸，简中寓繁。如清初四僧之一的朱耷，出身明朝宗室，19岁遭国破家亡，痛不欲生，整日疯疯癫癫。23岁出家为僧，长期压抑，遂患癫狂之疾，直至老年才得以平缓。一生坎坷，性格倔强孤傲。如此人生经历、诸多转折均体现在其绘画作品上，将物象人格化，把鱼鸟作"白眼向天"之状，以此抒发愤世嫉俗之情，以署款"八大山人"设计连笔"哭之笑之"之形，寓哭笑不得，发愤内心积郁。所以书画鉴赏者不但要了解作品所处的时代风格，还要知晓书画家的个人风格。

3. 使用材料

书画需以不同材料为载体方能呈现。如纸可分为生纸、熟纸、半生半熟纸、罗纹纸、笺纸、高丽纸等。有的书画家有自己独特喜用的纸绢，来表现他们的绘画风格。如宋代米芾常用一种偏黄色的纸，明代董其昌喜用高丽纸等。还有些纸张只在历史特定时期有过，如北宋有过一种白色发灰的纸，只有北宋欧阳修等少数人用过。绢绫因为是纺织品，因生产地区、蚕种、织布机、织法等不同，也会有所差异。如宋代画院所用的绢，绢丝极细，经纬紧密，历久不衰，光洁如新，也是在特定时代下的产物。总体来看，中国古代书画早期多用绢，后期多用纸。此外，书画家使用的材料还包括墨、颜料、笔等。

4. 印章

印章是书画作品的证明物，是书画家用以表述自我创作的标签。印章也有时代风格和个人风格。在书画作品上还可按"书画家本人印章""鉴藏者印章"来区分，如赵孟頫本人使用圆朱文印；倪瓒中年以后多无印记，只在《水竹居图》《小山竹树图》中略见几方，他的传世作品上出现的诸多印章大都是鉴藏者的印章；而乾隆皇帝一生印玺多达千余方，依据功能在其御笔或鉴藏的作品上钤印。再如钤印所用印泥，宋人多用蜜印，油印出现较晚；蜜印色淡且字迹较模糊，油印则反之。

5. 装裱

书画装裱与书画作品有密不可分的关系。装裱是为了作品便于收藏和观看，是书画保存的必要手段之一。随着书画发展，书画装裱也成为一门技艺。装裱材料有纸、绢、绫、锦等。装裱形式可分为宣和装、双色裱、三色裱等。装裱品种可分为手卷、立轴、册页、条幅、扇、贴落等。

文物选介

● 最早的纸本书法——《平复帖》

《平复帖》为西晋著名文学家、书法家陆机的书法作品，是现存年代最早并真实可信的西晋名家法帖，是书画史上现存罕见流传有序的法帖墨迹，有"法帖之祖""中华第一帖"之美誉，被评为九大"镇国之宝"。现藏于故宫博物院。

《平复帖》为纸本手卷，纵23.7厘米，横20.6厘米，共9行84字。用秃笔写于牙色麻纸之上，笔意婉转，风格质朴，字体为草隶书。帖尾有董其昌、溥伟、傅增湘、赵椿年等人题跋。

《平复帖》是陆机写给朋友的书信，其中有病体"恐难平复"字样，故得名。信中涉及陆机三位友人，即彦先、吴子杨、夏伯荣。内容大意为：贺循，字彦先，是陆机的朋友，身体多病，难以痊愈。陆机说他能够维持现状，已经可庆，又有子侍奉，可以无忧了。吴子杨以前曾到过陆家，但未受到重视，如今将西行，复来相见，其威仪举动，自有一种较前不同的气宇轩昂之美。最后说到夏伯荣，他因寇乱阻隔，没有消息。信中内容对了解西晋的社会现象提供了参考。

《平复帖》是现存最早的纸上书迹。从中国书法演变史上来看，它是汉隶到草书的过渡阶段，填补此阶段汉字发展过程中的历史空白，在研究文字和书法变迁方面都有参考价值，在书法史上有着至高的地位。

知识链接

《平复帖》流传

根据《平复帖》尾纸董其昌、溥伟、傅增湘、赵椿年等人题跋，可得知《平复帖》历代递藏流传有序。此帖曾入北宋宣和内府，为宋徽宗的收藏，帖上有宋徽宗赵佶瘦金体题签，钤有"双龙"圆玺，

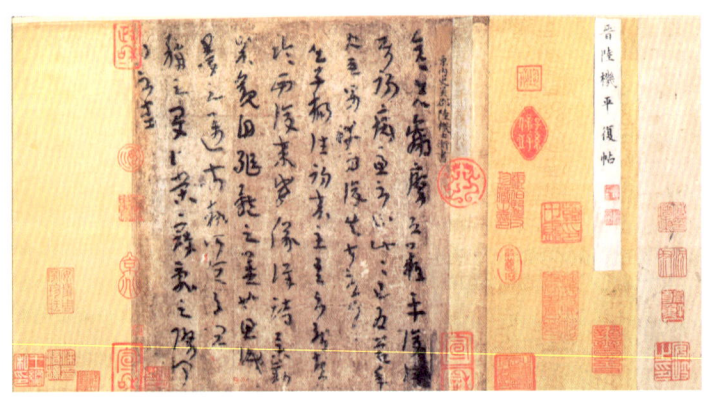

西晋·陆机《平复帖》局部　故宫博物院藏

"宣和""政和"等印玺。明代万历朝归韩世能、韩逢禧父子，再归张丑囊中。到清代经葛君常、王济、冯铨、梁清标、安岐等人之手。直至雍正朝，《平复帖》成为雍正孝圣宪皇后的嫁妆。孝圣宪皇后驾崩前，把此帖赐给皇十一子成亲王永瑆，之后成亲王曾孙载治去世时，其诸子皆幼，恭亲王被指派为监护人。光绪年间恭亲王乘机将《平复帖》据为己有，后来由他的孙子溥儒继承。后溥儒又因筹集家母丧事费用，将此帖以高价卖给张伯驹。1956年，张伯驹夫妇无偿将其捐献给国家。现由故宫博物院收藏。

震撼世界的"人神恋"——《洛神赋图》

《洛神赋图》，东晋顾恺之所作（南宋摹），现藏于辽宁省博物馆。

《洛神赋图》纵26.3厘米，横641.6厘米。此图是根据三国时期魏人曹植所写《洛神赋》而创作，是以连环画形式展现的绘画手卷。该画卷按曹植《洛神赋》文意安排画面顺序，分22段设色绘人物、山水、龙鱼、车马、神物，描绘了从曹植行临洛水到与洛神在梦中相会，直至他恋恋不舍告别洛神的全部内容。画面第一幕"邂逅"，描绘曹植在洛水河边与洛水女神短暂相逢的瞬间，曹植步履趋前，远望龙鸿飞舞，洛水女神飘飘而来，而又飘忽不定。第二幕"定情"，分为嬉戏和赠物，描绘曹植内心的转变。第三幕"情变"，所绘洛神驾六龙云车离去，玉鸾、文鱼、鲸鲵等相伴左右，洛神依依不舍，回首张望，一种无奈离析之情显现画面。乾隆皇帝见到此画后拍案叹服，在引首处御书四字："妙入毫巅"。

《洛神赋图》分段描绘赋的内容，构图连贯，设色浓艳，画法古拙，堪称中国仕女画的典范，成为中国绘画十大佳作之一。

画家顾恺之《洛神赋图》原件已不知所踪。此卷是目前所知传为顾恺之《洛神赋图》的六件摹本（其他五件分别收藏于

晋·顾恺之《洛神赋图》局部（复制品）　故宫博物院藏

故宫博物院、美国弗利尔美术馆、台北故宫博物院）中较佳者。

> **知识链接**
>
> **《洛神赋》的创作背景**
>
> 曹植，字子建，三国时期魏国人，是曹操与武宣卞皇后所生第三子。相传东汉末年群雄割据，曹操攻打邺城大败袁绍，甄宓成为曹军俘虏。甄宓美若天仙，民间有"江南大小乔，河北甄宓俏"的传说。而后，甄宓被俘进宫后，由于年纪与曹植相近，日久生情，萌生情愫。可后来甄氏却做了其兄曹丕的妃子。
>
> 建安二十五年（220年），曹丕逼汉献帝退位，篡汉称帝后册封甄宓为后。起初，曹丕对甄宓疼爱有加，而后曹丕嫉妒甄宓寄情曹植，由爱生恨。于是命曹植七步成诗，否则处死。甄宓常年郁郁寡欢，后被曹丕赐死。于是曹植借洛河中的水神宓妃比作甄氏，抒发思念之情。《洛神赋》文中道出了曹植梦中的悲思情景，在洛水河畔遇见洛神，把这位美若天仙的佳人暗喻为所爱之人甄宓。故事中由于人神身份差距，最后仍被迫分开，凄美绝伦，却也道出了恋人间不舍的浪漫情愫。

❀ "天下第一行书"——《兰亭序》（冯承素摹）

《兰亭序》卷，唐冯承素摹，纸本，纵24.5厘米，横69.9厘米。现藏于故宫博物院。

《兰亭序》原作是晋代著名书法家王羲之于永和九年（353年）所作，又称《兰亭集序》，用蚕茧纸、鼠须笔书，共28行324字，书法遒媚劲健，精美绝伦，为历代楷模，有"天下第一行书"之称。内容记录的是晋穆帝永和九年三月三日，时任会稽内史的王羲之与友人谢安、孙绰等四十一人会聚兰亭，赋诗饮酒的一场雅集，史称"兰亭雅集"。王羲之将诸人名爵及所赋诗作编成一集，并作《兰亭序》，记述曲水流觞之事，并抒发内心的感慨。序中首先记述了时间、地点和人物，接着描绘兰亭所处环境，最后升华至人生态度及哲学思想。《兰亭序》既是文学精品，又是书法神品。

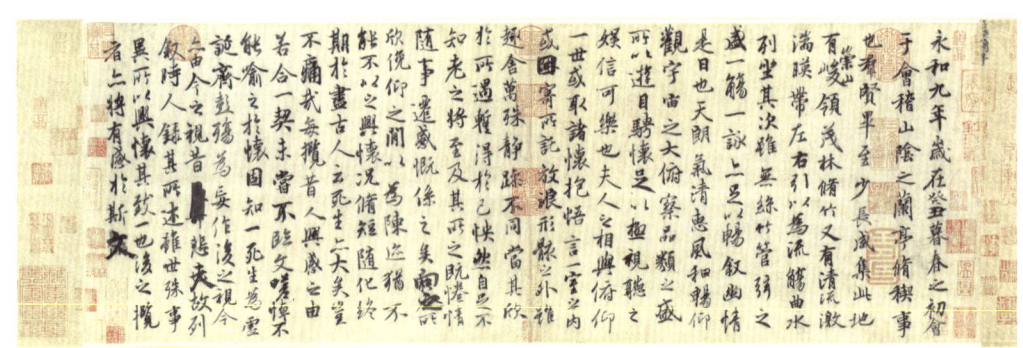

唐·冯承素摹《兰亭序》　故宫博物院藏

王羲之《兰亭序》原作目前已失传，历代有多版临摹本。此本为唐代"神龙本"，冯承素摹，是历代临摹本中较佳者。因卷首有唐中宗李显"神龙"年号小印，故称"神龙本"，后尾纸有明代收藏家项元汴题记"唐中宗朝冯承素奉敕摹晋右军将军王羲之兰亭禊帖"字样，故后世鉴藏家认为是冯承素摹本。但根据考证，卷首"神龙"半印小玺并非唐中宗内府钤印，而是后人所添，定冯承素摹也有纷争，但其仍是唐以来流传有序的高古摹本。此本优于其他摹本之处是用笔提按反复，把原迹中笔锋出现的贼毫、叉笔等特点原样临摹，为传世数件摹本中最为接近王羲之原迹的唐摹本。

知识链接

"萧翼赚兰亭"的典故

王羲之将《兰亭序》代代相传，直到其七世孙智永手中。智永出家为僧，无子嗣，就将其传给弟子"辨才和尚"。唐朝初年，李世民大量搜集王羲之书法珍宝。多次重金悬赏《兰亭序》真迹，一直未果。后得知真迹在会稽辨才手中，便三次召见辨才。辨才诡称已经离乱散失，不知所在。于是，唐太宗派监察御史萧翼去智取《兰亭序》。萧翼乔装一介穷书生去见辨才，和他以文交往，成为朋友。后辨才取出真迹请萧翼欣赏，萧翼乘机窃取《兰亭序》，交给了唐太宗。这就是著名的"萧翼赚兰亭"的故事。《兰亭序》自此进入唐内府。唐太宗爱不释手，命冯承素和他人摹写数本。传说唐太宗临终时，叮嘱其子李治，把《兰亭序》真迹陪葬昭陵，《兰亭序》这一珍宝从此千古绝迹。

最早的纸本绘画——《五牛图》

《五牛图》，唐韩滉作，纵20.8厘米，横139.8厘米。现藏于故宫博物院。

《五牛图》是目前所见最早作于纸上的绘画，纸质为麻料，具有唐代纸张的特

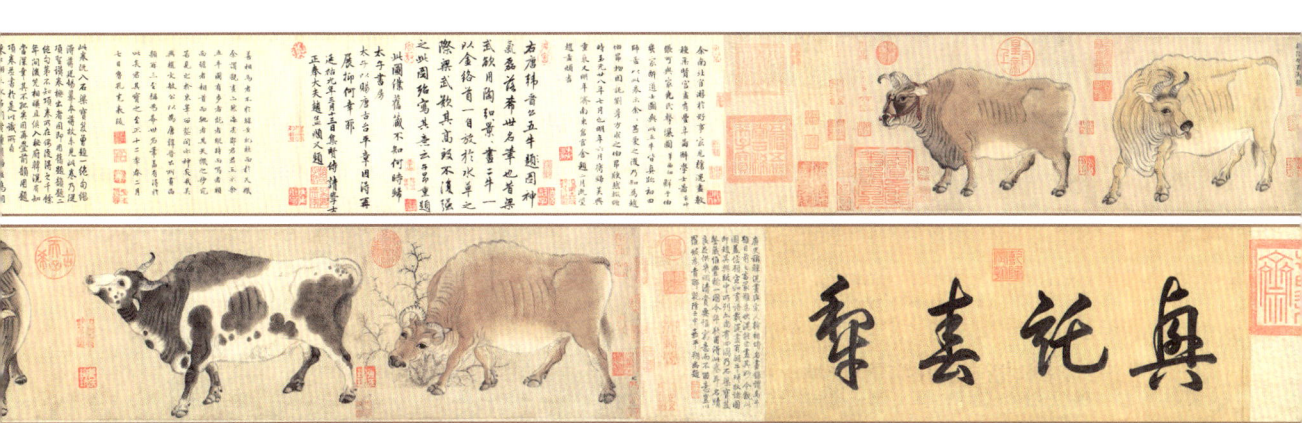

唐·韩滉《五牛图》 故宫博物院藏

点。图中五牛"从右至左"一字排开，一荆棵蹭痒，一翘首前仰，一纵峙而鸣，一回首舐舌，一络首而立，形象不一，姿态各异，或行或立，或俯首或昂头，动态十足。其中一牛完全画成正面，视角独特。作者以简洁的线条勾勒出牛的骨骼转折，筋肉缠裹，笔法老练流畅，线条富有力度和精确的艺术表现力。牛头部与口鼻处的根根细毛，更是笔笔入微。每头牛皆目光炯炯，作者通过对眼神的着力刻画，将牛既温顺又倔强的性格表现得极为传神。整幅画面除起首有一小树枝外，再无其他背景衬托，每头牛均可独立成章。

以牛入画是中国古代绘画的传统题材之一，体现了中国古代以农为本的主导思想。韩滉任职宰相期间，注重农业发展，此图可能含有鼓励农耕的意义。

《五牛图》造型准确生动，设色清淡古朴，浓淡渲染有别，画面层次丰富，达到了形神兼备之境界。同时也是韩滉作品的传世孤本，是我国存世为数不多的唐代纸绢绘画真迹之一，因此不论其艺术成就还是历史价值都备受世人关注，成为中国十大传世名画之一。

知识链接

《五牛图》的前世今生

根据《五牛图》本卷上的诗文题跋等可知韩滉《五牛图》的流传。此卷曾入南宋内府，元代时经赵孟頫等人之手，明代经大收藏家项元汴等人收藏。入清后曾藏于浙江桐乡汪氏求是斋，金农曾两度观赏《五牛图》，其中末次为乾隆十一年（1746年）十二月。此后《五牛图》流入清宫。

五代·顾闳中《韩熙载夜宴图》局部（宋摹本）　故宫博物院藏

1900年《五牛图》被劫出国外，从此杳无音讯。后几经辗转，《五牛图》被香港企业家吴蘅孙买下。20世纪50年代初，吴氏企业濒临破产，便忍痛决定出售《五牛图》。周恩来总理得知消息后，立即指示文化部鉴定真伪，"不惜代价，抢救国宝"。经过多次交涉，最终以6万港元成交。后国宝《五牛图》入藏故宫博物院。由于历史悠久，画卷破损严重，1977年《五牛图》卷被送到故宫博物院文物修复厂，由裱画专家孙承枝先生主持修复。五头"牛"从遍体鳞伤，到修复完成后放大观看，居然可以清晰地看到牛的眼睫毛根根妩媚分明，令人叹为观止。从此《五牛图》开启了它的第二次新生。

❀ 不得不说的一场夜宴——《韩熙载夜宴图》

《韩熙载夜宴图》卷，五代顾闳中作（宋摹本），绢本设色，纵28.7厘米，横335.5厘米。现藏于故宫博物院。

画作如实再现了南唐大臣韩熙载夜宴宾客的历史情景，细致地描绘了宴会上弹丝吹竹、清歌艳舞、主客糅杂、调笑欢乐的热闹场面，刻画了主人公超脱不羁、沉郁寡欢的复杂性格。全图共分为五个段落。首段"听乐"，韩熙载与状元郎粲坐床榻上，正倾听教坊副使李家明之妹弹琵琶，旁坐其兄，在场听乐宾客还有紫微朱铣、太常博士陈致雍、门生舒雅、家伎王屋山诸人。二段"观舞"，众人正在观看王屋山跳"六幺舞"，韩熙载亲擂"羯鼓"助兴，好友德明和尚不期而遇此景，尴尬地拱手背立。三段"暂歇"，韩熙载与家伎们坐床上休息，韩正在净手。四段"清吹"，韩熙载解衣盘坐椅上，欣赏着五个歌女合奏。五段"散宴"，韩氏手持鼓槌送别，尚有客人在与女伎调笑。

全卷以连环画的形式表现各个情节，每段以屏风隔扇加以分隔，又巧妙地相互联结，场景显得统一完整。布局有起有伏，情节有张有弛，尤其人物神态刻画栩栩如生。特别是主人公韩熙载的刻画，长髯、高帽的外形与文献记载均相吻合，举止、表情更显露出他复杂的内心。一方面，他在宴会上与宾客觥筹交错，不拘小节，如亲自击鼓为王屋山伴奏，敞胸露怀听女乐合奏，送别时任客人与家伎厮混，充分反映了他狂放不羁、纵情声色的处世态度和生活追求；另一方面他又心不在焉、满怀忧郁，如擂鼓时双目凝视、面不露笑，听清吹时漫不经心，与对面侍女闲谈，这些情绪都揭示了他晚年失意、以酒色自污的心态。画作真实再现了这位历史人物的原貌。

《韩熙载夜宴图》造型准确精微，线条工细流畅，色彩绚丽清雅，堪为人物工笔画的传神经典之作。

《韩熙载夜宴图》原作已失传，历代摹本较多。据专家考证，此卷应为宋代摹本。

旅游文物鉴赏

> **知识链接**
>
> **《韩熙载夜宴图》的创作背景**
>
> 韩熙载（902—970），五代时潍州北海（今山东潍坊）人，世家出身，后唐进士。其父被害后，投奔吴国。他向吴国国主提交了一份《行止状》自荐，他狂傲不羁的性格并不被吴国统治者所接受，只是得到一个校书郎的官职，并被外放。之后吴国被李煜的祖父改朝为南唐，韩熙载被召回金陵，安排在东宫陪伴太子。李煜之父即位后，韩熙载被提拔重用，同时也引来了南朝臣僚们的排挤。李煜即位后，想重用韩熙载，但其却已无意官场，于是自污以求自保，开始了夜夜笙歌的挥霍生活，最终家财散尽。开宝三年（970年），韩熙载去世，身后事的花费皆出自李煜。
>
> 顾闳中，江南人，南唐后主时画院待诏，擅画人物。
>
> 《韩熙载夜宴图》不仅是一幅珍贵的画品，其背后的故事也是耐人寻味。关于《韩熙载夜宴图》的创作缘由，古代著录中有两种说法，一为《宣和画谱》记载，后主李煜欲重用韩熙载，又"顾闻其荒纵，然欲见樽俎灯烛间觥筹交错之态度不可得，乃命闳中夜至其第，窃窥之，目识心记，图绘以上之。"即顾闳中奉后主李煜之命，潜入韩熙载府邸一探究竟，看过之后，以画进谏，这也是较为流行的说法。二为《五代史补》记载，韩熙载晚年生活荒纵，"伪主知之，虽怒，以其大臣，不欲直指其过，因命待诏画为图以赐之，使其自愧，而熙载自知安然"。总之，此图是顾闳中奉诏而画。

❀ 北宋繁华的记忆——《清明上河图》

《清明上河图》卷，北宋张择端作，绢本，淡设色，纵24.8厘米，横528厘米。现藏于故宫博物院。

此画为北宋风俗画，描绘的是北宋都城汴京（今河南开封）清明时节东角子门内外和汴河两岸的繁华热闹景象。全画可分为三段。首段写市郊景色，嫩柳初绿，有扫墓归来的轿队，略显寒意，暗示了清明节的时间和风俗。中段以"上土桥"为中心，另画汴河及两岸风光。汴河是当时水运主要干道。中间那座规模宏敞、状如飞虹的木结构桥梁，俗称"虹桥"，正名"上土桥"，为水陆交通的汇合点。河中官船、商船、客船穿梭往来，表现了当时经济贸易的繁荣。桥上车马来往如梭，商贩密集，行人熙攘。桥下一艘漕船正放倒桅杆欲穿过桥孔，艄公们的紧张工作吸引了群众围观，是全图的焦点所在。后段描写的是市区街道。城内商店鳞次栉比，大店门首还扎结着彩楼欢门，小店铺只是一个敞棚。此外还有公廨寺观等。街上行人摩肩接踵，车马轿驼络绎不绝。行人中有绅士、官吏、仆役、贩夫、走卒、车轿夫、作坊工人、说书艺人、理发匠、医生、看相算命者、贵家妇女、行脚僧人、顽皮儿童，甚至还有乞丐，无所不备。他

北宋·张择端《清明上河图》局部
故宫博物院藏

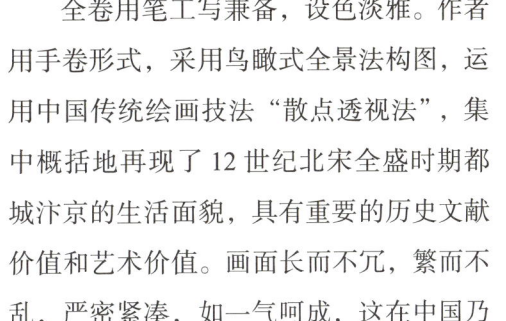

全卷用笔工写兼备，设色淡雅。作者用手卷形式，采用鸟瞰式全景法构图，运用中国传统绘画技法"散点透视法"，集中概括地再现了12世纪北宋全盛时期都城汴京的生活面貌，具有重要的历史文献价值和艺术价值。画面长而不冗，繁而不乱，严密紧凑，如一气呵成，这在中国乃至世界绘画史上都是独一无二的。《清明上河图》是中国绘画写实主义的典型代表作，被誉为中国书画的"国宝"，是中国十大传世名画之一。

知识链接

盛世危图

《清明上河图》在展现北宋时期开封城繁华热闹景象的同时，用略显幽默的方式诉说着北宋统治的危机。

一是消防失控。依据北宋史料记载，每一坊需配有一座望火楼和消防兵。而画中有一座用青砖砌起来的望火楼，已被截去高层，改造成供休憩用的凉亭，里面更是悠哉地配有小桌凳，望火楼下面的兵营也已改成供人休息的饭铺和茶肆。河中竟没有一艘巡江的消防船。

二是交通失控。画中所绘，河道和桥面根本无人值守，出现了大客船与拱桥即将相撞的险情。桥上小贩们拥挤在两侧，占道经营，坐轿的文官与骑马的武官狭路相逢，轿夫与马弁各仗其势，争吵不休，互不相让。

三是怠政又放纵的吏治。在城门口外

们的身份不同，衣冠各异，同在街上，而忙闲不一，对比鲜明，苦乐不均。城中交通运载工具，有轿子、驼队、牛、马、驴车、人力车等。车辆有串车、太平车、平头车等诸种交通工具，再现了汴京城街市的繁荣景象。接近末尾处高大的城门楼名东角子门，位于汴京内城东南。在5米多长的画卷里，共绘了数量庞大的人物、牲畜、大小船只、桥梁、车轿、房屋、城楼等，各有特色，从各方面印证了有关宋代历史的记载，具有很高的学术价值和艺术价值。

旅游文物鉴赏

有一栋高等级的衙署，兵卒散坐在门口，左侧的卧兵前摆放着公文箱，右侧的一个士卒趴在公文箱上打瞌睡；街头的官员和吏卒，有的歪戴幞头、衣冠不整，真实地表现了北宋末年的吏治局面。

（改编自2016年4月3日《人民日报》文章《〈清明上河图〉的黑色幽默》，作者余辉。）

● 流传千古的青绿山水——《千里江山图》

《千里江山图》卷，北宋王希孟作，绢本设色，纵51.5厘米，横1191.5厘米，为宋代最长的山水画卷。现藏于故宫博物院。

此图描绘了北宋的锦绣河山，大致可分为六部分，每部分均以山体为主要表现对象，各部分之间或以长桥相连，或以流水沟通，使各段山水既相对独立，又相互关联。画面上峰峦起伏绵延，江河烟波浩渺，气象万千，壮丽恢宏。山间高崖飞瀑，曲径通幽，房舍屋宇点缀其间，绿柳红花，长松修竹，景色秀丽。山水间野渡渔村、水榭楼台、茅屋草舍、水磨长桥各依地势、环境而设，与山川湖泊相辉映，充满了和谐安详的生活气息。图卷在设色和用笔上继承了传统的"青绿法"，即以石青、石绿等矿物质为主要颜料，敷色夸张，具有一定的装饰性，被称为"青绿山水"。在用色上，虽然以青绿为主色调，但在施色时注重手法的变化，色彩或浑厚，或轻盈，间以赭色为衬，使画面层次分明，色如宝石，光彩夺目。

《千里江山图》是北宋画家王希孟传世的唯一作品，其概括精练的手法、绚丽的色彩和工细的笔致，表现出北宋山河的雄伟壮观，在中国青绿山水画史上具有里程碑的意义，为中国十大传世名画之一。

知识链接

天才少年王希孟

一位天才少年画家，仅凭一幅传世作品，即名垂千古，永存画史。他会是什么样的人呢？

人们对于王希孟的认识，往往来自宋徽宗时期时任尚书左丞相右仆射蔡京在《千里江山图》卷后的跋文："政和三年，闰四月一日赐。希孟年十八岁，昔在画学为生徒，召入禁中文书库。数以画献，未

北宋·王希孟《千里江山图》局部
故宫博物院藏

甚工。上知其性可教，遂诲谕之，亲授其法。不逾半岁，乃以此图进。上嘉之，因以赐臣京，谓天下士在作之而已。"

据专家研究，从跋文内容看，希孟生于北宋哲宗朝绍圣三年（1096年）。北宋末，宋徽宗为了专事培养绘画人才，提高未来翰林图画院画家的综合修养，崇宁三年（1104年），创建了专门培养画学生的学校——画学。少年的王希孟即在此当学生，学习期间受到画院的艺术教育和画家们的熏陶。结业后去文书库为小吏，得到了徽宗的教谕。王希孟将自己的绘画作品多次呈献给皇帝，徽宗看过后并不十分满意，但发现他是一名有天赋的神童，便亲自教授画法，自此希孟获徽宗赐教。大约于1112年底至1113年初，年仅18岁的王希孟不到半年的时间绘成巨制《千里江山图》卷。

🏵 西学东渐——《乾隆帝大阅图》

《乾隆帝大阅图》轴，清乾隆时期郎世宁绘，绢本，设色，纵332.5厘米，横232厘米。现藏于故宫博物院。

画作为弘历29岁时的戎装像。此图创作背景为乾隆四年（1739年），即位初期的皇帝弘历亲临南苑检阅八旗军的队列及各种兵器、火器的操练活动。历史上乾隆皇帝每三年大阅一次，以壮军威，鼓士气。

此时画家对传统中国绘画尚处在学习阶段，图中的表现技法基本上是采用中国传统的绘画工具和材料而取得了西方细笔油画的艺术效果。此幅作品作为皇帝御容像形式出现，郎世宁采用无光线的正面光形成的立体，显然遵循了中国画的规律。天空中云彩的画法全出自油画西法的处理方式，近景的草叶近乎西方的静物写生，只有远山的结构保留了清宫写实山水的风格技法。这些均反映出康雍乾时期以来，宫廷画家西学东渐绘画风格的变化。

清·郎世宁《乾隆皇帝大阅图》轴
故宫博物院藏

明末清初，西方传教士进驻宫廷，促进了中国传统绘画技法和西方古典主义写实派技法的探索与融合，一改传统中国画风貌，成为当时宫廷绘画作品显著的时代风格。《乾隆皇帝大阅图》即是在这一背景下产生的经典作品之一，加之其为乾隆皇帝盛茂之年的御容像，属于清代帝王像中人们耳熟能详的重要的佳作，弥足珍贵。

> **知识链接**

西洋宫廷画师郎世宁

郎世宁（1688—1766），意大利米兰人，原名 Giuseppe Castiglione。青年时期受过系统的绘画训练，后来加入了欧洲基督教下属的宗教组织耶稣会，并于1714年以传教士的身份离开欧洲来到东方，次年抵达澳门，起中文名郎世宁，继而北上京师，随即于康熙末期进入宫廷供职，开始了他长达数十年的中国宫廷艺术家的生活，荣宠三朝。郎世宁在清宫廷内为皇帝画了多幅表现当时重大事件的历史画，以及众多的人物肖像、走兽、花鸟画作品。曾参与圆明园西洋楼的设计工作。还将欧洲的焦点透视画法介绍到中国，协助中国学者年希尧完成了叙述这一画法的著作《视学》，成为当时东西方文化交流的重要使者。乾隆三十一年（1766年）郎世宁在北京病逝，终年78岁。

百年巨匠：中国近现代十大画家

齐白石（1864—1957），湖南湘潭人，杰出篆刻家、画家、书法家，1953年被中央文化部授予"人民艺术家"称号。生平推崇前辈徐渭、朱耷、石涛、吴昌硕诸家，重创新且善于变化，创造出特立独行的时代风貌。其代表作有《蛙声十里出山泉》《墨虾》等。

徐悲鸿（1895—1953），江苏宜兴屺亭人，杰出的画家、美术教育家和社会活动家。其代表作有《田横五百壮士》《愚公移山图》《战马》等，著有《徐悲鸿彩墨画集》等论著。

张大千（1899—1983），四川内江人。其早年画的《石涛画册》，竟被画家陈半丁当作石涛"真迹"珍藏起来，被张大千识破指出，后来传为佳话。张大千于1940年后，历时两年半对敦煌洞窟逐个整理编号，进行临摹，丰富其绘画技法。其代表作有《爱痕湖》《长江万里图》《四屏大荷花》等。

刘海粟（1896—1994），江苏武进人，杰出的美术家、教育家、美术史家、画家。其油画作品备受日本画坛重视和推崇，被称为"东方艺坛的狮子"。1929年刘海粟赴欧洲考察美术，被誉为"中国文艺复兴大师"。其代表作有《黄山云海奇观》《披狐皮的女孩》《九溪十八涧》等。

潘天寿（1897—1971），浙江宁海人，现代著名画家、美术教育家。他精于写意花鸟和山水等，尤善画鹰、八哥、松树、梅竹、蔬果、山石、野花等题材。其代表作有《雁荡山花》《潘天寿画集》等。

傅抱石（1904—1965），江西新喻（今新余市）人。由于长期对真山真水的体察，把水、墨、彩融为一体，达到气势磅礴的效果。在传统技法基础上，推陈出新，对新中国的山水画，起到了继往开来的作用。其代表作有《钟馗》《屈原》《江山如此多娇》等。

黄宾虹（1865—1955），原籍安徽歙县，出生于浙江金华，现代杰出画家，被誉为"山水画一代宗师"。其技法重视章法上的虚实、繁简、疏密的统一；用笔如作篆籀，遒劲有力。70岁后，喜以积墨、泼墨、破墨、宿墨互用来呈现山川气势之磅礴。其代表作有《山居烟雨》《新安江舟中作》等。

李可染（1907—1989），江苏徐州人。师从林风眠、齐白石、黄宾虹等人，潜心于民族传统绘画的研究与革新。其代表作有《万山红遍》《漓江胜景图》《井冈山》等。

李苦禅（1899—1983），山东高唐人。其花鸟大写意画具有特色，被誉为"中国近现代大写意花鸟画宗师"。其代表作有《盛荷》《兰竹》《秋节风味》等。

黄胄（1925—1997），河北蠡县人，炎黄艺术馆缔造者。他的创作坚持歌颂劳动、歌颂力量、歌颂奋发进取的精神，由此他善画大画，尤以画人物众多场面热烈的壮阔时代巨作为长。其代表作有《洪荒风雪》《黄胄作品集》等。

文物选介拓展

织绣篇

中国古代织绣，是我国优秀的传统民族工艺美术品。中国不仅是世界上最早缫丝织绸的国家，同时更以织绣工艺之先进、技术之精湛、性能之优良、花色之精美、品种之丰富，享誉海内外，被冠以"丝国"之称。从汉代开始，中国的织绣源源输出，成为世界认识中国的媒介。丝绸作为中华文明的标志物之一，在中国古代国家政治、经济、文化领域有举足轻重的地位。

古代织绣不仅历史悠久，技术精湛，而且还普及民间，并因地域文化的不同而更显得丰富多彩，形成一个具有独特风貌的艺术体系，从一个侧面反映了中华各民族的物质生活、社会生活、精神生活的传承与发展，是古代物质文明和精神文明的缩影。

织绣是中国优秀传统文化的组成部分，同时对世界文化也作出了重要的贡献。

基本知识

1. 概念

织和绣是两种手工技术。织是指将纤维（丝、棉、毛、麻等）通过机器，使经线与纬线交织，形成匹料。绣是指在织物上以针线为工具，通过穿针引线绣出花纹图案。两者紧密相关，合称为"织绣"。

"织"示意

"绣"示意

2. 织绣发展简史

中国织绣的历史悠久，早在新石器时代中晚期，中国先民们就掌握了简单的纺织技能，学会了利用葛麻等天然原料织物，后来又发明了养蚕、缫丝等。据最新考古发掘成果可知，早在5000多年前的仰韶文化时期，先民们就已经掌握了家蚕制丝的技术。

夏商时期，纺织原料主要是以丝、麻为主。商代时期，纤维的精炼技术提高，已普遍织造绢、縠、缣、纨等平纹织物和交织的纱、罗等，还创新了一种提花丝织物——绮，堪称奇迹。它开创了丝织物从平纹向纹织发展的先河，是丝绸织花的先声。同时，纺织品逐渐开始被赋予了身份和地位等社会意义，彰显严格的等级制度。

西周时期，织锦技术日渐成熟。在织品中，已出现了织造结构复杂、色彩丰富的彩锦。同时刺绣也初见端倪。1976年陕西宝鸡茹家庄西周墓中发现了留存于泥土中的刺绣痕迹，这是目前所见最早的刺绣实物。在西周，具有传统性能的简单纺织机械，如缫车、纺车、织机等也相继出现。染色技术不断提高，"青、黄、赤、白、黑"五种主要颜色已经出现，并用不同颜色的丝帛服装来区分身份等级。

春秋战国时期，织绣已具有较高水平。从1982年在湖北江陵马山发掘的楚墓的出土物看，已有大批丝织品、编结和刺绣等，品种有绢、罗、纱、锦等。装饰纹饰有几何纹、菱形纹、S形纹等图案，其中几何纹中还饰有龙凤、麒麟和人物。在大量刺绣品中，有绣衣、绣裤、绣袍等，绣地多用绢，用辫针法绣出龙、凤、虎、三头鸟，以及草叶、枝蔓和花朵，配色协调，技术高超。

秦汉时期，织绣工艺蓬勃发展。织绣原料以丝绸为主，毛织物次之。丝织品种有锦、绫、绮、罗、纱、绢、缟、纨等。丝织品纹样常见的有云气纹、动物纹、花卉纹、吉祥文字、几何纹等。汉代时期"衣必纹绣"，刺绣非常盛行。其刺绣的针法仍以辫绣为主，但技法更为成熟，特别是多色绣线的运用，使绣品图案、花色显得更为丰富。此外还出现了齐针绣、蒲绒绣、网绣等新针法。这一时期不但绣品风靡，织物也堪称绝妙，代表性的文物有长沙马王堆汉墓出土的素纱单衣，丝绸之路沿线新疆尼雅精绝国遗址出土的"五星出东方利中国"锦护臂等。

西汉·"乘云绣"残片　湖南博物院藏

魏晋南北朝时期，蜀锦独领风骚。蜀锦是四川成都地区所产的织锦，其名目繁多，色彩丰富，花纹图案新颖，成为人们所争求的一种高级丝织品。六朝时期，由于佛教的传入，刺绣品上出现了佛像等宗教题材。

隋唐时期，织绣工艺高度发展。隋唐时期，特别是唐代，社会政治、科技与文化艺术的全面发展，为织绣工艺的高度发展奠定了基础。朝廷设有织染署用于专门管理生产，分工细化。而民间织绣生产则几乎遍及全国，产量很大。除早已闻名的蜀锦外，吴越地区的吴绫、吴朱纱，江浙的罗、绢、"缭绫"等都著称于世。唐代丝织的品种很多，而以"唐锦"最为著名。它是用纬线起花，用二层或三层经线夹纬的织法，形成一种经畦纹组织，区别于唐代以前汉魏六朝运用经线起花的传统织法，历史上称汉锦为"经锦"，称唐锦为"纬锦"。纬锦的出现在中国纺织史上具有里程碑的意义。其优点是能织出复杂的装饰花纹和华丽的色彩效果。加之唐锦在传统的图案花纹基础上又吸收了外来的装饰纹样，所以具有清新、华美、富丽的艺术风格。唐代刺绣也非常兴盛，在针法上创新了套针、戗针、接针、缠针、蹙针、平金等众多新技法。

宋代，织绣又有新的发展。宋代的丝织品品种齐全，包含锦、绮、绫、罗等，其中织锦最具时代特色，被称为"宋锦"。仅彩锦，北宋已有四十多种，到南宋已多达百余种。缂丝是宋代新兴的丝织品，常被织作绘画或书法，具有很强的观赏性，反映丝织工艺由实用向观赏方面转变。如朱克柔的《缂丝莲塘乳鸭图》、沈子蕃的《缂丝梅鹊图轴》，都是南宋缂丝的代表之作。宋代的刺绣受书画的影响，"以针代笔"，作品主要用于观赏。

旅游文物鉴赏

宋·缂丝紫鸾鹊谱图轴　辽宁省博物馆藏

元代，棉纺、毛纺和丝织都得到进一步发展。丝织中以织金锦最为特色。织金在元代称为"纳石失"或"纳克实"等，其花纹有团龙、团凤、宝相花、龟背纹、回纹等。毛织在元代得到特殊发展，这是由于适应蒙古游牧民族的生活需要，多作为地毯、床褥、马鞍、鞋帽等。棉织是在元代发展起来的一种新兴工艺。元代棉花种植得到推广，棉纺织工艺异常繁荣，棉纺织工艺家黄道婆作出了卓越的贡献。通过她的推广和传授，当时松江一带的"乌泥泾被"，成为大江南北的著名产品。

明代是我国织绣发展史上继汉、唐、宋之后的第四个高峰。全国有江浙、四川、山西、闽广等四大产区，其中江浙为最大产地，品种有罗、缎、绸等数十种。明代织锦也极具时代特色，被称为"明锦"。根据制作方法和艺术特点可分为三类，即库缎、织金银、妆花。其中库缎是本色花，具有光柔的特点；织金银是在织锦中织进金线或银线，高雅华贵；妆花是明代新发展起来的一种多彩丝织物，成就显著。每一花朵均用不同的色线，边织边绕，色彩丰富艳丽，花朵硕大，具有富丽堂皇的艺术效果。刺绣工艺中以"顾绣"为有名。顾绣是一种画绣，所绣花卉、人物、翎毛、山水，"劈丝细过于发，针如毫"，此种刺绣工艺以制作观赏品为主，加以当时文人雅士的评赏和赞美，名噪一时。

清代，官民织绣全面发展。清代织绣生产地域之广、品种之丰富，都达到了历史最高水平。当时的织绣也有官营和民营两种形式。官营主要以北京内织染局和清宫内务府管辖的江宁（南京）、苏州、杭州三大织造（统称"江南三织造"）为中心，专供宫廷制品。民营则以四川、广东等地区为兴盛。清代织锦技艺已日臻完善，品种丰富，其中最具代表性的是宋式

清·京绣福寿瓜瓞绵绵钱袋　首都博物馆藏

锦、云锦和蜀锦等。清代的刺绣,也形成不同特色的地方体系,著名的有苏绣、粤绣、蜀绣、湘绣、京绣等,技法空前丰富。

鉴赏要点

1. 织的品类

中国古代的织绣种类原材料有丝、麻、棉、毛等,尤以丝为最。丝绸是采用平纹组织或变化组织,经纬交错紧密的丝织物。中国古代丝绸的品种繁多,主要有绢、纱、绮、绫、罗、锦、缎、缂丝等。

绢。采用平纹组织,质地细腻、平整、挺括的天然丝织物。绢早在新石器时期已经出现,并一直沿用至今。

纱。全部或部分采用由经纱扭绞形成均匀分布孔眼(即"纱眼")的纱组织丝织物,是丝织品中最纤细、稀疏的品种。战国时已有此品种。

绮。平纹地起斜纹花的丝织物。最迟产生于商代,但宋以后绮这一品种便不多见。

绫。采用斜纹组织或斜纹变化组织,织物表面具有斜向织纹的丝织物,质地轻薄。早期织物表面呈叠山形斜纹,"望之如冰凌之理",故称绫。战国、秦汉时已出现此品种。唐代时,绫的生产始盛,浙江所产"缭绫"尤为名贵。宋代绫的产量很大。

罗。全部或部分采用由经丝互相绞缠后呈现椒形孔的罗组织丝织物。罗在商代已经出现;在唐代,浙江的越罗和四川的单丝罗均十分著名;明清时期罗的品种增多,主要有暗花罗、花罗、织金罗、妆花罗、织金妆花罗等。

锦。采用重组织,用多色丝线织成的绚丽多彩的色织提花丝织物,是古代丝织品中结构最为复杂、变化最为丰富的一种,古有"织采为文,其价如金"之说。锦始于西周,唐以前主要采用以经线显花的经锦,唐代以后主要使用以纬线显花的纬锦。如蜀锦、宋锦、云锦等。

缎。其经纬丝中只有一种显现于织物表面,相邻的两根经丝或纬丝上的组织点均匀分布,不相连续,故外观光亮平滑,质地柔软,厚薄可根据用途进行调节,是极其富丽华美的高级丝织品种。宋代出现此品种。

缂丝。采用通经断纬法以平纹组织织成的丝织品。其织法工艺特点是"通经断纬",做法为把本色经丝挣在织机上,然后将不同色彩的纬线根据画样用小梭子织上去。经线纵贯织品,纬线则不贯穿幅面。花纹轮廓处都要回纬,故花纹轮廓若与经线重合,便因回纬拉出窄窄的间隙,有如"雕镂之状",因此又称刻丝、克丝。缂丝技术出现于唐代,盛行于宋代,一直延续至今。

2. 绣的技法

刺绣是中国古老的手工技艺之一,已

经有2000多年历史。古代刺绣的技法主要有直针、缠针、平金、齐针、戗针、套针、堆针、错针绣、乱针绣、网绣、满地绣、锁丝、纳丝、纳锦、影金、盘金、铺绒、刮绒、戳纱、洒线、挑花等上百种，丰富多彩，各有特色。同时形成了苏绣、湘绣、粤绣、蜀绣"四大名绣"。此外还有顾绣、京绣、杭绣、晋绣、瓯绣、鲁绣、闽绣、汴绣、汉绣、麻绣、羌绣和苗绣等。

苏绣。苏州地区刺绣产品的总称。苏绣已有2600多年历史，在宋代已具相当规模，明代时已逐步形成自己独特的风格，清代最为鼎盛，当时的皇室绣品，多出自苏绣艺人之手。苏绣以"精、细、雅、洁"著称。据《清秘藏》叙述，苏绣"宋人之绣，针线细密，用线一、二丝，用针如发细者为之。设色精妙，光彩射目"。其特点主要有：一是针法丰富，主要的针法有齐针、戗针、套针、网绣、纱绣等；二是绣工精细，将一根丝线劈成十几根，使绣面平齐、细腻；三是用色淡雅、清新，善用中间色、晕色和色技法，题材多为花鸟、山水、人物等。

湘绣。以湖南长沙为中心的刺绣品的总称。清代时期负有盛名。其特点是用丝绒线绣花，劈丝细致，绣件绒面花型具有真实感，曾有"绣花能生香，绣鸟能听声，绣虎能奔跑，绣人能传神"的美誉。湘绣传统上有72种针法，分平绣、织绣、网绣、纽绣、结绣五大类，还有后来不断发展完善的鬅毛针及乱针绣等针法。湘绣构图严谨，色彩鲜明，各种针法富于表现力，通过丰富的色线和千变万化的针法，绣出的人物、动物、山水、花鸟等具有特殊的艺术效果。

粤绣。又称广绣，是指广东地区的民间刺绣。明代后期逐渐形成独特的地方风格。它以布局饱满、图案紧凑、场面热

清·双狮滚雪球绣花荷包　苏州丝绸博物馆藏

清·禽鸟花卉纹粤绣团扇　苏州丝绸博物馆藏

闹、色彩明快、对比强烈、讲求华丽为特色。粤绣的绣工多为男工。绣线除丝线、绒线外，还多用孔雀羽线和金线，利用它们走向、排列的疏密及卷曲转折等方式，表现绣品的肌理质感。其针法十分丰富，主要运用洒插针、松针、鸡毛针、刻鳞等针法。常见的题材有"孔雀开屏""百鸟朝凤"等。

蜀绣。又名川绣，是指以四川成都为中心的地方刺绣。蜀绣历史悠久，与蜀锦并列为蜀中之宝。蜀绣以软缎、彩丝为主要原料，花鸟鱼虫为主要题材，构图简练，虚实结合，用色艳而不火，文而不黯，有花清地白之称。其针法以套针为主，还有旋流针、棚参针、编纳针等，讲究"针脚整齐，线片光亮，紧密柔和，车拧到家"。

3. 纹样图案

传统织绣纹样源出古老的中华文化，与中国传统陶瓷纹样、铜器纹样、玉雕纹样、建筑纹样等一脉相承，折射了中华文明的别样风采，在中国传统文化上占有重要的地位。

不同时代其纹样图案也有差异。汉代织绣上的花纹图案，受传统思想的影响，内容多为祥禽瑞兽、吉祥图形和几何图案，组织复杂，花纹奇丽。唐锦由于纬锦的出现，色彩不受限制，同时又吸收了外来文化的因素，其纹饰图案更为多彩多姿，主要有联珠团窠纹、花瓣团窠纹、"陵阳公样"纹、花草纹、宝相花纹、花鸟纹等。宋代的织锦、缂丝、刺绣等织物上的图案，题材扩大，有变化多样的八达晕、龟背纹、锁子纹、卍字流水等；有以写生花鸟、动物为题材的，花多以牡丹、荷花写生花卉为主，动物以羊、鹤、蜂、蝶为主。元代金锦的花纹有团龙、团凤、宝相花、龟背纹、回纹等。明代织锦的图案组织有团花、折枝、缠枝、几何纹等，缠枝是明锦的主要图案，具有时代特点。织绣的主要纹饰有云龙凤鹤、花草鸟蝶、吉祥锦纹等，古朴大方，富于程式化的装饰美。清代织绣纹饰图案十分丰富，既有传统的几何图文，又有山水、花鸟、人物及以历史名画为蓝本的内容，其中最具特色的是大量的吉祥图案，所谓"图必有意，意必吉祥"。如石榴、葡萄、葫芦寓意多子；龟、鹤、松、菊花、桃寓意长

宋·米色地八达晕蜀锦局部　四川博物院藏

寿；牡丹寓意富贵；将石榴、佛手、桃组合名为"福寿三多"；两个柿子和如意，称"事事如意"；五只蝙蝠围着一个团"寿"字，称"五福捧寿"；蝙蝠、寿字彩带、盘肠，称"福寿绵长"；灵芝、水仙、竹子和寿字组合，称"灵仙祝寿"。

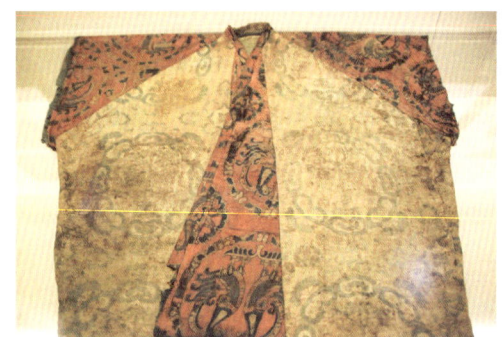

唐·团窠对兽纹夹联珠对鸟纹半臂　成都博物馆藏

唐·绿地印花绢裙　新疆维吾尔自治区博物馆藏

明·缂（刻）丝凤穿牡丹　清华大学艺术博物馆藏

清·红色缎绣喜相逢纹肚兜　清华大学艺术博物馆藏

下面介绍几种常见的纹样图案。

云气纹。在织绣工艺纹饰中较为常见且具代表性。云气纹在历代演变中稍有变化，通常以线形的舒卷起伏为表现形式，定型不晚于战国，大盛于两汉。其流行与古代向往升仙等思想有关。一般较少单独使用，往往以连续方式或与主题纹饰搭配使用，既可以用作分割画面，又可以使各装饰区域形成统一的风格，增加图案的律动感。

联珠纹。为古波斯萨珊王朝最为流行的花纹，于5—7世纪沿丝绸之路从西亚、中亚传入我国，是唐锦中数量最多、具有时代特色的纹饰。联珠纹是由一个个小圆珠组成，其圆珠或凸起或呈平面排成条带状等形状，联珠纹条带或围成圆形或包围主题纹样成为联珠圈。联珠圈是联珠纹的典型表现。

宝相花。又称宝莲花等。"宝相"一词是佛教徒对佛像的尊称，宝相花来源于佛教，寓意"宝""仙"之意，是代表圣洁、端庄、吉祥美满的理想花形。其是中国传统织绣吉祥纹饰之一，从魏晋南北朝时期盛行至今。它是以牡丹、莲花为主要变体，结合多种花卉特征的组合。每个组成结构都来源于自然中真实花卉的局部，合为一体后已不再是自然界真实的花。再配以宝珠形辅助纹作多层次排列，加以晕染，显得富丽庄重珍贵。

八宝纹。中国传统织绣吉祥纹饰之一。在中国传统工艺美术中，八宝纹的出现常寓有佛教或道教的含义，象征吉祥之意。代表佛教时，常用藏传佛教的八件宝物即法轮、法螺、宝伞、白盖、莲花、宝瓶（罐）、金鱼、盘肠结作为装饰纹饰，俗称"八吉祥"。代表道教时，则常把八仙手持的八种器物即铁拐李的葫芦、吕洞宾的宝剑、汉钟离的扇子、张果老的渔鼓、何仙姑的荷花、蓝采和的花篮、韩湘子的洞箫和曹国舅的玉板作为暗示，传说这些宝物法力无边，俗称"暗八仙"。在民间织绣中，也有从珠、球、磬、祥云、方胜、犀角、杯、书、画、红叶、艾叶、蕉叶、鼎、灵芝、元宝、锭等中随意挑选八种图案作为装饰纹饰，俗称"杂宝纹"。

五毒纹。民俗图案之一。常以蜈蚣、蟾蜍、壁虎、蛇、蝎子为主要图案，寓意辟邪。一般在端午节前后使用的织物上出现。

清·各色缎绣花卉杂宝纹云肩
清华大学艺术博物馆藏

清·蓝色缎绣虎镇五毒纹肚兜
清华大学艺术博物馆藏

补子。明清两代官员身份等级的标志。官服的前胸、后背上各缀一块补子。补子的图案，文官用禽，武官用兽。多采用刺绣、缂丝、织金和妆花等工艺技法制成。根据明代《舆服志》记载，洪武二十四年（1391年）规定官吏：一至九品所用禽兽尊卑不一，借以辨别官品。文官绣禽，以示文明。一品仙鹤，二品锦鸡，三品孔雀，四品云雁，五品白鹇，六品鹭鸶，七品𪅂𪄲（xī chì），八品黄鹂，九品鹌鹑。武官绣兽，以示威猛。一品、二品狮子，三品、四品虎豹，五品熊罴（pí），六品、七品彪，八品犀牛，九品海马。除此之外，补子的图案还有蟒、斗牛等题材，归属于"赐服"类。清代补子与明代略有不同。其中文官的补子基本沿用了明朝旧制以禽鸟为主要纹样，而武官分别采用一品麒麟，二品狮，三品、四品虎，五品熊，六品彪，七品、八品犀牛，九品海马。

以红、黄、蓝、绿、白五色经线显花，图案为云气纹及星纹、孔雀、仙鹤、辟邪、虎等瑞兽纹样，在花纹间织出"五星出东方利中国"八个篆体汉字。

汉·"五星出东方利中国"护臂
新疆维吾尔自治区博物馆藏

清·文三品孔雀补子　直隶总督署藏

文物选介

穿越千年的神秘织锦——"五星出东方利中国"护臂

"五星出东方利中国"护臂，汉代织锦，1995年新疆和田地区尼雅遗址出土，现藏于新疆维吾尔自治区博物馆。

护臂长18.5厘米，宽12.5厘米，呈圆角长方形。用"五星出东方利中国"织锦为面料，边上用白绢镶边，两个长边上各缝缀有白色绢带，其中有3条残断。织物

护臂上不同颜色的五个圆点代表五星。古代的"五星"是指金、木、水、火、土星。"五星出东方利中国"是一句占卜用辞，是利用中国古老星象预测战势，意思是五颗行星在同一个时间内出现在东方的天空（即五星连珠），对中国的军事很有利。五星作为天文占星学上的用语，与汉代五行思想有关。《史记·天官书》中就有"五星分天之中，积于东方，中国利……"的记载。

这类织锦最早出现在西汉晚期，流行于东汉中后期直至魏晋，在丝绸之路沿途的楼兰和尼雅有大量出土，通称其为汉锦，其中拥有五种颜色的高档织锦特称为"五色云锦"。

"五星出东方利中国"护臂，是目前发现的最早出现"中国"二字的丝织品，

也是目前所知经线密度最大、织造难度最大的汉锦。其不仅织造工艺非常复杂，而且还把星象、阴阳五行学和对战势期图大吉大利的祈祷融于一锦，将文字、星纹、云气纹及祥瑞动物纹样和谐聚会，可谓技艺高超，心思巧妙，寓意深远，实属罕见，被誉为20世纪中国最伟大的纺织考古发现之一，并被列为首批禁止出国（境）展览的文物。

知识链接

一块织锦隐藏的惊天秘密

1995年10月，中日尼雅遗址学术考察队成员在新疆和田地区民丰县尼雅遗址一处墓地上进行考古挖掘，一连几个月他们一直未有新发现。就在即将失望时，考古人员挖开了一座墓穴。这是二人合葬墓，合葬的两人身穿许多衣物，其中一具尸体的右臂上绑着一块颜色鲜艳的织锦。织锦上带有文字，纹样诡秘，立即引起考古者注意。略加辨认，考古人员看出织锦上织的文字是"五星出东方利中国"。在发现此织锦后，专家一致认为"五星出东方利中国"这句话并不完整，可能存在残缺。果然，在随后的考古现场发掘过程中，又发现了一件裤子形状的织锦碎片，上有"诛南羌"字样。后经专家对两件织锦的质地与纹路进行对比，发现应属于同一块织锦。这一线索的发现，令考古专家们顿时十分兴奋，继而又连续奋战一个多月，最终将这块不完整的织锦彻底还原，并根据古籍记载，修复了之前残缺的文字。织锦整体所织铭文应为"五星出东方利中国诛南羌四夷服单于降与天无极"。反映的是西汉时期，国家边境地区危机四伏的紧张局势。史料载，公元前62年左右，汉代南羌部落发生反叛，并渡过湟水向北迁移，消息传至朝堂，一阵大乱。正当朝臣们手足无措时，老将赵充国主动请缨，请求汉宣帝予以出战支持。赵充国出征前，由钦天监夜观天象，占卜吉凶。钦天监称"五星出东方，中国大利，蛮夷大败。太白出高，用兵深入敢战者吉，弗敢战者凶"，此乃吉卦，汉宣帝因此将兵权交给赵充国。赵充国没有辜负汉宣帝的重托，不仅平定了南羌部落，而且还将匈奴驱赶出北境。"五星出东方利中国"护臂的出土，佐证了以上史书记载。

世界上最轻薄的衣服——素纱单衣

素纱单衣，西汉，丝质。有直裾和曲裾各一件，1972年长沙马王堆一号汉墓出土，现收藏于湖南博物院。

直裾素纱单衣，衣长132厘米，通袖长181.5厘米，重49克，衣为交领，右衽，直裾。曲裾素纱单衣，衣长160厘米，通袖长195厘米，重48克，衣为交领，右衽，曲裾。两件衣服面料皆为素纱，边缘均为几何纹绒圈锦。因无颜色，没有衬里，故称为素纱单衣。素纱单衣为辛追夫人的陪葬品。

旅游文物鉴赏

西汉·曲裾素纱单衣　湖南博物院藏

素纱单衣是由单经单纬丝交织而成的方孔平纹织物。素纱的经密度一般每厘米58根至64根纱，纬密度每厘米40根至50根纱，透空率为75%左右，每平方米纱料仅重15.4克。经测定，素纱单衣丝缕极细，重量还不到一两，折叠后甚至可以放入火柴盒中。如果除去袖口、领口、衣襟边的绢，单衣重量只有25克左右。

素纱单衣重量还不到一两，可以说"薄如蝉翼""轻若烟雾"，被誉为西汉时期纺织技术的巅峰之作，也是目前最早、最薄、最轻的服装，代表着汉初养蚕、缫丝、纺织工艺的最高水平。2002年被列为首批禁止出国（境）展览的文物。

> **知识链接**
>
> **素纱单衣的仿制**
>
> 1983年10月，一名叫许反帝的17岁少年，孤身潜入湖南省博物馆（今湖南博物院），盗走38件马王堆汉墓出土文物，其中就有直裾素纱单衣。后来，迫于舆论压力，犯罪嫌疑人把素纱单衣丢到了博物馆旁边的烈士公园，被人发现后送回馆里。为了保护"失而复得"的素纱单衣，博物馆曾委托南京云锦研究所复制这件总重仅49克的直裾素纱单衣。当时复制了两件，但重量都超过了50克。后来，专家通过研究破解，原来现在的蚕经过生物进化，体型比几千年前肥大很多，吐出来的丝也随之增粗、增重，所以织成成品也就重了很多。于是专家们从第一步养蚕入手，用特殊饲料喂养蚕，控制蚕的体型，再采用这些瘦小蚕吐出的丝复制素纱单衣，历时13年，终于织成一件重量为49.5克的素纱单衣复制品。2019年，博物馆联合南京云锦研究所历时两年，终于成功仿制出一件重量约49克的素纱单衣。这也是素纱单衣出土40多年来，首次得到官方授权、经博物馆相关专家鉴定认可的仿制品。

博采众长的百子衣——明孝靖皇后洒线绣蹙金龙百子戏女夹衣

明孝靖皇后洒线绣蹙金龙百子戏女夹衣，明代，1958年北京市昌平区明定陵出土，现收藏于明十三陵博物馆。

衣长71厘米，两袖通长163厘米。立领，对开襟，以方目纱为底料，用6种绣线13种针法刺绣而成。此衣前胸绣二龙戏珠纹，后背绣一正面龙，两肩各绣一过肩龙；两袖及前后襟绣百个童子嬉戏玩

明·孝靖皇后洒线绣蹙金龙百子戏女夹衣　明十三陵博物馆藏

要，其间用各种花卉进行点缀。这些童子神态各异，个个栩栩如生，情趣盎然。衣上图案按人物故事情节来分，共40个画面，内容有观鱼、摔跤、摸虾、沐浴、蹴鞠、跳绳、放爆竹、捉迷藏、官员出行等场面，构成了一个色彩斑斓的儿童乐园，打破了皇家御用的威严，创造了清新自然的民间情趣。衣服的扣子呈莲花状，为黄金制成。

此衣除采用了京绣的"洒线绣"外，还大面积运用平针、盘绣及金线、包梗线勾勒轮廓等粤绣的技法，同时还运用花线的抢针绣，又具有苏绣特点。所以，此百子衣集京绣、粤绣、苏绣特点于一身，吸收众家之所长，是明代刺绣的精品。

知识链接

洒线绣

洒线绣，是明代北京刺绣艺人所创，为明代帝后衣物中的主要绣种，又称"穿纱"。洒线绣是以方孔纱或直经纱作绣底，用五彩色双股合捻线数计纱孔，穿绣成较大的主花和几何小花地纹。有的是先将纱底满绣成几何小花，再在几何小花上绣铺绒主花。洒线绣以敷彩原色为主，间色较少，呈现出色彩对比艳丽夺目的效果。其多用于明制补子及百子衣上。

皇帝的龙袍——明黄芝麻纱彩绣平金龙袍

明黄芝麻纱彩绣平金龙袍，清乾隆，现收藏于沈阳故宫博物院。

龙袍身长140厘米，两袖通长190厘米，袖口宽16厘米，下摆宽126厘米，前后裾长50厘米，左右裾长23厘米。龙袍全部为明黄芝麻纱料，圆领，右衽大襟，四开裾，马蹄袖，领襟、两袖皆用石青缎织锦缎镶边。其前胸后背及两肩绣正龙各一，下襟行龙四，里襟行龙一，两袖端正龙各一，领边正龙二、行龙三，通身点缀流云飞蝠，下摆饰海水江崖和八宝立水纹。此外，袍上还有彩绣对称排列的十二章纹：日、月两章分列左右肩部，星辰章位于前胸、后背、龙首顶部，黻、黼、藻、华虫、宗彝各章沿中线左右对称排列于袍前与袍后。此十二章纹并不完整，仍保持着清初时期风格。研究显示，至乾隆朝中晚期，帝王龙袍上的十二章纹位置才得以基本确定。

清乾隆·明黄芝麻纱彩绣平金龙袍
沈阳故宫博物院藏

最令人不可思议的是，整件龙袍使用薄如蝉翼的明黄色芝麻纱织成，在如此质地轻薄的纱地上竟然用双面绣技法刺绣出如此复杂烦琐的纹样！双面绣是难度最大的刺绣技法之一，它使得龙袍绣面纹样正反如一，绣线头藏没无迹，绣面密实细腻，平顺光洁；正背两面的针法、图案和色彩完全相同。此件龙袍为乾隆帝在宫廷庆典、筵宴场合穿用。

此件乾隆帝黄纱绣彩云金龙单袍，绣工精巧华美，技艺精湛超群，堪称清代乾隆盛世刺绣技艺的巅峰之作。

知识链接

皇帝什么时候穿龙袍

清代帝王服饰是中国历史上最具代表性的服装之一，其纹样等级森严，图案繁缛华丽，不仅是帝王至高无上地位的象征，更是皇权思想在服饰中的浓缩。据《大清会典》记载，清代皇帝服饰分为七类，即礼服、吉服、常服、行服、雨服、戎服和便服，分别用于祭祀、朝会、节庆、节日、巡行、日常闲居等不同的场合。礼服亦称朝袍，是祭祀、朝会等重大典礼时所穿的服装，分为蓝色、明黄、红色、月白四种颜色，分别对应祭祀天、地、日、月时穿着。吉服袍，主要用于重大吉庆节日、筵宴的礼仪阶段，包括吉服冠、龙袍、龙褂。常服即便服，是平常之服。由此得知，礼服等级最高，吉服次之。所以，皇帝上朝穿礼服，即朝袍，而不是穿着吉服"龙袍"。

作为吉服袍的龙袍，色用明黄，领、袖为石青，列十二章，绣金龙九条，间饰五彩云蝠，下摆饰八宝立水。款式为圆领右衽大襟，四开裾，马蹄袖口，窄袖加接袖。

《大清会典》及《皇朝礼器图式》规定，十二章纹在龙袍上具体分布为：前五后五，两肩各一。一肩为日纹即圆形中三足鸟代表日，一肩为月纹即圆形中捣药玉兔代表月。领前为星辰纹，即三星呈三角形排列，代表光明；领后对应位置为山纹，代表稳重。胸前正龙两侧分别为黼纹和黻纹。黼纹，即白刃黑身的斧形，代表做事果断；黻纹，即如两弓相背、青白相间，代表背恶向善。前下摆江崖两侧分别为宗彝纹、藻纹。宗彝纹代表忠孝或威猛机智，藻纹代表洁净。后背正龙两侧分别为华虫纹和龙纹。华虫纹，即彩羽雉鸟，代表五彩华丽；龙纹，即两条首尾相向的龙，代表变化。后下摆江崖两侧分别为火纹和粉米纹。火纹代表光明，粉米纹取其滋养之意。

《人类非物质文化遗产代表作名录》中的织绣项目

南京云锦织造技艺。2009年，南京云锦织造技艺被列入《人类非物质文化遗产代表作名录》。南京云锦是我国优秀传统文化的杰出代表，因其绚丽多姿、美如天上云霞而得名，至今已有1580年历史。南京云锦织造技艺存续着中国皇家织造的传统，采用"通经断纬"等核心技术运用，在构造复杂的大型织机上，由上下两人手工操作，用蚕丝线、黄金线和孔雀羽线等材料织出华贵织物。南京云锦织造技艺体系由材料准备、纹样设计、挑花结本、造机、织造等百余道工序构成，云锦纹样"图必有意，意必吉祥"。从元代至明清，南京云锦一直是皇家御用品。

中国传统桑蚕丝织技艺。2009年，中国蚕桑丝织技艺入选《人类非物质文化遗产代表作名录》。蚕桑丝织是中国的伟大发明，是中华民族认同的文化标志。这一遗产包括栽桑、养蚕、缫丝、染色和丝织等整个过程的生产技艺，其间所用到的各种巧妙精致的工具和织机，以及由此生产出来的绚丽多彩的绫绢、纱罗、织锦和缂丝等丝绸产品，同时也包括这一过程中衍生出来的相关民俗活动。这一传统生产手工技艺和民俗活动至今仍流传于浙江北部和江苏南部的太湖流域（包括杭州、嘉兴、湖州和苏州等市）及四川成都等地，是中国文化遗产中不可分割的组成部分。中国蚕桑丝织涵盖了杭罗、绫绢、丝绵、蜀锦、宋锦等织造技艺及轧蚕花、扫蚕花地等丝绸生产活动习俗。

文物选介拓展

雕塑篇

　　雕塑是造型艺术的主要门类之一，与绘画、建筑共同构成造型艺术的基石。纵观国际雕塑艺术发展，中国雕塑传统与西方雕塑传统、印度和波斯雕塑传统并称为世界三大雕塑传统。中国古代雕塑在世界雕塑史上具有重要的地位和独特的艺术面貌。

　　中国古代雕塑艺术源远流长。新石器时代的陶塑与玉石雕刻，夏商周三代的青铜器铸造，秦汉两朝的陶俑、陵墓石雕与画像砖石，魏晋南北朝时期的石窟造像等各具特色。隋唐时期各类雕塑日臻大成，呈现出全面繁荣的状态。宋元明清各朝更注重意趣的表现，雕塑面貌更加多样化、个性化、世俗化，并涌现出一批杰出的雕塑艺术家。中国雕塑客观、形象地记载了中国文明史的演变过程，凝聚着中华民族的信仰寄托和审美意识，也彰显着中国雕塑文化的独特价值。雕塑艺术是我国最宝贵的文化遗产之一。

基本知识

1. 概念

雕塑是造型艺术的主要门类之一，是雕刻与塑造的总称。雕，指是在石、木、金属等硬材料上去除不需要的部分，而将留下来的造型作为作品的一种创作方法，形象地称为"减法"，如木雕、石雕；塑，则是用泥土、陶土等软材料塑造而成的一种创作方法，可称为"加法"。

2. 雕塑发展简史

中国原始雕塑的萌芽，可以追溯到遥远的石器时代。中华民族的先民们通过随手可及的石头、泥土进行艺术创作，表达自己的思想感情。

商周时期，随着人类迈入青铜时代，青铜就成为雕刻艺术的主流，中原地区的各种礼器及四川等地的青铜立体雕塑都取得了杰出的艺术成就。同时，玉雕、石雕等也有了很大的发展，创作出不胜枚举的艺术精品。

秦汉时期，雕塑空前繁盛。秦始皇兵马俑、西汉霍去病墓前石刻及两汉的陶俑艺术并称为"秦汉雕塑之三绝"，它们共同奠定了秦汉雕塑在中国和世界雕塑艺术史上的重要地位。

魏晋南北朝时期，随着佛教的盛行，佛造像渐渐成为中国古代雕塑艺术的主流。著名的云冈石窟、敦煌莫高窟、龙门石窟、麦积山石窟均开凿于这一时期。

北魏·云冈石窟第20窟露天大佛

隋唐时期，是中国古代雕塑艺术发展的鼎盛期。在这一阶段，雕塑艺术融会了南北朝雕塑的成就，又通过丝绸之路汲取了域外的艺术养分，创造出了具有时代风格的不朽佳作，如龙门石窟奉先寺的卢舍那佛像、唐太宗陵墓前的昭陵六骏、唐三彩的骆驼舞乐俑等。

宋辽金元时期，雕塑艺术失去了汉唐以来的雄浑大气，技巧趋于程式化。这一时期，雕塑艺术的主要特点是世俗题材的增多和写实风格的发展。如山西晋祠的彩塑，生动传神地表现了世人的情态，有很强的写实性。

明清时期中国雕塑进一步趋于衰落，但民间充满生活情趣的雕塑却得到了长足的发展，雕塑进一步深入寻常百姓的生活之中。如嘉定竹雕，苏州、无锡、天津的泥塑，东阳的木雕等。

唐·龙门石窟奉先寺卢舍那大佛

清·木雕铁拐李　安徽博物院藏

3. 古代雕塑的类型

古代雕塑按题材划分，可分为陵墓雕塑、宗教雕塑、工艺雕塑、建筑雕塑等。按材质划分，可分为青铜雕塑、石雕、砖雕、泥塑、陶塑、玉雕、牙雕、木雕、竹雕等。

鉴赏要点

1. 形态

中国的雕塑艺术，如同中国的绘画、书法艺术，注重"以形写神"，多采用夸张、变形的表现手法来展现对象的神采和风韵，而不像西方雕塑作品追求形象的逼真与肖似。秦始皇陵兵马俑虽然表现出高于其他时代的写实性，但也仅仅集中在俑的头部刻画上，身体部分则无一例外是十分写意的。汉唐陶俑、霍去病墓石刻、历代宗教造像无不显示意象性特点。它们与中国画一样，追求神韵，不求肖似。

俑，是中国古代陵墓中陪葬用的偶人。俑在中国古代雕塑艺术中占据十分重要的地位，也是中国古代雕塑区别于西方雕塑的一个重要的类型。俑最早起源于商周，春秋战国逐渐增多，秦汉至隋唐盛行。根据材质，可分为泥俑、木俑、陶俑、石俑、玉俑、铜俑等。其中陶俑数量最多，艺术价值最高。因时间和地域的不同，陶俑所呈现的造型艺术风格也不相同。秦兵马俑，形体高大，逼真写实，气势磅礴，具雄浑之美；汉俑在写实的基础上注重刻画精神，以形似求神似，同时题

唐·三彩女立俑
陕西历史博物馆藏

材也更加广泛，武士、庖厨、哺乳、献食、劳作、说唱、奏乐、舞蹈等，均是汉俑中的大项；唐俑中人物形象主要有女俑、乐舞俑、文吏俑、武士俑、镇墓俑、胡人俑等，动物则有骏马、骆驼及想象中的镇墓兽等，题材十分丰富。唐三彩女俑丰满、肥腴、脸面饱满、樱桃小口的造型成为时代的标签。

佛像。中国佛教造像的历史可上溯到东汉时期，南北朝时进入空前的发展阶段，隋唐时期进入鼎盛阶段，而到宋代开始走入衰落。有着一定程式的佛教雕塑，因时代、审美准则的变化而产生了不同造型风格。西秦时期的佛像雕塑，神情安详、庄重，体态雄健，受犍陀罗艺术影响很深；北魏时期的佛造像在形式风格上受印度或西域式样的影响，庄严、浑朴、静穆；南北朝的佛造像融合汉族知识分子的审美时尚，形成了褒衣博带、秀骨清像的风貌；初唐佛造像端庄清雅，盛唐则丰肌秀骨，中晚唐转变为丰满圆润；宋代佛造像典雅秀美。

2. 技法

雕塑的技法主要有圆雕、浮雕、线雕和镂雕等。

圆雕，又称立体雕，是艺术在雕件上的整体表现，适宜于从多角度观赏的完全

北齐·贴金彩绘佛像　青州市博物馆藏

宋·观音像　河北正定隆兴寺藏

立体的雕塑技法。一般圆雕程序分打坯、制坯、雕刻细坯、修光等四个步骤。

后梁·彩绘浮雕武士石刻　中国国家博物馆藏

清·象牙圆雕说书艺人　安徽博物院藏

浮雕，是雕塑与绘画相结合的产物，即在平面雕刻出立体感的图像，因图像浮凸于平面而称浮雕。它往往用压缩的办法来处理作品，靠透视等因素来表现三维空间，并只供一面或两面观看，属于半立体型。浮雕可分为高浮雕、浅浮雕。

线雕，又称线刻。是以阴线和凸起的阳线作为雕塑造型手段的技法。大多表现装饰性图案。在石、玉或青铜器上雕出纹样，雕刻多为线雕。

镂雕，又称透雕。即把雕刻材料中没有表现物象的部分掏空，把能表现物象的部分留下来。镂雕的主要特点就是表现物象立体空间层次，著名的福建寿山石雕、浙江青田石雕等都以镂雕见长。

宋·人物故事浮雕砖　中国园林博物馆藏

清乾隆·牙透雕群仙笔筒　沈阳故宫博物院藏

中国古代雕塑讲究因材施艺，有时一件雕塑作品中有圆雕、浮雕等多种表现形式。如霍去病石刻中的虎、牛、鱼、野人抱熊、马等，就是运用循石造型的艺术手法，巧妙地将圆雕、浮雕、线刻等技法融会在一起，刻画形象恰到好处，足以表现客体特征，不做过多的雕镂，从而加强了整体感和力度感，显得古朴浑厚、沉雄博大。

3. 风格

中国古代雕塑源远流长，不同时期、不同地域风格各有差异。

中国原始雕塑主要以人和各种动物形象的陶塑为主，人物形象大多是附加在实用器物上的装饰物，随意性很强，形象粗简、稚拙。商周时期的雕塑作品以青铜器铸造为主，其造型奇特，纹饰诡魅抽象，充满威严而怪异的美感。西周以后，其风格趋于写实而富于理性，至春秋战国时期则变得繁丽、华美。秦代重写实，秦俑充满崇高阳刚之美。汉代雕塑雄浑写意，西汉名将霍去病墓前的大型动物石刻，手法简练概括，于浑厚中显示着雄强的力量之美，其中"马踏匈奴"充分体现了中国雕塑艺术的写意传神的特点。魏晋南北朝时期，佛像雕塑成为雕塑艺术的主流。隋唐集各类雕塑之大成，手法更为写实，形成了大气、华贵、奔放的雕塑风格。宋、辽、金时期，世俗题材和写实风格是雕塑艺术的主要特点。明清则注重意趣的表现，雕塑更加多样化与个性化。

文物选介

❀ "中华第一笛"——贾湖骨笛

贾湖骨笛，新石器时代的乐器，出土于河南舞阳贾湖遗址。该遗址目前共出土骨笛40多支，大多为7个音孔，个别有两孔、五孔、六孔或八孔，皆以鹤类禽鸟中空的尺骨制成，从早到晚可以吹奏出完备的五声音阶、六声音阶至七声音阶。贾湖骨笛是迄今为止中国发现年代最早且尚能吹奏的乐器，同时也是世界上最早的可吹奏的乐器，被称为"中华第一笛"。

新石器·贾湖骨笛　中国国家博物馆藏

在贾湖骨笛中，标号为21号的骨笛是其中最为精美的一件。其于1987年出土于贾湖遗址M282号墓，现藏于河南博物院，为该院"九大镇院之宝"之一。

该笛长23.6厘米，是由丹顶鹤尺骨经过截除两端骨关节而制成，距今8000多年。器物整体呈褐色，因石化而通体光滑晶莹。笛身有七孔，可以演奏出近似七声音阶的乐曲，由于骨管粗细不一易产生音差，故在七孔旁开小孔加以校正。该笛是贾湖骨笛中保存最完整、音准最佳的一支，堪为"中华第一笛"代表之作。实验证明，贾湖骨笛不仅能够演奏传统的五声或七声调式的乐曲，而且能够演奏富含变化音的少数民族乐曲或外国乐曲。

知识链接

贾湖遗址

贾湖遗址，位于河南省漯河市舞阳县贾湖村，发现于20世纪60年代初，是一处规模较大、保存完整、文化积淀极为丰厚的新石器时代早期遗存，距今约9000—7500年。自发现以来，先后经历了8次考古发掘，发现重要遗迹数以千计，出土文物5500余件及大量动植物遗骸。其中最引人注目的如刻符龟甲、骨笛、稻作遗存等。刻符龟甲，早于安阳殷墟的甲骨卜辞4000多年，其上面的锲刻符号，很有可能是汉字的滥觞；贾湖骨笛，创造了中国音乐史上的奇迹；人工栽培稻遗存的发现，证明了黄淮流域是稻作农业的起源地之一。

贾湖遗址出土文物数量之多、品类之盛、制作之美、内涵之丰富，为全国其他同期遗存所罕见，故被确定为20世纪全国100项重大考古发现之一。

❖ "世界第八大奇迹"——秦始皇陵兵马俑

兵马俑是秦始皇陵的陪葬俑，位于陕西省西安市临潼区秦始皇帝陵博物院的兵马俑坑内。

兵马俑坑位于秦始皇帝陵东侧1.5千米，是秦始皇帝陵的陪葬坑。俑坑共有四座，其中四号坑是废弃坑。一、二、三号俑坑出土武士俑7000余个，驷马战车100余辆，战马100余匹。这些兵马俑是以泥质灰陶烧制而成，质地坚硬，俑头及身躯四肢分开制作，脸部及身部再经过细致刻画，塑成后入室烧制，最后进行彩绘。其雕塑手法采取捏、塑、堆、贴、刻等多种技巧，手塑与模塑相结合。

秦·秦始皇陵兵马俑　秦始皇帝陵博物院藏

数以千计的陶俑，个个身形威武，比例匀称，身高从1.72米到1.83米不等，最高的甚至达到了2米。有车兵俑、立射俑、跪射俑、武士俑、将军俑、骑兵俑、御手俑等多种，几乎囊括了各个等级和兵种的古代军人。其装束也因个人身份等级不同而有所不同，并且体现出因地域不同而具有的生理面貌上的细微差别。在众多的秦俑中，最精彩的当属跪射武士俑。

跪射武士俑。2005年出土于陕西秦始

皇陵二号兵马俑坑，现收藏于秦始皇帝陵博物院。俑高130厘米，身穿战袍，外披铠甲，头顶右侧绾一发髻，左腿曲蹲，右膝着地，双眼正视前方，双手置于身体右侧作握弓弩待发状，是跪射俑形象的典型代表。整个作品人物面目清晰，形象生动，身体结构准确，动作自然，充满了内在的动力，是当时弓弩手形象的生动写照，体现了秦朝雕塑家们高超的雕刻技艺。同时，此俑也是秦俑中目前保存最完整、唯一一尊未经人工修复的跪射俑，被称为兵马俑中的精华，被封为秦始皇帝陵博物院的"镇馆之宝"。

秦·跪射武士俑　秦始皇帝陵博物院藏

秦始皇帝陵兵马俑是中国古代雕塑艺术的杰作，被誉为"世界第八大奇迹""20世纪考古史上的伟大发现之一"。1987年，秦始皇陵及兵马俑坑被联合国教科文组织批准列入《世界遗产名录》。

知识链接

兵马俑的服装颜色

说到秦始皇陵兵马俑，相信在很多人的印象中它们是铅灰色的。但从考古现场看，所有陶俑、陶马在秦代埋入坑中时都是通体彩绘的。在埋藏地下的漫长岁月中，秦兵马俑坑曾遭受火焚、坍塌和山洪冲刷等侵害，加之潮湿、老化等不利因素的影响，出土时陶俑表面的大部分彩绘已经脱落，只有少量还遗留在陶俑体表上。尽管秦俑身上存留的彩绘残缺不全，但考古人员通过调查发现秦俑身上的服装颜色有红、绿、蓝、紫、黑、白、褐等十余种。每一种颜色又有浓淡、深浅的变化，形成不同的色阶谱系。譬如，红色有朱红、枣红、粉红，绿色有深绿、粉绿，蓝色有深蓝、粉蓝等。在众多的颜色中，粉绿、朱红、粉紫和天蓝这四种颜色所占的比例最大，是当时服装的主要颜色。经分析检测，这些颜色的颜料成分大都是天然的矿物质颜料，但使用比较普遍的紫色则是人工合成物，其颜料成分为硅酸铜钡，这种物质的颜料目前在自然界中尚未发现。

秦俑服装颜色不仅种类多，而且色调明快，对比强烈。例如，红色的上衣，其领子和袖口一般是压着绿色、粉紫或天蓝色的花边，下身配深绿或粉绿色裤子；而绿色的上衣，一般压着粉紫或朱红色的花边，下身配天蓝、紫色或枣红色的裤子。秦代工匠们巧妙地利用颜色的对比，把雕塑和彩绘结合得相得益彰，给我们留下了一个个活生生的秦人印象。

秦俑服装五颜六色，没有统一的规定，也没有等级的区别，这与秦军战士服装的来源有关。秦朝实行的是战前调兵制，服役期间除铠甲和兵器是统一由政府配给外，身上所穿的衣服都是自备的。秦俑的服装颜色，是秦人服饰文化的真实缩影。它不仅生动地再现了秦朝军人服饰的风格特征，也反映了当时人们的审美情趣和审美观念。

● 中国早期石雕的经典之作——马踏匈奴

马踏匈奴，是西汉霍去病墓前的石刻，现收藏于陕西茂陵博物馆。

西汉·马踏匈奴　陕西茂陵博物馆藏

石刻高1.68米，长1.90米，为霍去病墓石刻中的主体石雕。石刻中的马骨架匀称，肌肉结实，躯体剽悍肥壮，腿筋劲健，蹄足抓地，一只前蹄把一个匈奴士兵踏倒在地，具有凛然难犯的庄重气派。马腹下的匈奴人，仰卧地上，左手握弓，右手持箭，双腿蜷曲作狼狈挣扎状，须发蓬松零乱，显得惊慌失措、声嘶力竭，更带着既不甘心就缚，又无可奈何的表情。作品运用了圆雕、浮雕、线刻等表现技法。

马踏匈奴是中国石雕史上纪念碑式的经典之作，它以写实与浪漫相结合的手法，通过一人一马对比的形式，刻画了一个高低悬殊的抗衡场面，高度概括了霍去病生前抗击匈奴的战功。同时马踏匈奴在中国雕塑史上也具有划时代的意义，自此，中国的雕塑艺术才真正走上了写实与写意并重、力求神形皆备的艺术创作道路。

知识链接

霍去病

西汉自开国以来，经常受到匈奴的劫掠。为了稳定局势，文景两代一直以与匈奴和亲等政策维持和平。汉武帝即位后，深刻意识到若匈奴不除北方不定，汉朝就无法真正走向强盛，而要除匈奴，必须主动出击。由此，汉朝诞生了中国历史上赫赫有名的几位统军将领——李广、卫青等，其中最富传奇色彩的便是少年将军霍去病。

霍去病（公元前140年—公元前117年），河东平阳（今山西省临汾市）人，汉武帝皇后卫子夫及大司马大将军卫青的外甥。他17岁初次出征，率领八百铁骑深入敌境数百里，把匈奴杀得四散逃窜。19岁时升任骠骑将军，在河西走廊、祁连山一带纵横驰骋，先后6次率大军征伐匈奴，打通了通向西域的道路，使汉朝天下得以安宁。由于战功卓著，汉武帝多次提出要为他修建与其功名相当的府第，但都被霍去病婉言谢辞，并留下了千古名句"匈奴未灭，无以家为也"。西汉元狩六年（公元前117年），年仅24岁的霍去病因病去世。对于霍去病的死，汉武帝非常伤心，为表彰他抗敌卫国的不朽功勋，特赐其陪葬茂陵，并调来铁甲军列阵，沿长安一直排到茂陵为霍去病送行，追谥其为"景桓侯"，并仿照祁连山的形状为其修筑坟墓。

霍去病墓的形状像匈奴居地祁连山，冢上有坚石，冢前有石人、石马等，至今尚存有马踏匈奴、卧马、跃马、石人、人与熊、怪兽吃羊、野猪、伏虎、卧牛、卧象、蛙、蟾、石鱼等十余件国宝群雕，是迄今发现的最早、最大的石雕群。

❀ "汉代第一说唱达人"——击鼓说唱陶俑

击鼓说唱俑，东汉时期陶俑，1957年出土于四川成都天回山汉墓，现收藏于中国国家博物馆。

俑高56厘米，以泥质灰陶制成。俑席地而坐，头扎巾帻，额前有花饰；袒腹赤足，两肩高耸；左臂抱鼓，右手举槌欲击，一腿抬起；面部眉飞色舞，神态诙谐，动作夸张，生动传神地再现了正在说唱的俳优形象。

东汉·击鼓说唱俑　中国国家博物馆藏

击鼓说唱俑，运用了极其大胆夸张的手法，着重表现了说唱者的神韵，体现了汉代艺术所特有的生动、活泼的风格，是东汉雕塑艺术的代表，被称为"汉代第一俑"。

▎知识链接

俳优

俳，指古代诙谐滑稽的表演；优，则指击鼓戏笑的演员。俳优往往由身材矮胖、相貌滑稽的侏儒充任。他们的社会地位极其低下，以击鼓说唱为业，靠调谑戏笑取悦听众。

俳优在春秋战国时期已出现。他们侍奉君主，以逗笑的方式为君主排遣无聊。秦汉时蓄养俳优之风盛行。秦始皇统一天下后，修离宫数百所，倡优成千。据《汉书》记载，汉武帝身边"俳优侏儒之笑，不乏于前"。在宫廷之外，达官贵人蓄养俳优也很风行。他们往往随侍主人左右，作即兴表演，随时供主人取乐。

🌐 世界最大的佛教艺术宝库——敦煌莫高窟

莫高窟，俗称千佛洞，位于甘肃敦煌市的鸣沙山东麓断崖上。始凿于前秦时期，后历经北朝、隋朝、唐朝、五代十国、西夏、元朝等兴建，最终形成今天的规模。

石窟南北长1600余米，上下共五层，735座洞窟、2000多尊造像、45000平方米的壁画。石窟因开凿于石质疏松的砾岩之上，无法精雕细刻，便采用泥塑彩绘和壁画的艺术形式。彩塑是石窟艺术的主体，内容主要有佛、菩萨、弟子、天王、力士像等，形式有圆塑、浮塑、影塑、善业泥等，佛像最高的有34.5米，最小仅2厘米左右（善业泥木石像）。壁画是敦煌石窟艺术的重要组成部分，描绘了古代各民族、各阶级的生产劳动场面，社会生活场景，建筑造型及音乐、舞蹈等画面，是民俗风貌和历史变迁的艺术再现，雄伟瑰丽。

唐·莫高窟第220窟（整窟原大临摹）

莫高窟是一处由建筑、绘画、雕塑组成的博大精深的综合艺术殿堂，是世界上现存规模最宏大、保存最完好的佛教艺术宝库，被誉为"东方艺术明珠"。1987年，莫高窟被联合国教科文组织批准列入《世界遗产名录》。

📗 知识链接

震惊世界的一次意外发现

自366年开窟以来，莫高窟经历了初创、发展到逐渐衰落一个漫长的历史进程。而让莫高窟名闻世界的源头，则来自道士王圆箓的意外发现。

王圆箓，湖北麻城人，因家乡连年灾荒，被迫外出谋生，后流落至酒泉入道修行，人们称他为王道士。后云游敦煌，发现莫高圣境，感慨"西方极乐世界，乃在斯乎"。随后，他定居此地，看护莫高窟，还四处奔波，苦口劝募，省吃俭用，积攒钱财，清理洞窟积沙。

1900年6月22日，王圆箓在清理第16个洞窟积沙时，意外发现了藏有写

莫高窟

经、文书和文物6万多件的藏经洞（即莫高窟第17窟），沉睡了900多年的敦煌莫高窟藏经洞重见天日。发现藏经洞后，王圆箓屡报官府，但因为当时的政府腐败成风，加之此地偏远，结果无人问津。

道士与藏经洞频遭"冷遇"，可有人却视莫高窟为宝地，不远万里而来。1905年10月，俄国人奥勃鲁切夫以50根硬脂蜡烛为诱饵，换得藏经洞写本两大捆。这是藏经洞文书流失于外国人的开始。1907年3月，英国人斯坦因赶到敦煌，以4块马蹄银从王圆箓处换得写经200捆、文书24箱和绢画丝织物5大箱。1914年，斯坦因再次来到敦煌，从王道士处获得写本570余卷。此后几年不断有国外窃贼接踵而至，且都满载而归。

直到1910年清政府才注意到它的价值，决定将剩余的书籍和文物运回北京。可惜、可悲的是，狡黠愚蠢的王圆箓大量隐匿文物，而运送途中又被沿途官僚"雁过拔毛"，运抵北京移交京师图书馆时只剩了18箱，仅8000多件，是发现时的1/5，且大多已成残页断篇。

❀ "东方雕塑陈列馆"——麦积山石窟

麦积山石窟位于甘肃省天水市麦积区东南30千米的小陇山中，因该山形似农家麦垛而得名"麦积山"。

麦积山石窟

石窟始建于十六国后秦时期，历经北魏、西魏、北周、隋、唐、五代、宋、元、明、清等十余个王朝1600余年的开凿和修缮，现存窟龛221个，各类造像3938件10 632身，壁画979.54平方米。石窟保存的造像以泥塑为主，大的高达16米，小的只有10多厘米。这些造像体现了千余年来各个时期的塑像特点，系统地展现了我国泥塑艺术发展和变化过程。如早期佛像高鼻宽肩，身躯健壮，具有明显的印度风格余韵；西魏时期，佛像清俊秀美，面容和蔼，宽衣薄带，服饰风格上已显汉

北魏·麦积山石窟第133窟小沙弥立像（复制）

化；至隋唐时期，佛像丰满富丽，圆润庄严，已明显趋于中原文化。这些变化的痕迹生动具体地揭示了佛教雕像、佛教艺术在中国的发展，在中国艺术史上占有重要地位。

麦积山石窟全面真实地反映了我国从4世纪末叶以来，在雕塑、绘画等艺术方面的发展演变过程和辉煌的艺术成就，是研究雕塑史、美术史的重要资料，有"东方雕塑陈列馆"的美誉。2014年麦积山石窟作为"丝绸之路：长安—天山廊道的路网"的组成部分被列入《世界遗产名录》。

知识链接

四大名窟

中国著名的四大石窟除上文介绍的敦煌莫高窟、天水麦积山石窟外，还有大同云冈石窟、洛阳龙门石窟。

云冈石窟位于山西省大同市西郊的武周山南麓、武州川的北岸，开凿于北魏时期。石窟依山开凿，规模恢宏、气势雄浑，东西绵延约1000米。现存主要洞窟45个，附属洞窟209个，佛龛1100多个，大小造像59 000余尊。造像最高为17米，最小为2厘米。

龙门石窟位于河南省洛阳市城南的伊水两岸东、西山上。石窟始凿于北魏，之后历经东魏、西魏、北齐、隋、唐、五代的营造，从而形成了南北长达1000米，具有2345个窟龛、10万余尊造像、2860余块碑刻题记的石窟遗存。其中奉先寺是龙门石窟中规模最大、艺术价值最高的石窟，主像卢舍那通高17.14米，面容丰腴，神态端庄持重。据说是武则天捐献了自己一年的脂粉钱而雕刻的，因此佛像的面容是依照武则天形象而设计的。

🌼 唐太宗和他的六匹战马——昭陵六骏

昭陵六骏，雕刻于唐贞观十年（636年），原置于陕西省礼泉县唐太宗昭陵北司马门祭坛两侧。

唐太宗李世民为了纪念开国战争中的六匹坐骑，令著名画家阎立本先画出六骏的图形，再由雕刻工艺家阎立德依形复制刻于石上，并由当时的大书法家欧阳询将唐太宗亲自书写的赞美诗书在原石上角，刻成后放置在昭陵北麓的祭坛之内。昭陵六骏依次为特勤骠、青骓、什伐赤、飒露紫、拳毛䯄、白蹄乌。其中飒露紫、拳毛䯄1914年被打碎装箱盗运到美国，现藏于宾夕法尼亚大学考古学与人类学博物馆。其余四块现陈列在西安碑林博物馆。

昭陵六骏每块高2.5米，宽3米，采用高浮雕的形式将六匹骏马生动地再现在石板上。其中三匹做立状，三匹为奔驰状。"特勤骠"（又称特勒骠）摹李世民平刘武周时的坐骑，马作扬蹄行走状，步履稳健，透出机警神情。"青骓"摹李世民平王世充时所骑，四蹄腾空，亦作带箭飞

| 特勤骠 | 青骓 |

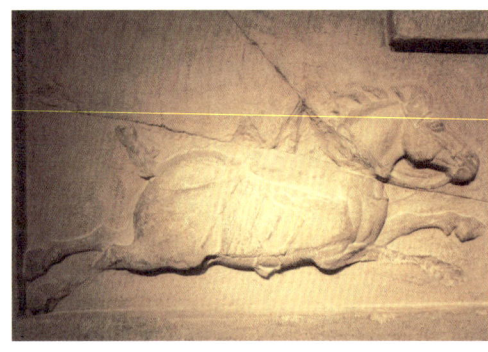
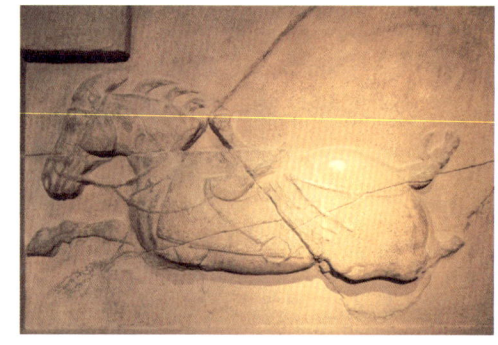

| 什伐赤 | 白蹄乌 |

| 拳毛䯄 | 飒露紫 |

昭陵六骏（陈科复制） 中国国家博物馆藏

奔状，其中一箭从背后射中，显示出当时矢飞如蝗的激战场面。"什伐赤"是李世民大破窦建德于武牢时所乘的骏马，呈疾驰之状，后蹄朝天，腾跃如飞，身中五箭，前一后四。"白蹄乌"是李世民与薛仁杲作战时所乘战马而雕，呈奔驰状。

"拳毛䯄"是李世民平定刘黑闼时所乘的骏马，躯体硕壮，神态自然，呈缓步行进状，身中九箭，前六背三。"飒露紫"是李世民平定东都击败王世充时所乘战马而雕，也是六骏中唯一与人相依相傍的浮雕。此马身中数箭，垂首偎人，两眼下垂，臀部稍缩，显示出刚下战场的疲倦神情。丘行恭将军面容严肃苍劲，身着甲胄，穿战袍，头戴兜鍪，腰挎佩刀、箭囊，为马拔箭的动作更是惟妙惟肖。

昭陵六骏气势恢宏，形象传神，刀法洗练，是中国古代石刻艺术品中的杰出代表，被鲁迅先生誉之为"前无古人"的杰作。

> **知识链接**
>
> **昭陵六骏流失始末**
>
> 1918年的一天深夜，西安市的一个警察所接到消息，有人偷运了一批极其珍贵的文物，即将通过这里。两天后，警方截获了这批被盗运的文物，经鉴定后竟然是昭陵六骏。但只有白蹄乌、特勤骠、青骓、什伐赤四幅石雕，而飒露紫、拳毛䯄却不见踪迹。后来，在对当地村民的调查中才得知，昭陵六骏中的飒露紫、拳毛䯄早在几年前就消失了。
>
> 2001年2月，在宾夕法尼亚大学博物馆任研究员的周秀琴女士发表了《昭陵两骏流落始末》，叙述了该馆收藏两骏的经过。1913年北平的一位法国古董商格鲁尚，想抢在德国古董商阿道夫·沃什之前弄到"六骏"，便派遣了戈兰兹运作此事。经过周密筹划，1913年5月的一天，六骏中的飒露紫浮雕和拳毛䯄浮雕被偷偷运出昭陵。途中，运输队遭到当地农民的阻拦，二骏被推下山崖，民众将山下残损"二骏"托交省图书馆保存。后便落入时任陕西军政府兵马大都督的张云山之手。1915年张云山被削夺了兵权，后为保命，将"二骏浮雕"送与继任的陆建章。陆建章为了效忠袁世凯，秘密把"二骏浮雕"装箱，贴上袁府的封条，畅通无阻地运抵了北京。几个月后，转手到了中国古董商卢芹斋的来远公司，同年就运出了北京，漂洋过海，流落境外。1917年2月后，运抵美国纽约。1921年宾夕法尼亚大学博物馆馆长高登以12.5万美元正式从卢芹斋手中购得，使飒露紫浮雕和拳毛䯄浮雕成为该馆永久的藏品。
>
> 美国人虽得到了六骏中的二骏，但他们并不甘心。于是，时任该馆亚洲艺术研究员的毕士博又打起了剩下四骏的主意。1918年夏秋之交，毕士博勾结当时陕西督军陈树藩之父丝绸商人陈佩岳，派人再去昭陵偷运其余四骏浮雕，并将四骏浮雕敲碎装箱，准备由水路运出，后被截获。

🌐 最大的石刻佛像——乐山大佛

乐山大佛，正式名称为嘉州凌云寺大弥勒石像，位于四川省乐山市南岷江东岸凌云寺侧，濒大渡河、青衣江和岷江三江汇流处，凿于唐代开元元年（713年）至贞元十九年（803年），历时90年完成。

大佛坐东朝西，面江而坐，头与山齐，足踏大江，双手抚膝。通高71米，头部高14.7米，额头宽度为10米，鼻子长5.6米，耳朵长7米，眼睛长3.3米，头顶上有1051个发髻。颈高3米，肩宽28米，

旅游文物鉴赏

唐·乐山大佛

指长 8.3 米，从膝盖到脚背 28 米，脚背宽 8.5 米，是我国乃至世界上最大的一尊石刻坐佛。

大佛面目慈祥和善，眼睛半睁半合，神态安然，造型稳重大方，比例适度，体积感很强。佛体上还筑有科学而巧妙的排水系统，以避山水冲蚀和减弱风化作用。乐山大佛是我国古代劳动人民智慧的结晶，是世界文化史上的奇迹。1996 年 12 月被联合国教科文组织列入《世界遗产名录》。

> **知识链接**
>
> **文物中的弥勒造像之最**
>
> 弥勒佛，也称弥勒尊佛，即未来佛。在大乘佛教经典中，常被称为阿逸多菩萨摩诃萨，是世尊释迦牟尼的继任者，未来将在娑婆世界降生修道，成为娑婆世界的下一尊佛。在中国众多的信仰中，弥勒信仰千百年来盛行不衰。
>
> 世界上最大的弥勒木雕佛像——北京雍和宫的白檀巨佛，高 18 米。
>
> 世界上最大的弥勒石刻佛像——四川乐山的乐山大佛，高 71 米。

世界上最大的铜制弥勒佛像——西藏扎什伦布寺的强巴佛,净高 22.4 米。

❀ 古代等级最高的照壁——故宫九龙壁

九龙壁位于紫禁城宁寿宫区皇极门外,清乾隆三十七年(1772 年)烧造,是一座背倚宫墙而建的单面琉璃影壁。九龙壁长 29.4 米,高 3.5 米,厚 0.45 米。上部为黄琉璃瓦庑殿式顶,檐下为仿木结构的椽、檩、斗栱,正脊饰有九龙。壁面由 270 块琉璃组成,以云水为底纹,分饰蓝、绿两色,烘托出水天相连的磅礴气势。壁上九龙以高浮雕手法制成,有很强的立体感。9 条蟠龙被分隔成 5 个空间。居中为黄色正龙,前爪作环抱状,后爪分

清·九龙壁　故宫博物院

明·九龙壁　山西大同代王府

清·九龙壁　北海公园

撅海水，龙身环曲，将火焰宝珠托于头下，瞠目张颔，威风凛然。左右两侧各有蓝白两龙，白为升龙，蓝为降龙。左侧两龙龙首相向，右侧两龙背道而驰，四龙各逐火焰宝珠，神动形移，似欲破壁而出。外侧双龙，一黄一紫。左端黄龙挺胸缩颈，上爪分张左右，下肢前突后伸；紫龙左爪下按，右爪上抬，龙尾前甩。二龙动感十足，争夺之势活灵活现。右端黄龙弓身弩背，张弛有度，腾挪跳跃之体态刻画生动；紫龙昂首收腹，前爪击浪，风姿雄健。下部为汉白玉石须弥座，端庄凝重。

九龙壁设计暗合九五之数，体现"九五之尊"。其不仅颜色绚丽美观，而且构图严谨，令世人叹为观止。

> **知识链接**

中国三大九龙壁

紫禁城内的九龙壁与山西大同九龙壁、北京北海公园九龙壁合称"中国三大九龙壁"。

大同九龙壁位于山西省大同市，建于明洪武二十五年（1392年），是明太祖朱元璋第十三子代王朱桂府邸前照壁，为双面影壁。整座九龙壁长45米，高8米，厚2米，规模宏大，是目前我国现存规模最大、建筑年代最早的一座九龙壁，堪称中国九龙壁之首。

北海九龙壁位于北京北海公园内，建于清乾隆二十一年（1756年），是原大圆镜智宝殿前的琉璃影壁，为双面影壁。壁

高5.96米，厚1.60米，长25.52米。壁的两面各有九条彩色大蟠龙，此外在正脊、垂脊、筒瓦、陇陲等处也都有大大小小的龙，全壁共计有635条龙。北海九龙壁是我国目前遗存的唯一一座双面饰龙的九龙壁。

世界著名经典雕塑

《掷铁饼者》，作者米隆，约创作于公元前450年，高约152厘米，青铜材质。原作已佚，现为复制品，罗马国立博物馆、梵蒂冈博物馆、特尔梅博物馆等均有收藏。

《大卫》，作者米开朗琪罗，云石雕像，高2.5米，连基座高5.5米，被认为是西方美术史上最值得夸耀的男性人体雕像之一，现收藏于意大利佛罗伦萨美术学院。

《米洛斯的维纳斯》，作者阿历山德罗斯，创作于公元前150年左右，高达204厘米，大理石雕像，被公认为是迄今为止希腊女性雕像中最美的一尊。现收藏于法国巴黎卢浮宫，为卢浮宫的三大镇馆之宝之一。

《雅典娜神像》，作者菲狄亚斯，约创作于公元前438年，全身高达13米，用银白色大理石雕成，局部镶嵌着象牙与黄金，是巴特农神庙大殿的主像，原作已在拜占庭帝国时代被毁坏。

《思想者》，作者罗丹，创作于1880—1900年，青铜材质，原为《地狱之门》（取材于但丁的《神曲》）组塑的一部分，后翻铸成铜像。

《狮身人面像》，作者雷吉德夫，约创作于公元前2500年，高20米，长57米，面部长约5米，是由整块的天然岩石雕刻而成，位于埃及吉萨，是地球上最为神秘和壮观的古遗迹之一。

《自由女神像》，作者巴托尔迪，金属（铜）铸造，高46.5米，加基座为93米，重达225吨，位于美国纽约，是美国的象征之一。

文物选介拓展

古代钱币篇

货币是随着社会分工及商品交换的兴起而产生，是人类文明进步的重要标志。古代世界货币文化大致可分为东方与西方两大货币体系，其中东方货币体系以中国古代货币体系为代表。

中国是世界上最早使用货币的国家之一。5000年源远流长的货币史，创造了70多项世界货币之最，形成了系统完整、内容丰富、脉络清晰、内涵博大、个性鲜明的中国古代货币文化，成为中华优秀传统文化的重要组成部分，在世界钱币史上独树一帜。中国古钱数量之大、品类之盛、分布之广，为世界所罕见。

中国古代钱币不仅揭示了中国社会政治、经济、文化的发展和变迁，而且对周边许多国家和民族也产生了极其深远的影响。它们是历史的物证，是中华民族传统文化中的瑰宝。

基本知识

1. 古代钱币发展简史

随着原始农业的产生和发展,开始出现了以物易物的现象。大约在三四千年前,人们就已经用天然的海贝充当商品交换中的媒介——货币。商代早期,由于商品交换的频繁,天然海贝经常供不应求,于是便产生了人工仿制的石贝、玉贝、骨贝等代用品。商代晚期出现了铜质货贝,开创了中国使用金属货币的新纪元,中国也由此成为世界上最早使用金属铸币的国家。

春秋战国时期,商品经济的繁荣使得金属铸币更加普及,出现了形态各异的青铜货币,其形大多模仿当时的生产工具或生活用具。布币、蚁鼻钱、刀币、圜钱,构成了先秦时代较为完备的四大货币体系。除了青铜货币外,黄金也作为货币出现在流通领域。战国时期楚国的爰金,是中国最早有固定形式的黄金铸币。

秦朝建立后,秦始皇下令废止了战国时期形制不一的旧币,把半两钱作为统一货币,并在全国范围内统一推行以两、铢为单位的计重货币制度。半两币制是我国历史上最早的货币立法,是我国钱币发展进程中的重要里程碑。这种方孔圆钱的货币形制一直持续到中国封建社会的结束。

西汉是我国货币发展史上的重要阶段。汉初,允民私铸钱币,导致通货膨胀及"七国之乱"。汉武帝时,收回郡国铸币权,由中央统一铸造五铢钱,从此确定了由中央政府对钱币铸造、发行的统一管理,这是中国古代货币史上一次重大演变。五铢钱,是我国古代流通时间最长、发行量最大的货币,一直沿用到唐初。

唐朝时期,钱币由文书重量向通宝、元宝演变。唐武德四年(621年),李渊废五铢,改铸开元通宝,并实行十进位衡制。开元通宝一反秦汉旧制,钱文不书重量,标志着金属货币从纪重铜钱转变为宝文钱,开创了中国货币宝文钱称谓的先河,在我国钱币史上具有划时代的意义。

宋朝时期,由金属货币向纸币交子演变。宋代,铜、铁钱并用,铸钱数量相当可观,同时还出现了世界上最早的纸币——交子。宋代不仅铸币数量极大,而且"钱文"具有高度的艺术性,其书法多姿多彩,把我国钱币文化推向高潮。

元朝时期,大力推行纸币,铜钱铸造较少。如元世祖忽必烈即位之初,发行以丝为本的"中统交钞"和以银为本的"中统宝钞";改国号为元后,又发行"至元宝钞"。元代由于发行印造的纸币数目过于庞大,以致元末纸币极度贬值,人们不敢要交钞而以物换物,甚至取纸钞糊墙铺地。

明清时期,白银成了主要流通货币。鸦片战争后,外国商业、金融势力进入中国,这一时期中国的货币种类多样,有传统的白银货币、纸币、铜钱和中国新式机制银元、机制铜元及中国本国银行发行的纸币等。

2. 古代钱币的类型

（1）以货币的材质分：金、银、铜、铁、锡、铅、纸、陶、贝等。

（2）以货币的形状分：圆形方孔、异形币（刀、布、贝）等。

（3）以货币的制造分：浇铸币、冲压币等。

（4）以货币的铭文分：纪地、纪年、纪事、纪重等。

（5）从用途上分，可分为正用钱和民俗钱。在我国古代，货币流通领域正式流通的钱币称为正用钱；为皇室、民间铸造的，非正式流通的钱币统称为民俗钱，主要用于馈赠、玩赏、配饰、卜卦等，如吉语钱、生肖钱、镂空钱、选仙钱、宗教钱等。

鉴赏要点

1. 材质

中国古代钱币的材质主要有贝、金属、纸等。

贝类货币。贝，即贝壳，具有适度稀有、便于携带、便于计数等特点，在熔解金属技术尚不发达的古代，具有独特的天然优势。贝币是我国最原始的货币形式，其主要是由海贝壳打磨穿孔而成。古人使用贝币，多用绳索将它们穿成一串，所以一串也成一单位。贝币最早的货币单位为"朋"，即十枚成一串，两串为一朋。

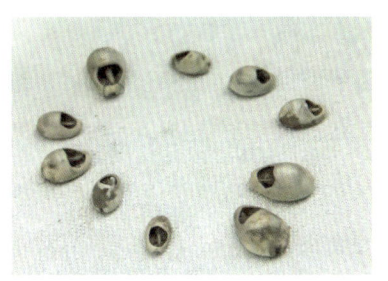

商·贝币　永定河文化博物馆藏

金属货币。早在殷商时期我国就开始以金属作为货币材料。1971年出土于山西保德商墓中的保德铜贝，是中国铜铸币之鼻祖，也是人类最早发现的金属铸币。金属货币依据材质主要分为三种。一种是采用铜合金铸成的铜钱。如春秋战国的布币、刀币、圜钱，秦半两，汉五铢，唐开元通宝等。铜钱因合金成分不同，钱币呈现的颜色也不同。另一种是用黄金铸造的金币。如楚国的爰金，秦国的圆形金饼，西汉的金饼、马蹄金和五铢金钱，唐代的金铤等。还有一种是银铸币。银铸币有银两和银元两种。我国古代长期使用银两，有银饼、银锭、银元宝和零碎银子等各种形制。从出土文物可知，春秋战国时期的楚国就有银铸货币，而最早见于官方文献的法定银币是汉武帝元狩四年（公元前119年）铸造的白金三品，以银锡合金为币，质色纯白。元代白银作为纸币的保证金，银锭底部铸有"元宝"二字，从此人们开始称银锭为元宝。明清时期，白银成为主要流通货币。鸦片战争后，银元大量出现。

纸质货币。我国是世界上最早发明纸

币的国家。西汉时期曾采用"白鹿皮币",可视为纸币最早的尝试。唐代后期出现的具有汇票性质的"飞钱",为后世纸币的发明提供了借鉴。1024年,北宋出现了世界上最早的纸币——交子。南宋时,纸币有"关子""会子"。元朝时"中统宝钞"不仅在元朝长期使用,而且传到了波斯。明、清两朝也都发行过纸币。

商·保德铜贝　山西博物院藏

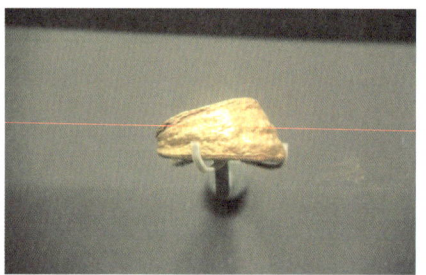

西汉·马蹄金　首都博物馆藏

唐·金铤　山西博物院藏

北宋·银铤
内蒙古博物院藏

清·银元宝　新疆维吾尔自治区伊犁哈萨克自治州博物馆藏

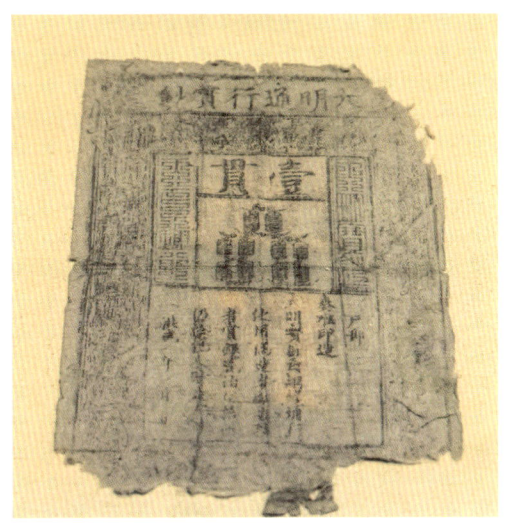

大明宝钞　安徽博物院藏

2. 形制

古代金属货币形制十分复杂。总体来看，我国金属钱币形制大体经历了三个重大变化。

一是仿制生产工具和生活器具，如春秋战国时期的布币、刀币等。

布币，春秋战国时期流通于中原诸国。因其形状似铲，又称铲布，从青铜农具铸演变而来。"布"是"镈"的同声假借字，在古代通用。按布币形状划分，可分为空首布、平首布两大类。

战国·"平阳"方足布币　故宫博物院藏

刀币，主要流通于春秋战国时期的齐、燕、赵等国。因其形由春秋时期的手工工具——刀演变而成，形如刀状，故得名。依据刀首形状，可分为针首刀、尖首刀、截首刀、圆首刀和平首刀。又因铸地不同、形体各异而形成了"齐刀""燕刀""赵刀"三大系列。王莽新朝所铸造的钱币中有金错刀。

战国·齐刀币
中国国家博物馆藏

二是方孔圆钱，即中间有方形孔洞的圆形钱币，是中国古代钱币最常见的一种。方孔圆钱以秦的半两钱为最早，民国的"民国通宝"铜币最晚，在我国沿用了2000多年。秦半两、汉五铢、开元通宝等都是方孔圆钱的代表。

北洋造光绪元宝一两银元　中国国家博物馆藏

三是机制不带方孔的圆钱，如银元、铜元等。清朝后期，随着国外先进科学技术的逐渐传入，光绪年间已开始在国外购买造币机器，用于制造银元、铜元。从此，流通了2000多年的圆形方孔钱寿终正寝。

3. 钱文书法艺术

书法艺术伴随着中国古钱的发展足迹，形影不离，钱文书法是中国钱币文化的一个重要组成部分，蕴含着书法家的审美趣味，承载着各个时代的独特风格。

春秋战国时期所铸的刀、布币和圜钱上的铭文是用大篆书写的，保留着商周甲骨文、钟鼎文的遗风，书体近似图画，古朴苍劲，反映出远古时期书法艺术还处在原始启蒙阶段。秦半两钱，钱文是由丞相李斯用小篆书写，文字高挺醒目，朴拙雄劲，开名家书写钱文之先河。汉五铢钱，小篆书体，笔画清晰，严谨秀丽。王莽新朝的"货布""货泉"钱文皆为悬针篆，纤细秀美，刚柔相济，潇洒俊逸。唐高祖李渊时铸造的开元通宝，钱文为大书法家欧阳询所书，为八分隶含篆体构架，笔画端庄沉稳，疏密有致。北宋钱文篆、隶、行、草、楷字体齐全。如"淳化元宝"和"至道元宝"的钱文，由宋太宗赵炅本人用楷、行、草三体书写，开创"御书钱"的先河，书体笔健墨活，神采飞扬，奔放流畅。"元丰通宝"由苏轼所书，风致抑扬，豪放劲秀。宋徽宗自创瘦金书体，其御书钱币，堪称中国古钱一绝。元、明、清时期，楷书一直占据钱文主流地位。清"咸丰通宝"钱文，是由书画家戴熙所撰，秀丽飘逸，可与"瘦金体"相媲美，俗称"戴书

咸丰"，打破了明清钱文方正呆滞的局面，被誉为"清钱之冠"。

新朝·大布黄千　中国国家博物馆藏

北宋·淳化元宝（楷、行、草三体御书）
山西博物院藏

4. 铸造工艺

我国古代钱币铸造工艺是我国古代科技文明发展的缩影。我国古代金属货币铸造工艺大致经历了范铸法、翻砂法、机制

法三大发展阶段。纸质货币也经历了木版印刷、铜版印刷、机器印刷的阶段。

范铸法又称模铸法，是青铜铸造工艺的延续。唐代以前的钱币基本上都是用范铸法制造的。

翻砂法。与范铸法铸钱的区别在于预制钱币型腔的方法有了根本的变化。它不再以硬质的范体为制作型腔的依托，而是采用土陶末或型砂等，适当掺入其他混合物作为凝聚材料，将凝聚材料分置上下两个框内组成一对"砂箱"，制作精整的钱币模具——母钱。在砂箱内印制出钱币型腔、流槽、浇注口，往往上下砂箱各印其半，印毕后取出母钱，上下砂箱原样对合，以完成钱币型腔的制作工序。又常用类似范铸的立式叠制法，将多框已预制的钱币型腔的砂箱重叠，连通它们的浇注口，以一次注入金属熔液完成多框的浇铸工序。由于砂型不再需要缓慢阴干和焙烘，生产效率获得了极大的提高。翻砂法铸钱在唐代前后已有出现，到宋代非常成熟，一直沿用到近代冶铸法铸钱以后才结束。

机制法。又称机制锻压法，就是机器使用锤击压制等方法，将可塑状态下的金属材料制作成特定形状及尺寸的金属成形方法。清光绪末年借鉴西方机制银币制造方法，引进造币机制造银元、铜元。机制币在铸造速度、图案美观和质量稳定等诸方面远远超越了手工铸币，同时提高了生产效率，降低了成本，是中国货币史上的一次重大变革。

文物选介

中国最早的金币——爰金

爰金，战国时期楚国的一种称量货币，是中国已发现的最早的黄金铸币。多家博物馆都有收藏。

战国·郢爰　南京博物院藏

爰金，因带有像印章一样的戳记，又名"印子金"。其形扁平见方，少数呈圆形，在黄金版上有用铜印钤成的若干小方格，铸有铭文。从出土文物来看，钱文有郢爰、陈爰、专爰、颖、覃金及卢金等，其中尤以"郢爰"为多。"郢"为楚都城名，"爰"为货币重量单位，一爰即楚制一斤，约合250克。其含金量为93%~99%。爰金为称量货币，使用时根据需要将其切割成小块，然后通过特定的等臂天平称量再行交换。

爰金在湖北、湖南、安徽、河南、山东和江苏等省均有出土。

> **知识链接**
>
> ### "郢爰"的历史误会
>
> 战国时期楚国的"郢爰",是目前中国发现最早的黄金货币。我国最早著录楚爰金出土情况的典籍,是北宋沈括的《梦溪笔谈》。在《梦溪笔谈·异事》中记载:"寿州八公山侧土中及溪涧之间,往往得小金饼,上有篆文'刘主'字,世传'淮南王药金'也。得之者至多,天下谓之'印子金'是也。"沈括称之为"印子金",或世传为"淮南王药金",其上文字印记一度被误读为"刘主"。那么刘主是谁呢?刘主就是淮南王刘安。淮南王刘安在其编撰的《淮南子》一书当中,曾经以大量的篇幅来描写一种黄白之术,即用铅、锡、汞等金属通过一定的物理化学变化,产生出一种有黄金、白银质感的物质,以此来冒充或者替代黄金、白银,被人们称为"药金"。历史上曾长期把"郢爰"当成了这种"药金"。到清代的时候,考据之学兴盛,以吴大澂为代表的一批考据学家终于考据出这两个字应该是"郢爰"二字,并非"刘主"也。至此,"印子金"最终考定为先秦楚国使用的黄金货币。

❀ 方孔圆钱的鼻祖——秦半两钱

秦半两钱,秦朝时期的铜制货币,多家博物馆都有收藏。

秦·半两钱　故宫博物院藏

秦半两钱,为方孔圆钱,寓意"天圆地方"。钱径一般为3厘米左右,重约7.8克,无内外廓,背平无文,钱面铸篆书阳文"半两"二字,分别列于穿孔两侧。秦朝时规定,二十四铢为一两,秦半两重十二铢,故称"半两钱"。钱文"半两"由丞相李斯用小篆题写,布局严谨,笔画方折,雅卓刚健。半两钱圆中有方,方外有圆,刚柔并济,静动结合,达到了匀称均衡之美的最高境界。

秦朝建立后,秦始皇把秦半两钱作为唯一的法定货币在全国推行,结束了我国古代货币形状各异、重量悬殊的杂乱状态。秦半两钱是我国货币发展进程中的重要里程碑。"圆形方孔"的钱币造型是秦以后我国乃至整个东亚地区2000余年的货币基本形制,成为东方钱币文化的一个重要特征,影响深远。

> **知识链接**
>
> ### 萧何与刘邦的"半两"之谊
>
> 秦朝末年,当时任泗水亭长的刘邦,奉命要押送犯人到咸阳。临走时,一些同

僚、好友为其送行，大家纷纷拿出几枚钱送给刘邦作为盘缠。《史记·萧相国世家》记载："高祖以吏繇咸阳。吏皆送奉钱三。何独以五。"大家送的均是三枚秦半两，唯独萧何送了五枚。

《史记》记载，汉高祖五年（公元前202年）既杀项羽，天下已定，对携手共创天下的昔日同僚，开始论功行赏。大多封的是八千户的税收，唯独萧何一万户。其他人不服气，说萧何只知笔墨谈兵，并未真正作战，何以高升？刘邦回答说："夫猎，追杀兽者狗也，而发纵指示兽处者人也。今诸君徒能走得兽者耳，功狗也；至如萧何，发纵指示，功人也。"意思是你们知道打猎吗？知道猎狗吗？打猎，追野兽的是狗，而发指示的是人。现在各位能得野兽，只是"功狗"；至于萧何是发指示的，是为"功人"。武将们听后也不敢再争了。于是，刘邦又封萧何父子十余人，皆食邑。

有史学家分析，萧何比其他同僚多两千户税收，得益于当年多送刘邦两枚秦半两。

🌸 最"长寿"的钱币——西汉五铢钱

西汉五铢钱，西汉时期的铜制货币，多家博物馆都有收藏。

五铢钱，为方孔圆钱，钱文五铢，重如其文，故得名。"铢"是古代一种重量单位，约合现在的0.64克。依汉制，一两的二十四分之一为一铢，二十四枚五铢钱为一两。

西汉·上林三官五铢　中国国家博物馆藏

西汉初年，允民私铸钱币，导致通货膨胀及"七国之乱"。西汉元狩五年（公元前118年），汉武帝实行币制改革，始铸五铢钱。元鼎四年（公元前113年），汉武帝宣布禁止郡国铸钱，把铸币大权收归中央，并专令上林苑三官（即钟官、辨铜、技巧）铸五铢钱，其中钟官负责铸造，辨铜负责审查铜的质量成色，技巧负责刻范，史称"上林三官五铢"。上林三官五铢直径2.5厘米，重约3.5克，面文有穿上半星、穿上横廓、四决文等不同形式。其制作工艺精美，边郭工整，重量准确，钱文挺秀，堪称"五铢"钱中的楷模。

五铢钱自元狩五年始铸，直至唐高祖武德四年止，是我国钱币史上使用时间最长的货币，先后有10多个王朝和政权、20多个帝王都曾铸过五铢钱。

旅游文物鉴赏

> **知识链接**
>
> ### 海昏侯墓出土的五铢钱
>
> 海昏侯墓位于江西省南昌市新建区大塘坪乡观西村，是汉废帝刘贺的墓葬，是目前中国发现的面积最大、保存最好、内涵最丰富的汉代列侯等级墓葬。2015年入选中国十大考古新发现。
>
> 考古证明，海昏侯墓主是汉武帝之孙、第一代海昏侯刘贺，他曾当过27天皇帝后遭废黜，史称"汉废帝"。其墓葬中出土了金器、青铜器、铁器、玉器、漆木器、纺织品、陶瓷器、竹简、木牍等各类珍贵文物10 000余件（套）。其中金器480件，重量超过120千克；竹简5200多枚；五铢钱约200万枚，重10余吨，为汉武帝、汉昭帝、汉宣帝3个时期所铸。
>
> 专家们在清理海昏侯墓中的五铢钱时，惊奇地发现了成吊的铜钱，且每吊铜钱无一例外的都是1000枚。由此可以判断，早在汉代的时候，人们就开始以"吊"作为计数单位了，相比史学上以宋代时开始出现"吊"为单位的定论，要提前了1000多年。另外，专家们还发现了一枚把"铢"字印反了的"错版"五铢钱。

唐·开元通宝　中国国家博物馆藏

◆ 中国最早的宝文钱——开元通宝

开元通宝，唐代铸造的一种金属货币，多家博物馆都有收藏。

唐高祖武德四年改五铢钱，铸开元通宝。"开元"，意指开辟新纪元；"通宝"，意指通行宝货。币质有铜、铁、铅、金、银等。在流通中最为普遍的铜质武德开元是由铜、锡、铅、镍等多种金属构成的青铜合金，比重较大，质量较高。其形制仍沿用秦方孔圆钱，大小仿汉五铢，钱径2.3~2.5厘米，重3.6~4克。钱文由书法家欧阳询题写，"开元通宝"四字为八分隶含篆体构架，笔画端庄沉稳，疏密有致。唐代规定每文重一钱，每十文重一两，实行十进位衡制，"钱"也由此成为称量单位。

开元通宝铸造发行了280余年，是唐代第一种货币，也是发行量最大、沿用时间最长的货币。同时，开元通宝在我国钱币史上具有划时代的意义。唐代以前的钱币，多以形制或重量为名称，而自开元钱后，改称"宝""通宝""元宝"等，标志着金属货币在形态上从纪重钱转为宝文钱，由此开启了1290年的宝文钱时代。

> 知识链接

背月纹之谜

在唐代"开元通宝"钱的背面常有所谓"月牙纹"装饰,其位置或在穿上,或在穿下,或在穿角,因此又有"穿上望月""穿下俯月"等名称。

关于这个月牙纹,民间有种种的传说。唐宋民间传说和野史记载中,往往同唐代的后妃联系在一起。据唐代《谈宾录》等记载,唐武德年间,有司进呈开元通宝蜡样,文德皇后在蜡样上掐了一个指甲痕,工匠铸钱时不敢擅动,于是铸出的钱上面就留下了月形的痕迹。到了宋代,杨贵妃又成了故事的主角。刘斧《青琐高议》就载有杨贵记手掐开元蜡模的故事。金代诗人还留下了"金钗坠后无因见,藏得开元一捻痕"的诗句。

其实,钱背后铸有月牙纹这一现象,早在唐朝以前就有。北齐与北周铸造的"常平五铢""五行大布""永通万国"等钱币背面,往往就有月牙纹装饰,且大小与后来唐代的开元钱相似。现代学者认为,开元钱背后的月牙纹是一种特别设计的装饰符号,用于区别铸地、铸局、铸炉及铸时的不同,类似的符号还有星纹、云纹等。

◈ "北宋第一泉"——崇宁通宝

崇宁通宝,北宋徽宗崇宁年间制,多家博物馆都有收藏。

崇宁通宝,始铸于北宋徽宗赵佶崇宁年间(1102—1106年),属年号钱。钱文为北宋徽宗皇帝赵佶用瘦金体亲笔所书,所以又称为"御书钱"。钱文书法清秀骨瘦,铁画银钩,极具欣赏价值。在币材工艺上,铜质细腻,铸造工艺上乘,合金配比达到96%。

北宋·崇宁通宝　中国国家博物馆藏

崇宁通宝,以钱文书法之考究、铸造工艺之精绝而著称,有"北宋第一泉"之美誉。后世把新王莽、宋徽宗、金章宗三个朝代所铸造的钱币,称之为"古泉三绝"。宋徽宗更因铸钱精绝,而与王莽并称"钱法二圣"。

> 知识链接

蔡京与崇宁重宝

崇宁通宝是宋徽宗亲书,是赵佶瘦金体存留世间的真实再现。而同期的崇宁重宝钱文有说是徽宗所书,也有说是当朝宰相蔡京所写。民间传说,蔡京书写时别有用心将"崇"字的山和宗的竖笔上下贯通,连成一线;将"宁"字繁体之中的"心"省略,被人指责为"有意破宋,无心宁国"。"崇宁"钱存世尚多,版别亦多，但迄今并未发现有如上所说这种写法的钱币。

蔡京是北宋末期的权臣，宋徽宗时期五度为宰相，经历了北宋王朝走向灭亡的整个过程。蔡京任宰相时，采取了虚币大钱的政策，大力推行当十铜钱和夹锡铁钱，造成了严重的通货膨胀，使北宋末期的商品生产和商品交换遭受重大创伤，加快了北宋灭亡的步伐。

官府正式成立"益州交子务"，印发"官交子"，纸币正式诞生。

北宋·交子

北宋·崇宁重宝

"交子"是我国最早由政府正式发行的纸币，也被认为是世界上最早使用的纸币，比英国（1694年）、法国（1716年）等西方国家发行纸币要早六七百年。

最早的纸币——交子

交子，北宋时期的纸币，国内多家博物馆都有收藏。

"交子"是四川地方俗话，是票证、票券的概称，有"合券取钱"之意。北宋初年，因铁钱体重值小，流通不便，四川成都出现了为不便携带巨款的商人提供现金保管业务的"交子铺户"。存款人把现金交付给铺户，铺户把存款数额填写在用楮纸制作的纸卷上，再交还存款人，并收取一定保管费。这种临时填写存款金额的楮纸券称为"交子"。北宋天圣元年（1023年），

知识链接

早期纸币是如何防伪的

中国纸币进入流通领域始于北宋。为了防止伪币的制造与流通，我国历代均在制造钱币时采取了一些防伪措施。

采用特殊材料制造纸币。如北宋的交子采用楮皮制造，元朝制钞主要用桑穰、芙蓉膜等材料来制造，清朝制钞主要取用桦树内一层极薄的内皮。

统一书写字迹。纸币上的文字均由名家手书或皇帝亲自书写，且文字较多。造

假者难以字字模仿。

多色套印。在宋代每张钱引上有6枚印信，分别使用红、蓝、黑3种颜色。

复杂图案。由于图案复杂，作伪者不易临摹。

层层钤记签押。如清朝新钞发于各省布政司要钤印记，各府、县也要签押印证，然后发于钱庄。

重典惩处制售伪钞者。南宋法律规定："制造伪钞者，依律处斩。"并将这一酷刑印在纸钞票面。元朝"至元宝钞"上印有"伪造者处死，首告者赏银伍定（锭），仍给犯人财产"的字样。明代前期，制定了"钞法"。清朝对制售假钞者严惩不贷，轻者处以斩监候并会殃及族人。

古泉五十珍

"古泉五十珍"是中国历史上曾经出现的五十种极其珍贵的钱币，很多已经失传或仅有一枚，其价值不可估量。

"古泉五十珍"包括桥足半釿布，三孔布，博山刀，晋阳匕，齐六字刀，东周、西周圜钱，共屯赤金，壮泉四十，国宝金匮直万，大泉五千，太夏真兴，永光，景和，咸通宝玄，开平通宝、元宝，天成元宝，永平元宝，天德重宝，天策府宝，乾封泉宝（楚），广政通宝，大蜀通宝，保大元宝，永通泉货，大齐通宝，乾亨通宝，永安一十、五百、一千，建国通宝，圣宋通宝，靖康通宝，应运元宝，应感通宝，建炎元宝，大宋通宝，临安府铜质钱牌，天显通宝，应历通宝，保宁通宝，贞观宝钱，元德重宝、通宝，皇统元宝，崇庆元宝、通宝，至宁元宝，贞祐通宝、元宝，大朝通宝，中统元宝，大元国宝，至正之宝，天启通宝，天国通宝。

古代家具篇

中国古代家具，集5000年中国文化之大成，融合历代艺术之精华，被誉为"凝固的音乐，木构的诗篇，立体的绘画"。

中国古代家具历史悠久，且自成体系，具有强烈的民族风格。无论是笨拙神秘的商周家具、春秋战国秦汉时期浪漫神奇的矮型家具、魏晋南北朝时期婉雅秀逸的渐高家具、隋唐五代时期华丽润妍的高低家具、宋元时期简洁隽秀的高型家具，还是古雅精美的明式家具、雍容华贵的清式家具，都以其富有美感的永恒魅力吸引着中外万千人士的钟爱和追求。

由于受民族特点、风俗习惯、地理气候、制作技巧等不同因素的影响，中国古代传统家具风格与西方家具迥然不同，形成一种工艺精湛、耐人寻味的东方家具体系，在世界家具发展史上独树一帜。

基本知识

1. 古代家具发展简史

夏、商、周时期,是中国早期家具的雏形阶段。从历史文献可知,我国早在殷商以前就已发明了家具,如席、俎、禁、扆等,为低矮型家具的源头。这一时期的家具主要以青铜、石质和漆木镶嵌为主。1978年在山西襄汾县陶寺村新石器时代晚期遗址出土的彩绘木案,是我国迄今发现的最早的木家具。

春秋战国至两汉时期,是我国古代家具的初始期。这一时期,人们以席地而坐为起居方式,因此家具均属低矮型,以几、案为主。制作家具的材料除木材外,还有金属、竹、玉石等。到了汉代,胡床开始传入中国,家具开始由低矮型向高型演进。

战国·朱绘黑漆凭几　中国国家博物馆藏

魏晋至唐朝时期,是我国家具发展史上的重要转折期。在这一阶段,传统的席地而坐的起居习俗逐渐被垂足高坐取代,为适应生活的需要,出现了墩、椅、凳、桌等高型家具。

宋元时期,是我国家具史上承上启下的时期。这一时期垂足坐姿已普及到民间,高型家具得到普遍发展,并开始使用束腰、马蹄、蚂蚱腿、云兴足、莲花托等装饰技法。家具品种有床、榻、桌、案、凳、箱、柜、衣架等,样式多种多样。

明代,古代家具进入了完备、成熟时期,形成了独特风格,被称为"明式家具"。明式家具总体风格简洁内敛,造型

北宋·赵佶《听琴图》　故宫博物院藏

以线为主，素逸剔透，文气阴柔，给人以恬静的美感。家具用材多为坚固耐久的硬木，如花梨、紫檀。

清代，是中国古代家具发展史的又一个重要时期。清初家具沿袭明代风格。乾隆时期，家具生产达到了高峰。家具材质优良，做工细腻，尤以装饰见长，多种材料并用，多种工艺结合，造型雄伟浑厚，用料阔绰，装饰富丽豪华，充分展示了盛世的国势与民风，被后世称为"清式家具"。道光朝以后，随着外来文化影响日益扩大，外来家具不断输入，中国传统家具业逐渐衰落。

2. 古代家具的分类

中国古代家具按使用功能的不同，原则上可分成"五大类"：床榻类、桌案类、椅凳类、柜架类、杂项类。

床榻类：如拔步床、架子床、罗汉榻、罗汉床、贵妃榻等。

桌案类：如炕桌、炕几、炕案，香几、花几、茶几、酒桌、半桌、方桌、条几、条桌、条案、架几案、画桌、画案、书桌、书案、半圆桌、扇面桌、棋桌、琴桌、抽屉桌、供桌、供案等。

椅凳类：如方凳、圆凳、条凳、马扎、脚凳、坐墩、杌凳、交杌、长凳、交椅、太师椅、四出头官帽椅、南官帽椅、圈椅、玫瑰椅、宝座等。

柜架类：如书格、亮格柜、顶箱柜、圆角柜、方角柜、多宝格、博古柜等。

杂项类：如屏风、衣箱、提盒、都承盘、衣架、面盆架、微型家具等。

鉴赏要点

中国古代家具有数千年的发展历史，但流传至今的明代以前的家具已是凤毛麟角。所以，鉴赏中国古代家具，主要是明清两代的家具。明清家具作为中国家具的典范，无处不闪耀着中国传统家具与文化的魅力。

1. 材质

明清家具主要是以木制家具为主，其所用的木材可分为硬木和非硬木。硬木主要有黄花梨木、紫檀木、酸枝木、铁力木、乌木、鸂鶒木等品种；非硬木主要有楠木、黄杨木、榆木、榉木、杉木、瘿木、桦木、杨木、柏木、樟木、核桃木、楸木等。明清时代十分重视用硬性木材制作各种家具，因为这类木材质地致密坚实、色泽沉穆雅静，是制作家具的理想材料。除硬木外，有些非硬木因纹理美观，也是明清家具广为使用的木材。一般来说，明式家具以黄花梨木为主，其次为紫檀木、榉木和楠木等。清式家具则以紫檀木为主，次为黄花梨、花梨木和酸枝木等。

黄花梨。又称海南黄檀木、海南黄花梨木，产地为中国海南。黄花梨生长极为迟缓，大材不易得。其木质坚硬，颜色从浅黄到紫赤，色泽鲜艳，纹理清晰而有香味，常有"鬼脸"状斑纹。黄花梨与紫檀木、鸡翅木、铁力木并称中国古代四大名木。

紫檀。主要产于南北回归线之间的热带、亚热带地区，我国的云南、广东、广西也有少量出产。紫檀生长缓慢，非数百年不能成材。其木质坚硬，入水即沉；色调深沉，庄重美观；鬃眼细密，表面有不规则的蟹爪纹，纹理纤细浮动，变化无穷，故被视为木中极品，有"一寸紫檀一寸金"的说法。明代，紫檀特别受皇家的喜爱，开始了大规模采伐，很快将国内的紫檀木采尽，又派人去南洋采办，凡成材者，都被采伐运回。明末清初，紫檀木的绝大部分都汇集到中国，分储于广州和北京。清代所用的紫檀木料大多是明代遗留下来的。

鸂鶒木。俗称鸡翅木，主要产于东南亚及非洲等地，我国广东、海南一带也有出产，是一种纹理美观的珍贵硬木。其材质细腻，有紫褐色深浅相间的波折纹，犹如鸡翅，故被称为"鸡翅木"。纹样纤细浮动，犹如山水风景图案。子为红豆，可做首饰，因之又有"相思木"之称。唐代王维的"红豆生南国，春来发几枝。愿君多采撷，此物最相思"描述的就是鸂鶒木。

铁力木。又称铁梨木，产于我国广东、广西一带，是我国古代硬木中长得最为高大的树种。其材质坚硬沉重，呈紫黑色，色泽纹理与鸡翅木极为相似，但纹理显粗，鬃眼也较显著。用其制作家具，经久耐用。

楠木。产自我国四川、云南、广西、湖北、湖南等地，为非硬性木材中最好的一种。其色浅橙黄略灰，木性温润平和细腻通达，纹理淡雅文静，有的显现山水或虎斑纹，但外观不如硬木华丽。楠木有三种，一曰香楠，二曰金丝楠，三曰水楠。香楠木微紫而带清香，纹理也很美观；金丝楠木木纹里有金丝，是楠木中品质最高的门类，因其木质坚硬耐腐，自古有"水不能浸，蚁不能穴"之说；水楠木质较软，多用其制作家具。

黄杨木。分布于热带和亚热带地区，在我国主要分布在云南、贵州、陕西、甘肃、湖北、浙江、江西、安徽、台湾等地。黄杨木是一种典型的矮小常绿灌木，生长极为缓慢，一般需要五六百年才能成材，故有"千年难长黄杨木"之叹。其木质坚硬细腻，色彩艳丽，佳者色如蛋黄。在古代家具中，常与深色木材互相映衬，异常美观。

瘿木。亦称影木，不是特指某一树种，而是泛指在树根或树干部位有结瘤的木材。将瘿木剖开后，会因树种质地的不同而呈现独特的花纹样式，如葡萄纹、山水纹、芝麻纹、虎皮纹、兔面纹等。其纹理特殊，效果奇异，历来很受人喜爱，成为传统家具中极其珍贵的装饰木材。

2. 造型

随着起居方式由"席地而坐"向"垂腿而坐"的转变，中国古代家具逐步完成了从低矮型家具向高型家具的发展。在发展过程中，古人不断完善家具的形制结构,并在家具设计中表达着自己独特的美学理想和审美追求。如明式家具在造型上,强调家具形体线条优美、明快、清新;清式家具则以造型厚重、体量宽大而著称。

明清家具造型多种多样。如床,有拔步床、架子床、罗汉床等;桌子,有圆桌、方桌、月牙桌等;柜子,有圆角柜、方角柜、顶箱柜、亮格柜等;屏风,有座屏、挂屏、砚屏等。而其中最为典型的当为椅子莫属。

明清椅子的造型主要有宝座、交椅、太师椅、圈椅、官帽椅、玫瑰椅等。

宝座,为一种宽大的椅子,也称为"御座"。宝座一般陈设在各宫殿明间的中心或显要位置,供帝后使用。宝座一般选料巨大,用料名贵(多为紫檀或黄花梨),造型庄重,雕饰精巧,显现出皇家的尊贵和威严。宝座后面会摆放大型座屏,两边放置香几、宫扇、香筒、甪端之类器物,显得格外庄重、威严。

交椅,是可以折叠的轻便座椅,因其腿足呈交叉状而得名。交椅源于古代北方少数民族,自汉灵帝时传入,当时的人称之为"胡床"。唐代增加了椅背,宋代普遍称其为"交椅"。明清时期,通常把带靠背椅圈的称"交椅",把不带椅圈的称"交杌",也称"马扎"。因为交椅便于携带,皇室人员和巨商富豪外出游猎一般都会携带交椅。明清皇帝卤簿中的仪仗椅就是交椅。在等级森严的封建社会里,坐交椅是身份、地位高贵的象征,"坐第一把交椅"代表着至高无上的地位。

明·黄花梨木圆后背交椅　上海博物馆藏

太师椅,是古代家具中唯一一个以官职来命名的椅子。太师椅最早见于宋代,最初的形式是一种类似于交椅的椅具,到

清·紫檀雕云龙纹宝座　上海博物馆藏

了清代，太师椅成了一种扶手椅的专称。其特点是靠背板、扶手与椅面间成直角，造型庄重严谨，用料厚重，宽大夸张，装饰繁缛。这些特征都是为了显示主人的地位和身份，已经完全脱离了舒适，而趋向于尊严。我们常说"稳坐太师椅"，指的就是这种椅子。有关太师椅名称的最早记载见于宋代张瑞义的《贯耳集》，书中道："今之校椅，古之胡床也，自来只有栲栳样，宰执侍从皆用之。"又云："京尹吴渊奉承时相，出意撰制荷叶托首四十柄……遂号太师样。"说的是时任太师的秦桧坐在交椅上，仰头时无意中头巾掉到了地上，京尹（临安知府）吴渊为讨好秦桧，便设计了一种荷叶托首，命工匠依样打造，安装在交椅上，命名为"太师样"。后世因有"太师椅"之称。

红木雕花太师椅　梅兰芳纪念馆藏

圈椅，俗称罗圈椅，其后背搭脑与扶手由一条流畅的曲线组成，从搭脑顺势滑至前方，形成两只扶手；扶手两端或出头向外翻卷，或者不出头，直接与鹅脖相接而下，成为一个整体。这条曲线圆滑、流畅，形似罗圈，因此被称为"圈椅"。圈椅大多采用光素手法，只在背板正中浮雕一组简单的纹饰或透空。背板都设计成"S"形曲线，契合人体脊椎骨的曲线。圈椅坐靠时，不仅肘部有所依托，腋下一段臂膀也得到支撑，十分舒适，颇受人们喜爱，是中国独具特色的椅子样式之一。明代圈椅，造型古朴典雅，线条简洁流畅，制作技艺达到了炉火纯青的境地，是中国古典家具的经典之作。

清·紫檀卷草纹圈椅　故宫博物院藏

官帽椅，因椅子造型酷似古代官员的官帽而得名，分为四出头式官帽椅和南官帽椅两种。四出头式官帽椅始于宋代，是一种搭脑和扶手都探出头的椅子，其背板多为"S"形，而且多用一块整板制成。南官帽椅除了搭脑和扶手都不出头外，其余与四出头式官帽椅相同。

明·黄花梨四出头式官帽椅（一对）
清华大学艺术博物馆藏

明·黄花梨木玫瑰椅　上海博物馆藏

3. 结构

明清家具结构严谨，结实耐用。榫卯结构是明清家具制作工艺特点，也是中国古典家具的灵魂所在。

榫卯是在两个木构件上所采用的一种凹凸结合的连接方式。凸出部分叫榫（或榫头），凹进部分叫卯（或榫眼、榫槽），榫和卯咬合，起到连接作用。榫卯结构，可有效地限制木件向各个方向的扭动。这种结构不在于个体的强大，而是互相结合，互相支撑。这种结构成了中国传统建筑和传统家具的基本模式。

在明清家具的制作过程中几乎用到了所有的榫卯种类，展现了榫卯结构进化的最终样式。如格角榫、托角榫、粽角榫、燕尾榫、夹头榫、抱肩榫、龙凤榫、楔钉榫、插肩榫、围栏榫、套榫、挂榫、半榫与札榫等。

明·黄花梨高扶手南官帽椅
清华大学艺术博物馆藏

玫瑰椅，又称"小姐椅"，江浙又称"文椅"，流行于明末清初，是各种椅子中较小的一种，造型别致。其特点是靠背、扶手和椅面垂直相交，尺寸不大，用材较细，给人一种轻便灵巧的感觉。玫瑰椅多用花梨木或鸡翅木制作，一般不用紫檀木。明代玫瑰椅多为圆腿，方腿圆棱的玫瑰椅多为清代作品。

各种榫卯做法不同，应用范围不同，但在每件家具上都具有形体构造的"关节"作用。榫卯按构合作用来归类，大致可分为三大类型：一类主要是作面与面的接合，也可以是两条边的拼合，还可以是面与边的交接构合，如槽口榫、企口榫、燕尾榫、穿带榫、札榫等；另一类是作为点的结构方法。主要用于作横竖材丁字结合、成角结合、交叉结合及直材和弧形材的伸延接合，如格肩榫、双榫、双夹榫、勾挂榫、楔钉榫、半榫、通榫等；还有一类是将三个构件组合一起相互联结的构造方法。这种方法除运用以上的一些榫卯联合结构外，还有一些更为复杂和特殊的做法，如常见的有托角榫、长短榫、抱肩榫、棕角榫等。

粽角榫

抱肩榫

燕尾榫

楔钉榫

夹头榫

插肩榫

以上均为清华大学艺术博物馆藏

清·黄花梨嵌鸂鶒木染牙山水图宝座、屏风　故宫博物院藏

4. 装饰

明清家具的装饰分为两类。

第一类是结构装饰。所谓结构装饰，就是指家具的一些部件或装饰手法，既起到装饰作用，又能支撑重量，使家具的结构更加坚固。如牙子、券口、圈口、挡板、矮老、卡子花、罗锅枨、霸王枨、托泥、开光、亮脚、绦环板、腿足、搭脑、金属件等。

第二类是纯粹装饰。如雕、嵌、漆、绘等。

明代家具的雕刻手法，主要用浮雕和透雕，偶尔也有使用圆雕的。雕刻题材非常广泛，有夔纹、螭纹、龙纹、凤纹、绳纹、云纹等，也有植物纹的折枝、牡丹、卷草、灵芝等。装饰手法上，镶嵌使用比较广泛，有不少家具在座椅的背板、桌案的横枨上，嵌以小块玉石或使用不同色调的装饰，造成色调与纹理的不同效果，文静含蓄。

清代为了追求富贵豪华的装饰效果，充分利用了各种装饰材料和使用了各种工艺美术手段，可谓集装饰技法之大成。无论是雕、嵌、漆、绘，还是骨、木、竹、玉、瓷、珐琅、琥珀、玛瑙、珊瑚、宝石等，样样都拿来为家具装饰服务，采用最多的装饰手法是雕刻、镶嵌和描绘。

清代家具装饰纹样图案也异常丰富，有吉祥图案、动植物纹样、几何纹样和博古图案等。

吉祥图案。清代家具最喜用的装饰题材，晚期达到了高峰。几乎任何一个画面，任何一个图案的组合，都采用象征、谐音、比拟等方法，使之含有吉祥、富贵的寓意。如鹊上梅梢、麒麟送子、松鹤万年、五蝠捧寿、多子多福等。吉祥图案充满生活气息，深受民众喜爱，以至沿用至今。

动植物纹样。除了传统的麒麟、夔龙、螭虎、龙、兽、狮子等外，清代还增加了松鼠等新的动物纹样。植物方面有梅、兰、竹、菊、葡萄、折枝、卷草、灵

清·紫檀框黄漆百宝嵌花卉图座屏　故宫博物院藏

芝、牡丹、西番莲纹等。

几何纹样。常用几何纹样有云纹、回纹、卍字纹、绳纹、盘肠纹和草龙纹等，尤以云纹的使用为多。

博古纹。把古代器物如瓶、罐、书画、文房四宝等形象雕嵌于家具之上，以寓主人的文雅和对诗书传家的期盼。

清·紫檀百宝嵌博古图挂屏　故宫博物院藏

5.风格

明清两代，家具艺术高度发展，形成各具特色的不同风格，被冠以"明式家具"和"清式家具"两个艺术概念。

明式家具，是指制作于明至清康熙朝早期，材美工精、典雅简朴、具有特定造型风格的家具。这一时期家具的造型、装饰、工艺、材料等，都已达到了尽善尽美的境地，具有典雅、简洁的时代特色，后世誉之为"明式家具"。其风格特点表现为：造型简约，比例匀称；结构科学，工艺考究；装饰得当，美而不繁。

清式家具，主要是指清康熙末至嘉庆时期的清代家具。清初家具沿袭明式家具的风格，但随着历史发展、满汉文化的融合，以及中西文化交流的影响，清康熙年间逐渐形成了注重形式、追求奇巧、崇尚华丽气派的清式家具风格，到乾隆时期达到巅峰。清式家具风格特点表现为：造型庄重，雕饰华丽，体量宽大，气度宏伟，富于变化。

明清时期各地都有家具生产，但因地理环境、风俗习惯、文化传统等方面的差

明式家具　上海博物馆藏

异，形成了各自不同的家具风格。其中以苏州、广州、北京制作的家具最为著名，"广作""苏作"和"京作"被称为明清家具三大名作。

广式家具。又称为"广作"，是由广州采料、广州工匠设计并制造的各类硬木家具。清代家具三大名作中，以广式家具最为突出。在明清时期，广州是对外贸易的窗口，南洋各处的优质木材多由广州进口，制作家具的原材料比较充裕。这得天独厚的有利条件，赋予了广式家具独特的艺术风格。其特点有：一是用料粗大充裕。制品厚重、宽大，一般不用拼接做法，讲究"一木一器"；木

清·紫檀嵌黄杨木云龙纹屏风　故宫博物院藏

质一致，且不加漆饰。二是装饰花纹雕刻深峻、刀法圆熟、磨工精细。受西方文化艺术的影响，广式家具的纹饰多选用西洋纹饰，如西番莲。此外，还采用中国的传统纹样，如海水云龙纹、凤纹、夔纹、蝠纹、缠枝纹等。三是镶嵌艺术发达。广式家具的镶嵌不用漆，这是区别于其他地区的一个明显的特征。镶嵌原料以象牙、珊瑚、翡翠、珐琅、玻璃画等为主，镶嵌内容多以走兽飞禽、山水风景、树石花卉、神话故事和反映生活的风土人情等为题材。

苏式家具。又称为"苏作"，是指以苏州为中心的长江中下游地区所制作的家具。苏作家具历史悠久、传统深厚，是明式家具的源头，名扬中外的明式家具即以苏作家具为主。其特点一是用料节俭，材尽其用。家具除主面料外，辅料多采用碎料粘拼而成，常常在家具暗处掺杂其他品种的木料，大件家具常用包镶手法达到节俭木料的效果。二是造型轻巧，工艺细腻。三是素洁文雅，繁简相宜。苏作家具常用小面积的浮雕、线刻、嵌木、嵌石等手法，题材多取自名人画稿，以山水、花鸟、松、竹、梅多见，并喜用草龙、方花纹、灵芝纹、鱼草纹及缠枝莲等图案。

京作家具。指宫廷作坊在北京制造的家具，以紫檀、黄花梨和红木等几种硬木家具为主。其特点是造型大气，做工精细，装饰华丽繁复，彰显王者"霸气风范"。其装饰材料大都使用珍贵的材料，如金、银、玉、象牙等等，纹饰上普遍采用古代器物上的图案，如夔龙纹、夔凤纹、蟠纹、兽面纹、雷纹、云纹、蝉纹、勾卷纹、博古纹等，使家具显示出古色古香、文静典雅的艺术风格。

6. 文化内涵

"器以载道"是中国传统造物的意境。家具是承载中国文化最丰富的物质载体，家具的造型、结构、装饰花纹及人们在使用家具的过程中，都包含了中国传统文化的众多观念，比如等级观念、伦理观念、审美观念、思想观念、生活习俗，以及儒家思想、道家思想、佛家思想等。

如官帽椅，其手托设计、靠背设计，引导着古代圣贤以一种端庄、正直、昂首挺胸的方式落座，承载着古人"由修身至修心"的生活方式。圈椅，整体造型是上圆下方、外圆内方，暗含中国人天圆地方的理念。再如明代圆角柜，多以线条柔缓的曲面造型，少有坚硬的棱角，与中国人中庸而平和的品格相互呼应。榫卯，作为一种关系的形式，蕴含了"和谐有序"的意义；作为一种系统的表现，蕴含了"周全稳妥"的意义；作为一种精神的体现，蕴含了"内敛谦恭""诚恳朴实"和"温文尔雅"的意义，充分表现了儒家的道德礼仪教化。纹饰中的缠枝纹，枝蔓连绵不断、生生不息，寓意吉祥幸福、万代绵长。

明·太和殿髹金漆云龙纹宝座 故宫博物院藏

文物选介

● 皇帝的金銮宝座——太和殿髹金漆云龙纹宝座

太和殿髹金漆云龙纹宝座，明嘉靖年制，现陈设于故宫博物院太和殿中。

宝座通高1.72米，座高49厘米，座面宽79厘米，用楠木制成，外髹金漆。座上的椅圈共有13条金龙盘绕在6根金漆立柱上，须发直立，张牙舞爪。椅背中盘一正龙，后背盘金龙。宝座的高束腰处的四面开光，透雕双龙戏珠纹。其他诸如莲瓣、卷草、火珠、如意云头等纹饰遍雕宝座全身。宝座前有金漆雕云龙纹脚踏，后有用金丝楠木制作的金漆云龙纹七扇式屏风，左右两侧对称陈设有紫檀嵌珐琅香几，上有"太平有象"，前方左右陈设珐琅甪端、仙鹤烛台、垂恩香筒及珐琅象首三足鼎炉等。

宝座所髹的金漆用的是所谓"泥金"法，即将金箔在胶水中研细，去胶晾干成为粉末后，用丝绵拂扫到打好金胶的座身上，最后用半透明微黄的漆刷一层而成。金箔的色泽在罩漆的保护下恒久不变、益发光亮。

专家推断，此宝座为明嘉靖朝重建皇极殿时的遗物，清康熙朝时重修太和殿，宝座经修理后继续使用。1915年被袁世凯废弃。1964年修复后陈设于太和殿。

知识链接

金銮宝座发现记

中国古代皇帝举行大朝礼的建筑统称"金銮殿"，金銮殿中的宝座是皇权的象征，无疑也是最重要和最珍贵的家具。然而，太和殿髹金漆云龙纹宝座，可谓命运多舛，它曾经被打入"冷宫"数十年，销声匿迹，而一张老照片又使它再现人间，重登金銮宝殿。

1915年，"窃国大盗"袁世凯篡权称帝，下令改国号为"中华帝国"，以1916年为"洪宪"元年，拟于元旦之日在紫禁城太和殿举行登基大典。为了展现"中华帝国"除旧布新的气象，袁世凯将太和殿更名为"承运殿"，命人把满、汉文匾额更换为汉文匾额，并把殿内的清朝宝座换成了一件中西合璧的"中华帝国"皇帝宝座。因为袁世凯腿比较短，但又想显示出帝王气派，因此宝座采用了西式高背大椅的样式。就在登基大典紧锣密鼓地进行筹备的时候，突如其来的打击使袁世凯称帝的美梦破灭，这件宝座还没来得及被正式使用就退出了历史舞台。

1947年，故宫博物院接收前古物陈列所，马衡先生就提出撤掉袁世凯的宝座，但是一直找不到大小合适的清朝宝座。直到1959年，朱家溍先生在一张光绪二十六年（1900年）的旧照片上看到了从前太和殿内的原状。于是"按图索骥"，终于在一间放置残破家具的库房里发现了已经破损不堪的原太和殿髹金漆雕云龙宝座。1963年，由朱家溍先生主持，故宫博物院组织了13名各方面的专家开始修复太和殿宝座，耗时934个工作日，终于在1964年9月修复完成。修复后回归原位的宝座，与雕龙髹金屏风浑然一体。但如果仔细观察，会发现屏风和宝座上装饰的龙纹和云纹各具不同的时代风格，因为宝座是明嘉靖时期的，屏风是清康熙时期的。

❀ "艺术价值第一"的圈椅——明黄花梨透雕靠背圈椅

明黄花梨透雕靠背圈椅，王世襄旧藏，现收藏于上海博物馆。

明·黄花梨透雕靠背圈椅　上海博物馆藏

此圈椅座面长60.7厘米，宽48.7厘米，通高107厘米，黄花梨木制，藤心座面。椅圈为三接。靠背上端作壶门形开光，透雕有麒麟火焰纹，麒麟为站姿，作回首状；靠板上端，两旁用木条接出，雕卷草纹；靠背板下端锼出亮脚，比较少见。座屉下三面设壶门券口，并施灯草线，曲线圆劲有力。此圈椅被王世襄先生誉为"艺术价值第一"的圈椅。

> **知识链接**
>
> **王世襄**
>
> 王世襄（1914—2009），著名文物专家、学者、文物鉴赏家、收藏家，著有

《明式家具研究》等著作。王世襄先生提出的家具十六品（简练、淳朴、厚拙、凝重、雄伟、圆浑、沉穆、浓华、文绮、妍秀、劲挺、柔婉、空灵、玲珑、典雅、清新）对于品鉴明式家具的造型和艺术价值有着重要指导意义。他收藏的明式家具多达79件，现陈列于上海博物馆中。

帝后爱情的见证——黄花梨百宝嵌番人进宝图顶箱立柜

黄花梨百宝嵌番人进宝图顶箱立柜，明末清初制，一对，清宫旧藏，现收藏于故宫博物院。

单柜高272.5厘米，横187.5厘米，纵72.5厘米。柜以杂木为骨架，用黄花梨木三面包镶。柜体由底柜与顶柜两部分组成，并各装四门，正中可开，两侧可卸，门上装铜合页与铜锁鼻。柜面饰有百宝嵌，即用螺钿、叶蜡石等嵌出各种人物、异兽、山石、花木。上层是《三国演义》《隋唐演义》《封神演义》等题材的历史故事画，下层为番人进宝图，柜肚为婴戏图，边框饰螭龙纹。所嵌饰件高于面板，极具立体感。在黄花梨材质上做镶嵌装饰，在家具工艺中较为少见。无论从选材、工艺还是造型来看，此柜都是精益求精，堪为经典之作。

按档案记载，此柜最早摆放在弘历大婚后居住的乾西二所，见证了乾隆皇帝与富察皇后的感情生活。

知识链接

大柜的身世之谜

黄花梨百宝嵌番人进宝图顶箱立柜与其他清宫家具相比，充满了民间艺术的风韵。这件在宫廷中显得与众不同的家具，还有一段颇为传奇的"身世之谜"。

一说此柜为富察皇后的陪嫁品。档案

明清·黄花梨百宝嵌番人进宝图顶箱立柜　故宫博物院藏

记载，弘历大婚时，富察家陪嫁了两个黄花梨大柜。而在故宫收藏文物中，用于生活场景的黄花梨大柜仅有这么一对，加之上面的纹饰也比较适合弘历当时的皇子身份，所以有专家推测这就是史料所载的那对柜子。一说其为明代旧物。主要是根据材质、工艺和图案等内容来断定。推测此柜应是雍正时期把宫中旧藏赐给弘历作为新婚礼物。因柜肚的百子嬉戏图寓意"太姒嗣徽音，则百斯男"，希望儿媳妇有太姒的美德，多为爱新觉罗家族续添香火。

不管来自何方，这组大柜都毋庸置疑地见证了乾隆皇帝与富察皇后的感情生活。他们婚后在紫禁城乾西二所（乾隆即位后，改称重华宫）居住了八年之久，这组大柜也陪伴了他们八年的时间。在富察皇后去世后，乾隆皇帝将她的随身小物依旧珍藏于此柜，以寄托思念之情。二百多年后，民国时期的《故宫物品点查报告》记录了当时这组大柜里的遗物，有荷包、手巾、绦子、香袋、篦子、绣花缎、手串、绣花枕头、各色旗头箍、高低旗装坤鞋等百余件。

清代特有的家具品种——鹿角椅

鹿角椅，乾隆二十七年（1762年）制，清宫旧藏，现收藏于故宫博物院。

此椅通高102厘米，长101厘米，宽78.5米，座面高42厘米，背高60厘米。椅子的靠背、扶手、座面边框及腿足、托泥，都是由鹿角拼接而成，接缝处以嵌花铜活包裹加固。其中椅背的弧形圈为两支整角，其他部分以多件小鹿角拼接而成。座面为四拼楠木芯板，呈椭圆形。椅背正中上侧背板开光，嵌象牙板一块，板上阴刻填金乾隆皇帝御制诗一首，落款"乾隆壬午仲秋御题"。下有篆书"几暇怡情""得佳趣"方形白文印各一。

清·鹿角椅　故宫博物院藏

知识链接

现存于世的鹿角椅

清朝统治者入关以前，常年以狩猎和采集为生，被称为"马背上的民族"。他们能骑善射，骁勇善战。入关后，清朝统治者为了维护统治，保持满族英勇善战的斗志，大肆宣扬"以弓矢定天下"的宏伟业绩，把骑射武功作为家法祖制，年年都要到塞外举行大规模围猎活动，称为"木兰秋狝"。每一次围猎活动结束后，会将行围打猎所获鹿角制成鹿角椅，既炫耀了自己谨遵祖制之功,又将其作为教育后代的教具,使子孙不忘骑射根本,铭记满洲源流。由此可见,鹿角椅的制作,充满了强烈的政治色彩。

清自顺治帝入关至嘉庆帝,除雍正帝未做过鹿角椅外,其余四个皇帝都做过鹿角椅。现存于世的清鹿角椅共有7件,造型各异。其中故宫博物院藏有5件(康熙朝3件、乾隆朝2件),沈阳故宫博物院1件(皇太极),内蒙古博物院1件。

官位权势说交椅——朱漆髹金云龙纹交椅

朱漆髹金云龙纹交椅,清中期制,清宫旧藏,现收藏于故宫博物院。

清·朱漆髹金云龙纹交椅　故宫博物院藏

交椅长约108厘米,宽104厘米,高121厘米。木胎,主体部位髹朱漆。椅圈为五棱形,与扶手前部的螭首相连,整体造型犹如两条蜿蜒曲折的螭龙。背板正面浮雕"苍龙教子图",背面浮雕"五岳真形图",其间为云水纹,两侧有流云纹,前后两面均满髹金漆。座面为丝绳编结的席心,前沿两端圆雕螭首。座面下前后两腿交叉,腿间雕夔龙纹牙子。足下为红地素托泥,前设脚踏。

交椅自古以来是权力和地位的象征。自宋以来,皇帝出行的大驾卤簿中,便有交椅,明清依然延续。

知识链接

苍龙教子

"苍龙教子"典故源自《三字经》中的"窦燕山,有义方。教五子,名俱扬"。说的是窦燕山教子有方,堪称榜样。窦燕山先是为富不仁,以势压贫而一直无子,后幡然悔悟,克己利人,广结善缘,其妻连生五子。燕山言传身教,十数年如一日,培育他们的品德修养。五子先后登科及第:长子中进士,任礼部尚书;次子中进士,任礼部侍郎;三子任补阙;四子中进士,任谏议大夫;五子曾任起居郎。由此,古人以苍龙喻窦燕山,五子称"窦氏五龙",强调父辈言传身教的重要性。后寓意望子成龙、吉祥美好。

红木家具

红木为热带地区豆科檀属木材,多产

于热带亚热带地区，我国广东、云南及南洋群岛也有出产，是常见的名贵硬木。红木家具一直都是家具中的奢侈品，可观赏、可收藏、可使用，受到众多消费者、收藏者的青睐。

根据2018年正式实施的《中华人民共和国红木国家标准》，将"红木"的范围确定为5属8类29种。5属即紫檀属、黄檀属、柿属、崖豆属及铁刀木属。8类即紫檀木类、花梨木类、香枝木类、黑酸枝木类、红酸枝木类、乌木类、条纹乌木类和鸡翅木类。29个品种分别为：檀香紫檀、安达曼紫檀、刺猬紫檀、印度紫檀、大果紫檀、囊状紫檀、降香黄檀、刀状黑黄檀、阔叶黄檀、卢氏黑黄檀、东非黑黄檀、巴西黑黄檀、亚马孙黄檀、伯利兹黄檀、巴里黄檀、赛州黄檀、交趾黄檀、绒毛黄檀、中美洲黄檀、奥氏黄檀、微凹黄檀、乌木、厚瓣乌木、苏拉威西乌木、菲律宾乌木、毛药乌木、非洲崖豆木、白花崖豆木、铁刀木。

红木一般可分为五等。第一等是黄花梨、紫檀木，第二等是黑酸枝、乌纹木，第三等是红酸枝，第四等是鸡翅木，第五等是南美、非洲的花梨木。

文物选介拓展

其他文物选介

旅游文物鉴赏

铭刻

❀ 我国发现最早的文献记录——甲骨文

甲骨文，商朝文字，19世纪末首次出土于河南安阳小屯村（殷墟）。国内多家博物馆都有收藏，其中中国国家博物馆是中国乃至世界上收藏甲骨最多的单位，共藏有35651片。

商·土方征涂朱卜骨刻辞　中国国家博物馆藏

甲骨文，亦称"契文""甲骨卜辞""殷墟文字"或"龟甲兽骨文"，主要是指商代晚期刻在龟甲或兽骨上的文字。最早出土于殷商王朝后期的都城遗址——殷墟（今河南省安阳市区小屯村附近）。据统计，迄今殷墟已出土刻辞甲骨约15万片，记有5000余单字，卜辞10余万条，内容涉及祭祀、天象、年成、征伐、王事等，甚至于商王游猎、疾病、做梦、生子等，涵盖了商代的政治、经济、文化、天文、气象等诸方面，为研究商代历史提供了第一手资料。除殷墟外，在河南、陕西其他地区也有甲骨文出现，年代从商晚期延续到春秋。

甲骨文，是我国目前已知最早的成系统的文字形式，它具备了象形、指事、会意、形声、转注、假借等造字方法，标志着中国文字已进入了成熟阶段。同时，甲骨文已具备了中国书法的用笔、结字、章法三要素，为中国书法艺术的产生与发展奠定了基础。

甲骨文是世界四大古文字中唯一传承至今的文字，堪称人类文明宝库中的瑰宝。2017年11月24日，甲骨文成功入选《世界记忆名录》。

知识链接

甲骨文的发现

19世纪末，河南安阳小屯村的农民在田间地头耕作时经常挖出"龙骨"。根据我国现存最早的药学专著《神农本草经》中的记载，龙骨可以治咳逆、泻痢、便血、惊厥、癫痫等疾病。于是村民就把"龙骨"当作中药材卖给药店。加拿大籍传教士明义士在其所著的《甲骨研究》中也说道："当时小屯人认为字不是刻上的，是天然长成的。并说有字的不好卖，刮去字迹药店才要。李成收集龙骨，卖与药店，每斤制钱六文。"可见在当时有大量的甲骨被作为龙骨而误被药用。

发现甲骨文的第一人是清代晚期国子监祭酒、金石学家和书法家王懿荣（1845—1900）。据传，光绪二十五年（1899年），王懿荣因患疟疾，至北京达仁堂药铺购买中药,其间就有"龙骨"一味。药购回后,他发觉龙骨之上似有文字,仔细观察后,断定这是一种从未发现的古老的文字,于是他立即派人到药铺,将剩余的12片甲骨以二两银子一片的高价全部买走。后来,王懿荣又委托人广泛搜寻购买甲骨,前后共购得1500多片。1900年王懿荣殉难,1902年其子为还旧债就把他所收藏的甲骨的大部分转卖给好友刘鹗(即《老残游记》作者刘铁云)。1903年刘鹗拓印了《铁云藏龟》一书,将甲骨文资料第一次公开出版。

甲骨文被发现之后,引起学术界的轰动。很多学者都投入到甲骨文的考古和研究中,其中罗振玉(号"雪堂")、王国维(号"观堂")、董作宾(号"彦堂")、郭沫若(号"鼎堂")并称为"甲骨四堂",被誉为甲骨学研究的一代宗师。

战国·秦石鼓——"吾车"石 故宫博物院藏

"中华第一古物"——秦石鼓

秦石鼓,战国时期秦国遗物,现收藏于故宫博物院。

石鼓共10面,每面高约90厘米,直径约60厘米,均为花岗岩质石,因石形似鼓而得名,刻在其上的文字则称为"石鼓文"。每面石鼓上刻四言诗一首,记叙了秦国国君迎接周天子的使者,并与其一同游猎的史实。后代学者根据各鼓的内容,从中各精选出二字命名,10面石鼓名称分别为"乍原""而师""马荐""吾水""吴人""吾车""汧殹""田车""銮车"和

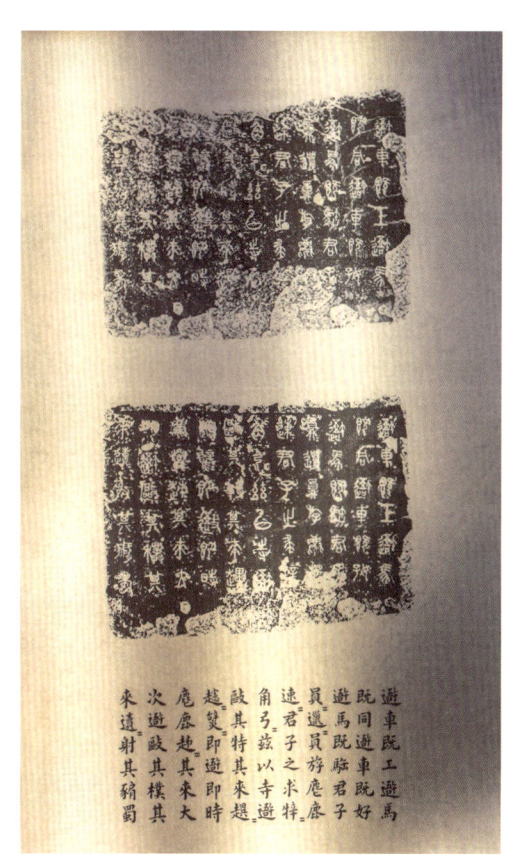

"吾车"石拓本

"霝雨"。石鼓上文字据推断原有600余字,现仅存约300字。其中"马荐"石上已无字,"乍原"石只剩下了半块有字。这些文字对研究秦国的政治、外交、祭祀等活

动提供了重要的史料。

石鼓文是我国现存最早的一组石刻文字，它介于金文与小篆之间，是研究汉字形体演变的原始资料。其书法优美，古朴雄浑，是难得一见的大篆体书法作品，为历代书法家所钟爱。

石鼓在研究先秦文学、历史、书法艺术等方面都有着极其重要的价值，被康有为誉为"中华第一古物"，为"九大镇国之宝"之一。

知识链接

石鼓传奇

627年，在陕西凤翔府陈仓山，一位牧羊老人发现了10面石鼓。石鼓的发现震惊了唐代朝野上下，当时的书法大家虞世南、褚遂良、欧阳询等，都远赴陈仓，亲自临摹传拓。100多年后，"安史之乱"爆发，正在雍城躲避战祸的唐肃宗责令官员将石鼓迁往雍城城南，即今天凤翔县城以南的位置。石鼓被迁至雍城短短几个月后，叛军逼近凤翔，为躲避战祸，石鼓被仓促移至荒野掩埋起来，并对外宣称"毁失"。806年，地方官吏查访到了石鼓的埋藏地点，请朝内的名家主持挖掘。韩愈还曾上书朝廷，请求将石鼓移到京城太学府内妥善保管，但韩愈的请求并未被朝廷所重视。818年，凤翔尹郑余庆偶然看到尘封已久的韩愈奏章，深深为之触动，重新奏请朝廷。最后，曝于荒野的石鼓才被移送到凤翔孔庙存放并加以保护，但此时

石鼓已是蚀迹斑斑，字迹残缺不全，更为痛惜的是10面石鼓只剩下9面，其中一面名为"乍原"的石鼓已不知所踪。后在唐末五代的战火中，石鼓又散落民间，不知去向。直到北宋仁宗时，消失在人们视野多年的石鼓再一次出现。九面石鼓被凤翔知府司马池找到，后金石收藏家向传师找到了遗失的"乍原"石鼓。但此时的"乍原"石鼓已被人削去上半部，下半部掏成了臼形用来舂米。万幸的是，鼓上还余有四行文字。至此，10面石鼓终于得以团聚。北宋末年，痴迷金石书画的宋徽宗赵佶下令将石鼓移到东京汴梁，命人将石鼓上的文字用黄金填注起来。后，金灭北宋，10面石鼓因鼓身被填注黄金，被金兵视为珍宝。在北运燕京途中，金军将石鼓上的黄金剔下后，便将其弃之荒野。元成宗、元仁宗时期，石鼓再一次被发现，并被安置于大都孔庙之中。其后，元明清乃至民国初期的600多年时间，10面石鼓一直在北京孔庙安放，受到历代帝王、官员、文人、学子的瞻仰。期间，清代乾隆皇帝还仿制过10面石鼓和相关衍生品。日本侵华战争爆发后，1933年石鼓随故宫第四批文物一起南迁。此后10余年间，石鼓经历了南迁、西迁、东返、北归之后，终于在1950年回归北京，收藏于故宫博物院。

书法典范——《多宝塔碑》

《多宝塔碑》全称为《唐西京千福寺多宝佛塔感应碑》，唐代刻石，现保存

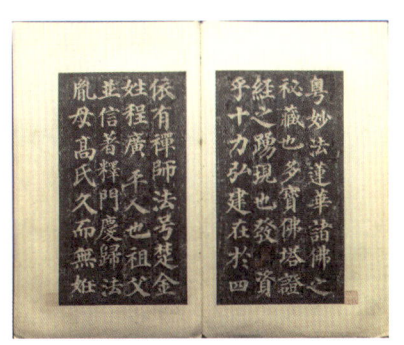
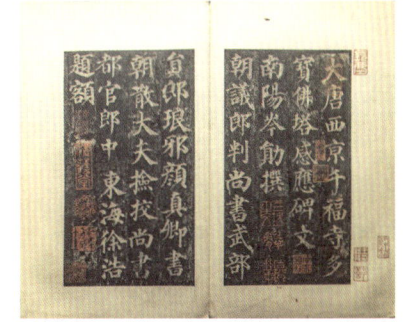

宋拓·唐西京千福寺《多宝塔感应碑》册（节选） 故宫博物院藏

于西安碑林博物馆。碑刻于唐天宝十一年（752年），由岑勋撰文、书法家颜真卿书、书法家徐浩题额、碑刻家史华刻石而成，是楷书经典书法作品。此碑共34行，每行66字。内容主要记载了西京龙兴寺禅师楚金创建多宝塔之原委及修建经过。

《多宝塔碑》是颜真卿的代表作之一，包含了"二王"和初唐以来书家的风貌，历来是学习书法者首选范本。它还是唐代书法"尚法"的时代风格代表碑刻之一，后世习字描红、士子举业、居士写经、坊间印书，竞相仿效。至今仍是使用非常广、影响巨大的书法作品。

> **知识链接**
>
> **多宝塔碑的创作背景**
>
> 唐朝天宝年间，楚金禅师夜诵《法华经》时，仿佛有多宝佛塔呈现眼前，他想把幻觉中的多宝佛塔变为现实，誓志筹建。唐玄宗闻讯后非常感动，于是赏赐钱帛，并亲题塔额。经过4年的努力，多宝佛塔终于在天宝十一年建成，时任武部员外郎、44岁的颜真卿被选中来书写碑文。

颜真卿（709—784），京兆万年（今陕西西安）人，唐代名臣、书法家，与赵孟頫、柳公权、欧阳询并称为"楷书四大家"；又与柳公权并称"颜柳"，"颜筋柳骨"就是对他们书法风格的评价。颜真卿代表作品有《多宝塔碑》《祭侄文稿》等。

🌐 世界上最大最重的"书"——十三经碑刻

"十三经碑刻"亦称"乾隆石经"，原存放于北京国子监东西六堂，1956年修缮国子监时移至孔庙与国子监之间的夹道内。

"十三经碑刻"共计189座，加上乾隆《刊石经谕旨碑》1座，总共190座。十三经是儒家的13部经典著作，即《周易》《尚书》《诗经》《周礼》《仪礼》《礼记》《左传》《公羊传》《谷梁传》《论语》《尔雅》《孝经》《孟子》。

清雍正年间，江苏金坛恩贡生蒋衡游历长安时，见唐代"开成石经"众手杂

旅游文物鉴赏

清·十三经碑刻　北京孔庙和国子监博物馆藏

清·十三经碑刻（康熙御书《大学》碑）

书，紊乱不堪，深以为憾，决心自书一部十三经。于是，从雍正四年（1726年）至乾隆二年（1737年），历时12年完成了这部63万字的经文手书，字体工整，一丝不苟。乾隆五年（1740年）江南河道总督高斌将蒋衡手稿转献朝廷，收藏于紫禁城懋勤殿。乾隆五十六年（1791年）钦命和珅、王杰为总裁，彭元瑞、刘墉为副裁，负责考订蒋书经文，并动工刻石。乾隆五十九年（1794年）碑刻成，立于太学。彭元瑞因功受赏太子太保衔。和珅为此嫉恨，命人一夜间挖去碑上经彭改过的古体字。嘉庆八年（1803年）和珅被贬，嘉庆帝又命学者纪晓岚、董诰等人重新校订并补齐被和珅挖去的字，至此"乾隆石经"得以还本来面目。

"十三经碑刻"是我国现存品相最为完好、内容最为完整的一部官刻石经，也是历史上儒家经典刻碑中最完整的一部，同时还是世界上最大、最重的一部书。

知识链接

历史上的儒家石经

儒家学说在2000多年的封建时代占据极其重要的地位，统治阶级为了宣扬儒家思想，热衷于将儒家经典刊立于石，称之为"石经"。历史上共有七朝进行过大规模的刊刻儒家石经，皆是在官方主持下完成的。除清代《乾隆石经》外，还有东汉的《熹平石经》、曹魏的《正始石经》、唐代的《开成石经》、五代的《蜀石经》、北宋的《嘉祐石经》和《南宋石经》。

《熹平石经》。刻于东汉灵帝熹平四年（175年）至东汉光和六年（183年），历时9年完成。因全部用一种字体写成，又称"一字石经""汉石经"。所刻内容有《鲁诗》《尚书》《周易》《仪礼》《春秋》《公羊传》《论语》等七种。《熹平石经》是我国第一部官方刊刻的儒家典籍，开创了我国古代刻写石经的先例，在校对版本、规范文字等方面起到了重要的作用。现分藏于中国国家博物馆、河南博物院、西安碑林博物馆、上海博物馆及海外等处。

《正始石经》。刻于三国魏齐王曹芳正始二年（241年），因用古文、小篆、汉隶三种字体，刻入《尚书》《春秋》两部经文，故称为"三体石经"。三种字体浓缩到石碑上，在石刻史上绝无仅有，其对研究中国文字沿革变迁及古文字识读有重要价值。现分藏于洛阳博物馆、河南博物院、京都藤井有邻馆、东京书道博物馆等地。

《开成石经》。唐太和七年（833年）至开成二年（837年）完成。除刻有《周易》《尚书》《诗经》《周礼》《仪礼》《礼记》《春秋左氏传》《春秋公羊传》《谷梁传》之外，还增加《孝经》《论语》《尔雅》三书，共为十二部。此乃儒家十二部经典首次汇刻。石经完成后立于唐长安城国子监内，成为当时知识分子必读之书，同时也是读经者抄录校对的标准。所以有说《开成石经》是中国最早的"高考教材"。现藏于西安碑林博物馆。

《蜀石经》。始刻于后蜀孟昶广政元年（938年），故名《蜀石经》或《广政石经》等。经后人逐渐补刻、校对、附刻等，共跨越230余年完成。它是儒家"十三经"最早结集的典范，校勘精审，书法秀美，奠定了儒学文献的规范和模式。现藏于四川博物院和中国国家博物馆。

《嘉祐石经》。刻于北宋仁宗庆历元年（1041年）至嘉祐六年（1061年），故称"嘉祐石经"或"北宋石经"。经文用篆、真二体书写，故又称"二体石经"。现残石分藏于河南博物院等地。北京图书馆现藏有多种《嘉祐石经》拓本，均较珍贵。

《南宋石经》。刻于南宋绍兴年间，为南宋皇帝高宗赵构和其妻宪圣皇后所书，故称"南宋石经"或"高宗御书石经"。内容有《周易》《尚书》《诗经》《中庸》《左传》《论语》《孟子》共七篇。现藏于杭州孔庙。

帝王用品

顺治皇帝御用朝珠——东珠朝珠

东珠朝珠，清宫旧藏，现收藏于故宫博物院。

此东珠朝珠，为清顺治皇帝御用朝珠。朝珠周长137厘米，由108颗东珠串成，以4颗珊瑚结珠（亦称分镶）分为四等分，每个珊瑚结珠的两侧都穿有青金石结珠2粒，共8粒。朝珠顶部珊瑚结珠连接绿松石塔形佛头，亦称"佛头塔"。佛头塔以黄绦与背云相连。背云上嵌有金镶猫眼石一颗，此外还有用珊瑚雕成蝙蝠形状的两块结牌和四粒东珠结珠，背云坠角以金累丝为托，下坠红宝石一颗。朝珠珠身还有"记念"三串，每串由10颗绿松石穿成，坠角为红宝石，上系东珠结珠各一颗。

东珠是珍珠的一种。清朝时把产于满族龙兴之地的黑龙江、乌苏里江和鸭绿江流域的珍珠称为东珠。东珠属淡水湖珠，色白而透明度较差，但因它产量极少，所

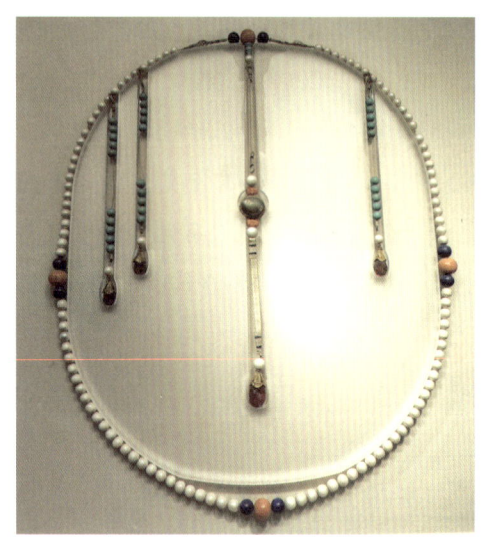

清·东珠朝珠　故宫博物院藏

以被视为贵重之物。清朝典章制度规定，东珠朝珠只有皇帝和皇太后、皇后在宫中举行大典时才能佩戴。

知识链接

朝珠

朝珠是清代品官悬于胸前的饰物，是显示身份和地位的重要标志，也是清代服饰等级制度的主要表现之一。

清代朝珠是由佛教的108颗念珠衍生而来。108颗朝珠一般由4颗较大的结珠分作四等份，两侧有3串小珠串，每串10粒，被称作"记念"，佩戴时垂于胸前。佛头塔下连绦带坠有宝石，佩戴时位于背后，被称作"背云"。一般认为，108颗珍珠象征着一年十二个月、二十四节气和七十二候；4颗结珠将珠串均匀等分四份，象征着一年中的春、夏、秋、冬四季；"背云"象征"一元复始"；"记念"表示一月有三旬。

朝珠的材质有东珠、青金石、象牙、牛角、蜜蜡、沉香、翡翠、珊瑚、绿松石等，视身份、等级和场合不同而使用不同材质的朝珠。其中，东珠朝珠等级最高，最为尊贵。清代大典时，皇帝身着朝服，佩戴一盘东珠朝珠；皇后身着朝服，需同时佩戴三盘朝珠：东珠一，珊瑚二。皇帝参加不同祭祀礼仪大典时，需佩戴不同材质、颜色的朝珠。如皇帝参加祭天大典时，身着蓝色朝服，佩戴象征天蓝色的青金石朝珠，祈祷风调雨顺；祭地大典时，则身着明黄色朝服，佩戴象征土地的橙黄色蜜蜡琥珀朝珠，祈祷五谷丰登；祭日大典时则身着红色朝服，佩戴红色珊瑚朝珠，象征与日同辉；祭月大典则身着月白色朝服，佩戴绿中透蓝、象征皎洁月光的绿松石朝珠。

清乾隆时《钦定大清会典》规定皇帝、宗室王公、异姓世爵公、侯以下，至文官五品、武官四品，本人与其妻室、儿女在穿朝服时，必须佩戴朝珠。之后逐渐有一些特殊办公人员因工作需要也需佩戴朝珠，如礼部、鸿胪寺、光禄寺、国子监中的部分大臣，在参加坛庙祭祀大典和国家大典时也需按规定佩戴。朝珠必须专时、专事佩戴，不可随意佩戴。而未在其列的官员与百姓，则不能佩戴朝珠。

最受太上皇青睐的印玺——田黄石乾隆帝三联印

田黄石乾隆帝三联印，清宫旧藏，现收藏于故宫博物院。

清·田黄石乾隆帝三联印　故宫博物院藏

三联印由一块硕大的田黄石雕刻而成，方印玺用印链连在一起。左为"乾隆宸翰"，正方形，高1厘米，边长2.6厘米；中间为"乐天"，椭圆形，高1厘米，长径3厘米，短径2.3厘米；右为"惟精惟一"，正方形，高1厘米，边长2.6厘米。印链为镂雕。

玺文"惟精惟一""乐天"皆出于儒家经典。"惟精惟一"出自《尚书·大禹谟》："人心惟危，道心惟微，惟精惟一，允执厥中。"意思是：心危险难安，道心幽微难明，只有精心一意，诚恳地秉执其中正之道，才能治理好国家。乾隆帝以此表明其施政思想。"乐天"取自《周易·系辞》："乐天知命，故不忧。"意思是：顺天施化是欢乐于天，识物始终是自知性命，顺天道之常数，知性命之始终，自然之理，故不忧也。

三玺的篆刻方式与玺文布局均有不同。"乾隆宸翰"为阳文篆刻，布局章法为传统标准格式；"乐天"亦为阳文，两字居中，左右饰以螭纹，使玺面富有动感，这种字、画结合的形式是汉印的遗风；"惟精惟一"为阴文篆刻，印文用汉代私印形式，采取回文法排列，错开相同的两个"惟"字与延长两字上端一笔都是为取得整个印面饱满匀称、和谐美观的效果。

田黄石乾隆帝三联印玺文

此三联印是清乾隆帝做太上皇时所镌刻，备受乾隆帝之青睐，以后各帝亦十分珍视。

> **知识链接**
>
> **溥仪藏在棉衣中的国宝**
>
> 田黄石三联印在乾隆帝1800余方的印玺中甚受喜爱，乾隆帝曾多次钤印使用。后被清代历朝帝王珍视递传。
>
> 1924年溥仪被冯玉祥驱逐出宫。据说溥仪离开紫禁城时，为了能将此三联印带出皇宫，偷偷将其缝在棉衣里，且随身

不离。日后，溥仪从皇宫里带出的诸多珠宝、字画等，成为他主要的生活来源，但他一直也没拿出缝在棉衣里的田黄石乾隆帝三联印。

1950年溥仪被引渡回国，送到抚顺战犯管理所进行思想改造。此时正值抗美援朝时期，社会各界都在捐献飞机大炮支援志愿军。溥仪也想有所表示，就想起了藏在棉衣中的"田黄三联印"。随后他从代为保存的棉衣中取出，上交国家。至此，田黄三联印自1924年被溥仪带出紫禁城后，辗转26年，终于结束了颠沛流离的命运，重回紫禁城。

参考文献

[1] 李晓东.文物学[M].北京：学苑出版社，2005.

[2] 吴诗池.文物学概论[M].上海：上海文艺出版社，2002.

[3] 马承源.文物鉴赏指南[M].上海：上海书店出版社，1996.

[4] 中国文物学会专家委员会.中国文物大辞典（上下）[M].北京：中央编译出版社，2008.

[5] 尚刚.中国工艺美术史新编[M].北京：高等教育出版社，2007.

[6] 田自秉.中国工艺美术史[M].北京：商务印书馆，2014.

[7] 陈丽华.中国工艺品鉴赏图典[M].上海：上海辞书出版社，2008.

[8] 张明华.古代玉器[M].北京：文物出版社，2006.

[9] 周南泉.中国古玉鉴赏图典[M].北京：中国书店，2016.

[10] 吴棠海.中国古代玉器[M].北京：科学出版社，2012.

[11] 中国硅酸盐学会.中国陶瓷史[M].北京：文物出版社，1982.

[12] 耿宝昌.明清瓷器鉴定[M].北京：故宫出版社，1993.

[13] 冯先铭主编.中国古陶瓷图典[M].北京：文物出版社，2013.

[14] 吕成龙.中国古陶瓷款识[M].北京：故宫出版社，2023.

[15] 马承源.中国古代青铜器.第2版[M].上海：上海人民出版社，2016.

[16] 杜廼松.青铜器鉴赏与收藏[M].北京：印刷工业出版社，2013.

[17] 李飞.中国古代青铜器纹饰图典[M].杭州：浙江古籍出版社，2008.

[18] 王世襄.中国古代漆器[M].北京：三联书店，2013.

[19] 故宫博物院编.故宫漆器图典[M].北京：故宫出版社，2012.

[20] 张荣.古代漆器[M].北京：文物出版社，2005.

[21] 张静，齐东方.古代金银器[M].北京：文物出版社，2008.

[22] 李飞.中国传统金银器艺术鉴赏[M].杭州：浙江大学出版社，2008.

［23］陈丽华.你应该知道的200件珐琅器［M］.北京：故宫出版社，2008.

［24］故宫博物院.故宫博物院藏品大系：珐琅器编.［M］.合肥：安徽美术出版社，2011.

［25］王连起.中国书画鉴定与研究：王连起卷［M］.北京：故宫出版社，2018.

［26］傅熹年.傅熹年书画鉴定集［M］.郑州：河南美术出版社，1999.

［27］杨仁恺.杨仁恺书画鉴定集［M］.郑州：河南美术出版社，1999.

［28］徐邦达.古书画伪讹考辨［M］.北京：故宫出版社，2015.

［29］李文钊.中国织绣［M］.长春：吉林文史出版社，2012.

［30］天津人民美术出版社.中国织绣服饰全集：历代服饰卷［M］.天津：天津人民美术出版社，2004.

［31］闻惠芬.中国历史知识全书：中国古代雕塑艺术［M］.北京：北京科学技术出版社，2005.

［32］读图时代.佛像造型识别图鉴［M］.北京：中国轻工业出版社，2007.

［33］高英民，王雪农.古代货币［M］.北京：文物出版社，2008.

［34］唐石父.中国古钱币［M］.上海：上海古籍出版社，2001.

［35］胡德生.中国古代家具［M］.上海：上海文化出版社，1992.

［36］胡德生.明清宫廷家具二十四讲［M］.北京：故宫出版社，2010.

［37］濮安国.明清家具装饰艺术［M］.北京：故宫出版社，2012.

［38］故宫博物院［DB/OL］.https：//www.dpm.org.cn

［39］中国国家博物馆［DB/OL］.https：//www.chnmuseum.cn

［40］河北博物院［DB/OL］.https：//www.hebeimuseum.org.cn

［41］三星堆博物馆［DB/OL］.https：//www.sxd.cn

［42］宝鸡青铜器博物院［DB/OL］.http：//www.bjqtm.cn

［43］湖北省博物馆［DB/OL］.https：//www.hbww.org.cn

［44］河南博物院［DB/OL］.https：//www.chnmus.net

［45］秦始皇帝博物院［DB/OL］.https：//www.bmy.com.cn/index.html

［46］湖南博物院［DB/OL］.https：//www.hnmuseum.com

［47］陕西历史博物馆［DB/OL］.https：//www.sxhm.com

［48］西安碑林博物馆［DB/OL］.https：//www.beilin-museum.com